体育数字化转型：
理论焦点与实践走向

卢文云　主编

科学出版社

北京

内 容 简 介

本书系统呈现了体育数字化转型的全景图示。一是厘清数字体育、智能体育、智慧体育等核心概念及其区别，透析数字体育发展的伦理风险；二是聚焦体育产业、体育场馆、体育传播、全民健身与竞技体育等关键领域的数字化转型现状与挑战，并提出针对性策略；三是通过丰富的实践案例，展示了数字化转型在全民健身、竞技体育及体育教学等领域的应用场景。

本书内容翔实、案例丰富，希望能够为体育决策者、从业者、研究者及广大体育爱好者提供一套关于体育数字化转型的全面、深入、实用的理论工具与实践指导，共同推动体育数字化转型走向深入。

图书在版编目(CIP)数据

体育数字化转型：理论焦点与实践走向 / 卢文云主编. -- 北京：科学出版社，2024.11. -- ISBN 978-7 -03-079715-5

Ⅰ. G807-39

中国国家版本馆 CIP 数据核字第 2024QH3003 号

责任编辑：张佳仪　马晓琳/责任校对：谭宏宇
责任印制：黄晓鸣/封面设计：殷　靓

科学出版社 出版
北京东黄城根北街 16 号
邮政编码：100717
http://www.sciencep.com

南京文脉图文设计制作有限公司排版
广东虎彩云印刷有限公司印刷
科学出版社发行　各地新华书店经销

*

2024 年 11 月第　一　版　开本：B5(720×1000)
2025 年 10 月第二次印刷　印张：19
字数：350 000

定价：**100.00 元**
(如有印装质量问题，我社负责调换)

前言 PREFACE

在 21 世纪的科技浪潮中,数字化转型已成为推动各行各业变革与发展的新引擎。体育,作为承载着促进人类健康、弘扬竞技精神与推动文化传承使命的重要领域,亦不可避免地融入了这一历史洪流之中。随着大数据、云计算、人工智能、物联网、区块链等前沿技术的飞速发展,体育行业的面貌正经历着前所未有的深刻变革,从竞技训练到赛事组织,从体育场馆管理到全民健身服务,乃至体育传播与教育,无一不在这场数字化浪潮中焕发新机。《体育数字化转型:理论焦点与实践走向》的诞生,正是基于对这一时代趋势的深刻洞察与积极回应。

本书旨在通过深入剖析数字体育、智能体育、智慧体育等核心概念及其区别,揭示体育数字化转型的内在逻辑与潜在伦理风险;通过论析体育产业、体育场馆、体育传播、全民健身与竞技体育等关键领域的数字化转型现状与问题,提出针对性的解决策略;通过展示体育数字化转型的成功案例,挖掘实践经验与启示。

为了系统呈现体育数字化转型的全景图示,本书分为六篇,共十六章。第一篇"数字体育"从理论层面出发,辨析了数字体育、智能体育、智慧体育等概念及其区别,并探讨了数字体育发展的伦理风险与纾困之道,为后续章节奠定了理论基石。第二至五篇则分别聚焦于体育产业、体育场馆、体育传播、全民健身及竞技运动等领域的数字化转型,深入分析了其转型动力、场景、问题、策略及前沿实践,展现了体育数字化转型的多样性与复杂性。第六篇"体育数字化转型的实践案例"通过实际案例展示体育场馆、全民健身、竞技体育和体育教学等领域的数字化转型场景,总结成功经验和可借鉴的模式。

本书具有较为鲜明的特色:一是体系完整,从理论辨析到实践案例,覆盖了体育数字化转型的各个方面;二是视角多元,以跨学科的知识体系与多元方法论的融合,拓展了体育数字化转型的问题视野;三是案例翔实,通过剖析大量成功案例,展现了体育数字化转型的多样性与可操作性;四是洞察深远,对体育数字化转型的未来趋势进行了预测与探讨。作为兼具理论性、实践性和前瞻性的学术成果,我们期待本书的出版能为数字化时代的体育高质量发展提供理论与实践支持。

本书在编写过程中汇聚了多位在体育数字化转型领域具有丰富研究经验的专家学者,通过广泛收集文献资料、深入调研访谈、系统分析案例,力求将理论、技术与实践相结合,系统展示体育数字化转型的全方位图景,期望能为体育行业的决策者、从业者、研究者及广大体育爱好者提供有价值的参考与借鉴。

　　在此,我们要特别感谢所有参与本书编写的专家学者,他们的智慧与努力使本书得以顺利付梓。同时,也感谢所有为本书提供支持和帮助的单位和个人。体育数字化转型方兴未艾,作为一个复杂而前沿的课题,由于时间仓促和编写者众多,书中若有不足之处,敬请读者批评指正。

卢文云

2024 年 7 月 23 日

目 录 CONTENTS

第一篇

数字体育概念与伦理

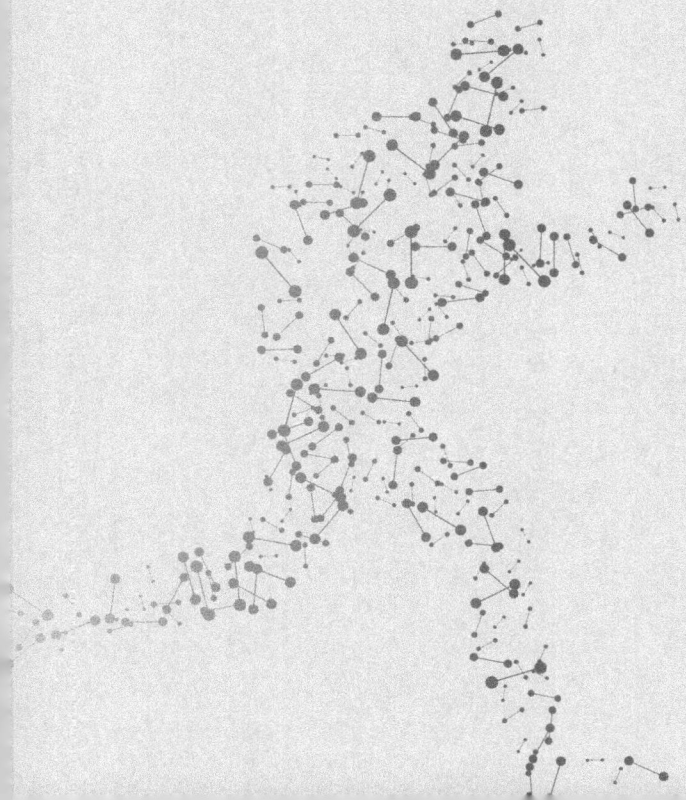

第 1 章

数字体育、智能体育、智慧体育概念辨析

黄海燕,刘蔚宇,陈雯雯,程华栋,廉涛

当前,以互联网、大数据、人工智能等为代表的现代科技不断向经济、社会各领域渗透,成为引领经济社会变革和推动我国经济高质量发展的重要引擎。随着现代科技在体育领域应用的不断扩张,数字体育、智能体育、智慧体育等新生事物在体育产品生产、供给、消费以及产业创新升级等方面,有力推进了体育产业的高质量发展,逐步成为体育发展热点[1]。这些体育发展热点得到政策的普遍关注,《国务院办公厅关于促进全民健身和体育消费 推动体育产业高质量发展的意见》(国办发〔2019〕43 号)提出支持以运动项目为主体内容的智能体育赛事发展;《"十四五"体育发展规划》(体发〔2021〕2 号)提出支持打造智能健身场景,打造一批智慧体育场馆;《上海全球著名体育城市建设纲要》(沪府办发〔2020〕12 号)提出要通过吸引体育类企业研发总部落户等方式促进智能体育创新发展。数字体育、智能体育和智慧体育尚属体育领域的新兴概念,三者的特征与区别尚未厘清,与体育产业发展的关系还不够清晰,导致其对体育产业高质量发展的支撑作用难以充分发挥。本文将数字体育、智能体育与智慧体育的发展问题置于我国体育产业高质量发展进程中加以考量,重点梳理三者的发展特征,分析三者与体育产业高质量发展的密切联系,探索三者的发展路径,为促进体育与科技深度融合、进一步推动体育产业高质量发展提供参考。

1.1 数字体育、智能体育、智慧体育的发展特征

梳理数字体育、智能体育和智慧体育的发展特征,是辨析三者区别、分析三者与体育产业高质量发展间关系的基础。通过对相关理论研究与实践工作的检索,可发现三者分别具有如下发展特征。

1.1.1　数字体育的发展特征

在数字经济高速发展的背景下,将数据作为与土地、资本、技术等并列的一种重要生产要素,以现代信息网络和信息通信技术等为支撑,将复杂的信息转化为可度量的数据,实现信息的可计算,可在生产生活决策的各环节中产生新作用,推动社会生产方式、生活方式的变革[2]。数字体育概念最早于21世纪初在我国出现,彼时对于数字体育的认知仍比较狭隘,主要聚焦于赛事转播、竞赛训练等方面[3]。伴随我国体育的不断发展,数字体育开始与体育消费、体育产业发展产生紧密关联,逐渐演变成为一种涉及体育参与者、场地设施、赛事活动等多方面的,重构和创新体育发展形态、流程和内容的体育发展新范式[4],且形成了如下比较鲜明的发展特征。

第一,将体育过程及相关活动转变为可统计分析的数据或信息是数字体育发展的根本环节。体育赛事需要制作成为数字直播信号后才能进行大范围传播,形成对体育传媒和体育赛事相关行业的带动效应;健身消费者运动和健康的情况只有经过采集、量化才具备应用价值,运动促进健康等增值服务才得以开展[5]。不论体育发展形态和发展阶段如何,数字体育的发展都将依赖体育过程及相关活动的数据化或信息化。也正是此特征为数字体育的发展带来了更大的想象空间。例如,依托深度学习和计算机视觉算法等技术而产生的数据采集系统可实现对运动员在不同运动项目中多维度运动表现的数据采集,这些数据经过整合将综合反映运动员的赛场表现,并与多类人群产生关联:教练员可根据数据科学决策训练方法与战术,进而促进运动员提升成绩;球探可以将运动表现数据作为其球探经验的重要补充,避免有才华的运动员被遗漏;观众可以通过各项量化数据更加深入地理解赛事内容,并对赛事或体育联盟产生更强的消费黏性。进而形成一个以数据为核心,由运动员、教练员、球探、球队、观众、其他利益相关方组成的,更加紧密的职业体育生态,从而促进职业体育乃至体育产业的健康可持续发展[6]。

第二,数字体育能提升体育管理工作效率、优化体育管理工作模式,并创造新价值。在电子政务快速发展的背景下,数字体育在体育管理部门中的应用已不仅是信息流转渠道的改变,而是政府平台化后对体育管理工作职能与流程的重塑[2]。以体育赛事管理为例,《上海市体育赛事管理办法》(沪府令30号)要求办赛主体在开赛前,通过上海市在线政务服务平台上传体育赛事名称、时间、地点、竞赛规程等基本信息,加快实现体育赛事管理的数字化。根据对上海市体育局相关部门的调研,依托"一网通办"平台打造的上海体育赛事信息公示和查询政务服务已基本实现了赛事信息流转功能,且已在赛事疫情防控、赛事安全管理等方面发挥重要作用。基于数字化平台的体育赛事管理新模式(图1-1)也将在未来呈现出更多变化:体育部门实时了解体育赛事的信息,可在赛前、赛中、赛后施以不同的管理手段,实现对体育赛事的全过程管理;体育部门可及时了解办赛主体在赛事运营过程中的困难与障碍,进而及时与相关部门沟通,协助办赛主体更好举办赛事,而体育部门信息平台与其他相关部门信息平台的互联互通也极大提升了沟通效率;赛事活动信息对公众的即时公开将进一步提升公众对体育赛事的关注,为体育赛事发展注入更多活力。综合来看,数字化平台的应用将实现从对体育赛事的单一管理向管理与服务融合的深刻转变,为各类办赛主体带来降本增效红利,也为体育赛事及相关产业发展拓展更加广阔的空间。

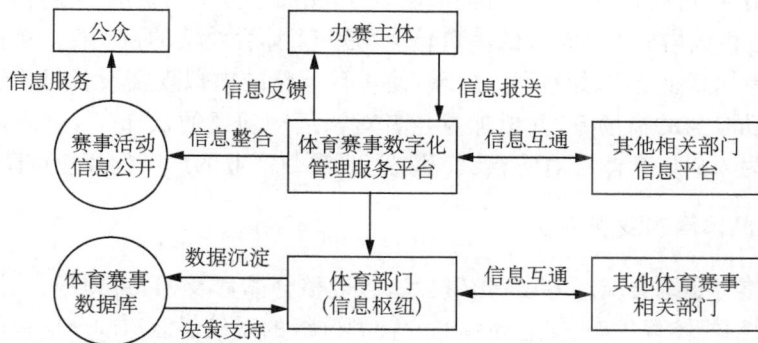

图 1-1　基于数字化平台的体育赛事管理新模式

1.1.2　智能体育的发展特征

智能化是一个随现代科学技术发展不断更迭的动态概念,综合相关研究可发现,智能化的实现通常依靠各类浓缩科技发展成果的智能终端,通过提供实时服务促进人民生活各领域便捷化[7]。通过梳理我国智能体育发展历程,发现我国智能体育应用多集中于智能体育教育、智能体育场馆、智能运动健康等领域,呈现出的特征与智能化总体发展特征基本保持一致。

第一,智能终端对智能体育发展具有重要作用。感知和解析各类体育数据是智能体育发展的基础[8],智能终端在技术上的重大突破是推动智能体育发展的核心动力。以智能运动健康领域为例,具有运动记录、生理指标监测等功能的手环于2010 年左右正式面世,在核心技术逐渐走向成熟后智能手环于 2014 年左右进入爆发期,随后智能运动健康领域得到发展,Keep 等互联网运动健康企业于 2015 年左右纷纷成立。但近年来可穿戴设备除在数据采集多样性和准确性上略有提高外并无更多突破,智能手环、智能手表市场增速放缓,通过加强可穿戴设备相关数据与运动应用、大健康机构、医疗机构的共享已成为其提升体育消费者体验、在存量市场中获得竞争优势的主要路径[9]。与此类似,近年来智能体育场馆的发展离不开物联网相关技术的成熟[10]，由此凸显了科技创新对体育产业高质量发展的关键作用。

第二，智能体育所提供的即时性体育服务，有效丰富了体育商业模式。将人流、物流、信息流、资金流、交易流等在经济时空中进行重新组合，是依托于数据和互联网运行的平台商业模式与传统商业模式的最大不同，通过对消费行为、商业模式的重塑，将释放更大的商业价值[11]。5G（即第五代移动通信技术）等基础设施的发展大大提升了各类体育信息即时传输的稳定性，使即时性体育服务成为可能，深刻优化并改变了体育商业模式。例如，即时上传、分析、共享运动健康数据使消费者更愿意购买运动健康指导、运动健康食品等各类增值服务，拓展了体育消费的广度；而数据在平台的积累也极大增加了消费者的消费黏性，提升了体育消费的持续性。智能体育也可以创造新的商业模式，如有研究发现，使用智能化的虚拟现实设备可使体育参与者增加运动参与的临场感，并增加参与者对该运动项目的认知[12]，这彰显了以智能设备作为入口培育体育消费意识、发展运动项目产业的广阔的商业空间。

1.1.3　智慧体育的发展特征

智慧体育是综合应用各类新兴技术，通过整合体育及相关领域资源提升体育服务质量、构建体育生态、促进体育产业转型升级的系统工程[13]，分析智能化与智慧化的关系可对智慧体育形成更加深入的理解。习近平总书记在浙江省考察时指出，"从数字化到智能化再到智慧化，让城市更聪明一些、更智慧一些，是推动城市治理体系和治理能力现代化的必由之路"[14]。与智能化相比，智慧化更加强调对技术的综合系统应用以及决策结果的产生。可见，以信息化平台为依托，为体育发展提供多方面的决策支持是智慧体育的主要发展特征。

第一，综合信息平台是智慧体育发展的必备要素。综合信息平台具有发现行业和部门间的关联、洞察行业发展趋势、统筹优化资源配置等巨大价值[15]，这些特征在智慧体育发展中也充分显现。例如，上海市体育局在游泳场所安全监管问题上，依托上海市大数据资源以及"一网通办"和"一网统管"平台，构建由体育消费者、游泳场所、体育部门、卫生健康等相关部门共同组成的智慧监管平台，打破了部门间的协作障碍，有效提升了监管效能，提升了消费者对游泳场所的信任程度，在为消费者生命安全提供有力保障的同时，极大促进了游泳健身消费的持续健康发展[16]。以综合信息平台为基础构建的智慧体育发展生态较传统体育具有外延更大、开放性更强等特征，为体育内外部资源充分整合、体育产业融合发展创造了有利条件[13]。调研显示，目前已有多个省市着手建设运动健康产业大数据中心，以此推动健身休闲业的纵深发展，为体育用品制造、体育旅游等相关产业带来发展活力。

第二，智慧体育所提供的决策支持对推动体育发展意义深远。在信息化时代，纸质材料电子化带来的是工作效率和便捷性的提升，但对决策本身的影响较小；而伴随大数据、人工智能、工业互联网等技术与体育的深度融合,智慧体育的意义已不仅局限于提高决策过程的效率和决策结果的准确性,而更多在于得到更加多维、丰富的决策内容,以推动体育产业乃至体育高质量发展。例如,在体育赛事领域,赛事模拟服务(events simulation service, ESS)系统将大型体育场馆各类设施设备的参数整合并进行线上模拟,可在赛前实现对体育赛事的预演,及早预测赛事运营中可能出现交通拥堵等问题和风险,并提前制定应对方案,这将有效提升赛事运营效率、降低办赛风险以及赛事可能为城市带来的负面效应,进一步释放体育赛事对城市经济社会发展的综合效益[17,18]。又如,全民健身智慧平台可根据城市场馆运营数据、赛事组织数据、赛事参与数据等形成对体育市场饱和度、体育市场发展趋势的预测,帮助政府部门有针对性地引导体育产业发展[19]。可以预见,伴随着科技发展水平的不断提升,智慧体育能发挥更加有效的决策价值。

1.2　数字体育、智能体育、智慧体育的区别辨析

综合比较数字体育、智能体育和智慧体育的发展特征,发现三者在发展侧重点上存在一定区别。以不同发展侧重点为引领,数字体育、智能体育和智慧体育逐步形成了体育与科技深度融合发展的多个方面。

1.2.1　数字体育强调体育与数字技术融合的理念

数字体育的发展重点不局限于体育发展的某一特定环节或领域,而是一种渗透到体育发展全过程和全领域的发展理念。只有各类主体充分意识到数字化为体育发展带来的革命性作用,将这种理念代入体育发展的各方面,才能促进体育与经济社会发展趋势更加匹配,使体育的发展成果惠及青少年等更多人群[4]。一方面,政府部门应通过政策文件加快向各类主体渗透数字体育的相关理念。例如,《上海市全民健身实施计划(2021—2025 年)》将数字化作为未来一段时间上海全民健身发展的核心理念,推进全民健身管理方式数字化[20];又如,《浙江省数字体育建设"十四五"规划》计划在"一平台、一仓、一网、四应用"的数字体育发展框架基础上,进一步加强框架与体育公共服务、竞技体育训练管理、体育赛事服务、体育产业创新管理的深度关联,谋求数字赋能推进体育治理体系和治理能力现代化[21]。另一方面,各类主体的数字化意识也是推动数字体育发展的重要动力。例如,杭州马拉松通过 3 年工作实践积累,将跑者运动数据、现场设备数据等进行整合,形成了统一平台,将马拉松打造成以服务跑者为核心的数字化马拉松赛事,之后,跑者参赛体验、安全保障水平较之前取得全面提升,赛事价值得到进一步凸显,对全国乃至全球马拉松赛事都具有一定借鉴意义,充分体现了办赛主体主动参与数字体育发

展的关键作用[22]。

1.2.2　智能体育注重高科技智能硬件的研发

各类实践充分表明,高科技智能硬件的研发是智能体育发展的核心所在。当新兴科技与硬件设备充分融合,并能够有效填补居民体育需求空白时,该智能硬件才将对体育产品和服务的生产、消费等各流程产生深刻影响,进而带动智能体育乃至体育总体的发展与变革[23]。当前,全球科技创新进入空前密集活跃期,我国科技总体实力快速提升,对"卡脖子"难题的攻关、突破与创新步伐明显加快。《中华人民共和国国民经济和社会发展第十四个五年规划和 2035 年远景目标纲要》提出聚焦人工智能、量子信息、集成电路、脑科学等前沿领域,实施一批具有前瞻性、战略性的国家重大科技项目。可以预见,新兴科技进入体育领域的时间将大大缩短,智能体育将进入快速发展阶段,对体育发展的影响将更加凸显。与数字体育相比,智能体育发展更多关注微观产品与服务,加强政策支持与鼓励是体育部门推动智能体育发展的有效路径。

1.2.3　智慧体育注重各类体育科技成果的整合应用

与智能体育相比,智慧体育的发展视角更加具有整体性和系统性,也更加强调借助科技手段促进体育产业发展中各要素的连接。智能体育的高科技硬件是实现智慧体育的必要条件,智慧体育能动地解决体育发展问题是智能体育系统发展的必然结果。以体育场馆智慧化发展为例,其目的并不仅是通过简单的设备升级提升某项工作流程的效率,而是以人工智能等新兴技术的应用为契机,将体育场馆的管理者、消费者、设施设备等有机连接、整合汇总,形成以数据信息为核心驱动力的工作流、业务流,有效优化体育场馆的基础服务、核心服务、拓展服务的效率和质量,并有效提高场馆人员管理、数据管理和外部管理的水平,使体育场馆在助力体育赛事举办、优化公共体育服务、创新体育产业发展等方面的作用更加凸显,带动体育场馆整体发展能级的提升[10]。正因为智慧体育的发展侧重,其发展更加需要体育部门的统筹协调,以提升资源的配置效率。例如,《上海市体育发展"十四五"规划》提出要"打造全市统一的智慧体育服务平台",以此提高体育信息基础设施集约化水平,促进体育发展管理模式重塑[24]。

1.3　数字体育、智能体育、智慧体育对体育产业高质量发展的作用分析

数字体育、智能体育和智慧体育三者之间既存在差异又相互统一,即三者与体

育产业高质量发展的理论内涵高度契合,这也为从总体上提出推动数字体育、智能体育和智慧体育创新发展的举措奠定了基础。

1.3.1 数字体育、智能体育、智慧体育是以人民为中心的体育

体育产业的高质量发展必须做到以人民为中心,即充分满足人民群众日益多样化的体育需求。综合来看,当前我国有效体育供给不够充分,数字体育、智能体育、智慧体育是填补此缺口的重要工具[25]。一方面,数字体育、智能体育、智慧体育可有效满足人民对服务型、参与型体育消费的需求。当前人民对体育的消费正由传统实物型向服务型与参与型转变,数字体育、智能体育、智慧体育能够有效实现软硬件联动,将相关信息通过手机等智能终端传递给体育消费者,使其更加了解所需服务型、参与型体育消费产品,进而促进体育消费需求的释放和体育消费水平的提升。另一方面,数字体育、智能体育、智慧体育能够推动人民参与运动促进健康相关活动。新冠疫情使人们更加深刻认识到运动促进健康的重要作用,数字体育、智能体育、智慧体育以采集消费者身体健康数据为起点开展相关服务的特性,天然地拉近了运动与健康之间的距离,可极大提升消费者参与运动促进健康相关活动的便捷性,加快推进体卫融合。

1.3.2 数字体育、智能体育、智慧体育可促进供给侧改革和需求侧管理的结合

供给侧改革和需求侧管理的结合是体育产业高质量发展的主线,数字体育、智能体育、智慧体育将有效提升二者之间的联系[26]。在供给侧,依托消费者个人运动健康数据而产生的个性化、精准化服务,将大幅提升体育产品与服务的供给质量。同时,数字体育、智能体育、智慧体育也能将健身休闲、竞赛表演、体育培训、场馆服务等多个业态紧密连接,并促进体育与文化旅游、卫生健康等相关业态融合,丰富体育产品与服务的供给类型。在需求侧,政府部门、市场主体等可通过对各类运动健康、体育消费数据的实时分析,了解居民体育需求的变化情况,以帮助政府部门及时出台针对性政策、企业及时调整研发与营销策略,提高体育产业供给侧效率,进而形成供需两侧的动态平衡。

1.3.3 数字体育、智能体育、智慧体育能加快推动体育产业的质量变革、效率变革和动力变革

习近平总书记在党的十九大报告中强调:"必须坚持质量第一、效益优先,以供给侧结构性改革为主线,推动经济发展质量变革、效率变革、动力变革。"[27]质量变革、效率变革和动力变革也是体育产业高质量发展的关键所在。在质量变革方面,数字体育、智能体育、智慧体育可赋予体育市场主体更多科技元素,帮助体育市场

主体累积各类体育数据与信息,形成企业竞争的技术壁垒和数据壁垒,进而从总体上提升企业质量,在市场竞争中脱颖而出。在效率变革方面,政府部门对数字体育、智能体育、智慧体育的应用可使其更好地了解体育发展的宏观趋势,通过应用各类公共管理工具,优化体育资源配置效率,使市场在资源配置中起决定性作用,加快体育产业高质量发展进程。聚焦细分领域,数字体育、智能体育、智慧体育为加强体育市场监管整体效能提供了可能。例如,应用大数据技术可实现对体育领域投诉信息的实时追踪分析,及早发现体育市场的监管漏洞与风险点,降低体育消费者在体育参与中受到侵害的风险,维护体育市场发展秩序,提升体育产业的发展效率[28]。在动力变革方面,数字体育、智能体育、智慧体育将高新技术引入体育发展中,提升体育产品与服务的附加值,构建出更加完善的体育产业链条,可推动体育产业形成以科技创新要素为驱动的良性发展循环。另外,政府、社会、市场等多元主体在数字体育、智能体育、智慧体育发展中对居民体育需求的即时、精准分析,也将使体育消费成为体育产业发展的核心动力,进一步释放产业发展潜力。

1.4 推动数字体育、智能体育、智慧体育创新发展的主要举措

综合数字体育、智能体育和智慧体育各自特征,以及三者的联系与区别,提出以下四方面推动数字体育、智能体育和智慧体育创新发展的主要举措,以期形成体育与科技发展合力,为体育产业高质量发展提供更多支撑。

1.4.1 夯实数字体育、智能体育、智慧体育的发展基础

先进设施设备、数据信息平台、科技创新能力等是数字体育、智能体育、智慧体育的发展基础,而目前这些要素的配备尚不足以满足数字体育、智能体育、智慧体育的发展需求。第一,应统筹做好体育场馆的升级改造和建设工作。在存量方面,要加快推进体育场馆 5G 信号覆盖,因地制宜为大型体育场馆、中小型体育场馆等不同类型场馆设计数字化、智能化、智慧化升级方案;在增量方面,应规划打造一批智慧体育场馆,加快建设智慧健身路径、智慧健身步道、智慧体育公园、智慧健身中心等智慧化健身场地设施。第二,应加快完善各类体育数据信息平台的建设。例如,集合体育场地设施、赛事活动、健身指导等内容的全国性全民健身信息服务平台已于 2020 年正式上线[29],各省市应结合现有平台建设情况与运营经验,加强各级信息服务平台之间的联系,创新全民健身公共服务模式,为构建更高水平的全民健身公共服务体系提供支撑。第三,要加快构建具有引领作用的、融合科技元素的体育消费场景。例如,成都市体育部门结合市民体育消费需求构建了 110 个、覆盖 8 种类型的体育消费场景,在促进体育科技企业参与数字化、智能化、智慧化体育

产品与服务的开发和运用的同时,也推动了数字体育、智能体育、智慧体育与文化旅游等相关业态的深度融合[30]。第四,应持续开展体育科技创新工作。为运动体验带来持续提升是全球消费者持续选择购买可穿戴设备及其相关服务的核心原因[23],故各类主体应持续注重科技创新以不断满足消费者的体育需求。科研机构应深入研究数字体育、智能体育、智慧体育的发展为体育发展带来的综合效益以及5G、虚拟现实(virtual reality,VR)、增强现实(augmented reality,AR)、人工智能、云计算等新兴技术助力数字体育、智能体育、智慧体育发展的可行路径,以此为数字体育、智能体育和智慧体育的未来发展提供科学参考。

1.4.2　构建差异化的政策支持体系

数字体育、智能体育、智慧体育相关政策文件的区分度不高,阻碍了三者的进一步发展。根据三者不同特征,规划差异性发展模式,进一步明确体育部门、体育社会组织、体育企业等各类主体在三者发展中的角色定位,构建特色化的政策支持体系,对数字体育、智能体育、智慧体育发展具有重要作用。就数字体育而言,体育部门应统筹协调,加强数字化理念在体育社会组织、体育企业等各类主体中的渗透,推动数字体育实践不断涌现,从总体上推进数字体育的发展进程。例如,《浙江省数字体育建设"十四五"规划》提出了健全体育公共服务管理体系和创新体育产业服务管理模式的总体设计,进一步明确各主体的定位与任务,为促进政府、市场、社会共同参与数字体育建设提供基本保障[21]。就智能体育而言,体育企业的创新探索则更为重要,应鼓励各类企业加大在智能化发展方面的研发投入,鼓励体育用品企业研发家庭化、智能化运动装备器材,加快体育用品制造业向服务业延伸。体育部门应给予企业多样化的政策支持,如可以进一步加强"政产学研"合作,加快建设体育大数据应用实验室、智慧运动健康实验室等各类协同创新中心,为智能体育发展提供更加充裕的载体空间;可以加强对智能体育及相关领域专利研发和成果转化的支持力度,推动形成更加丰富多样的运动场景。就智慧体育而言,体育部门的统筹规划更为关键。体育部门应加快制订智慧场馆、智慧体育公园等领域的建设计划,构建基本技术框架,加强与体育社会组织、体育企业的合作,共同推进智慧体育发展,规避重复建设、资源浪费等问题。同时,标准化建设对数字体育、智能体育、智慧体育的发展质量起到决定性影响。近年来,中国体育用品业联合会、浙江省市场监管局等主体相继探索出台了《智慧化健身场所技术规范》(T/CSGF004—2018)、《大中型体育场馆智慧化建设和管理规范》(DB33/T2305—2021)等标准文件。相关标准制定主体应持续关注数字体育、智能体育和智慧体育的发展趋势,加快编制智慧场馆、体育赛事信息化、智能体育设备、数字运动项目等关键领域的标准规范,进一步健全与体育产业高质量发展相匹配的标准体系。

1.4.3 破解数据信息流转障碍

不论是数字体育、智能体育,还是智慧体育,其发展的根本都是数据信息的快速、准确流转,但当前各类体育系统、平台、数据库在建设时缺少标准,造成"信息孤岛"问题频发,各平台内数据无法发挥其应有价值;各地区发展水平的差异使区域数字体育、智能体育、智慧体育的发展水平参差不齐,难以形成合力[4]。相较于其他行业,数字体育、智能体育、智慧体育的发展起步较晚,可多借鉴各地数字政府建设及其他行业数字化、智能化、智慧化过程的经验。第一,政府部门应加强与市场主体的交流,向市场主体开放更加全面、即时的体育发展数据,帮助市场主体从不同角度挖掘市场信息,进而提供更加契合产业发展趋势的产品与服务。近年来,各级数据开放平台的建设为政府体育数据的开放提供了良好的载体,体育部门应与大数据管理部门形成协同联动,明确体育类数据共享的规则与工作机制,从根本上提升各类数据信息流转的效率。第二,应当鼓励市场主体和政府部门共享相关经营信息,帮助政府部门清晰了解体育产业发展情况,从而制定更加科学的政策文件以推动体育产业高质量发展。第三,应当鼓励不同地区体育部门加强数据信息共享工作,以此推动数字体育、智能体育和智慧体育发展的区域联动。例如,2020 年9 月成都市体育局和重庆市体育局签署的《双城联动共推体育融合发展合作协议》提出了推进双城体育大数据共享的要求,为成、渝两地共享公共体育服务设施、推进竞技人才培养提供良好基础[31]。第四,文化旅游、卫生健康、公安、应急管理等与体育发展相关的部门也应积极加入数字体育、智能体育、智慧体育的发展中,打破相关部门间的数据信息壁垒,推动各类数据与资源的共享,使体育与更多领域相连接,并产生更大的综合效益。

1.4.4 提升体育数据信息安全保护能力

侵犯数据信息隐私和平台经济垄断已逐渐成为数字经济发展的重点问题,数字体育、智能体育和智慧体育的发展都离不开对各类数据的采集运用和对数据平台的依赖,若在其发展过程中忽视对各类体育数据信息的安全保护,则极有可能出现违规采集、利用数据,滥用平台垄断地位等行为,资本、消费者等各方对数字体育、智能体育和智慧体育的发展信心也将大幅降低,不利于体育产业的高质量发展。因此,在支持数字体育、智能体育和智慧体育发展的同时,也应对数据信息安全保护予以足够重视。在宏观层面,数据隐私和平台垄断问题不是体育领域独有的问题,体育部门应联合市场监管、大数据等相关部门构建协同监管机制[32];在微观层面,应结合数字体育、智能体育和智慧体育的特征以及各类数据采集的规律,根据《中华人民共和国个人信息保护法》《中华人民共和国民法典》等涉及个人信息保护条款等相关法律法规,制定符合体育发展规律的规章制度,明确数字体育、智能体育和智慧体育在数据采集、汇集、应用等各个环节的原则,并对滥用平台垄断地位的行为进行解释说明,推动数字体育、智能体育和智慧体育健康有序发展。

1.5　结束语

在"十四五"乃至未来更长一段时间内,科技创新是构建新发展格局的关键支撑。持续深化科技创新成果在体育领域的应用,加快推进数字体育、智能体育和智慧体育的发展,是推动体育产业高质量发展和体育产业链现代化的必然选择。在此背景下,政府、市场、社会等各类主体需要积极转变理念、打破制度壁垒、注重成果转化,逐步构建、形成多元主体共同参与,与体育产业以及经济社会发展现实相匹配的数字体育、智能体育和智慧体育发展新模式。三者的发展将是一项长期复杂的系统工程,未来研究应进一步聚焦数据信息平台构建、体制机制设计、人才培养等具体方面,以此为数字体育、智能体育和智慧体育的精细化和专业化发展提供更多理论支撑。

参考文献

[1] 黄海燕.深化体育与科技融合促进体育产业高质量发展[J].体育科研,2020,41(5):1.

[2] 张建锋.数字政府2.0:数据智能助力治理现代化[M].北京:中信出版集团,2019.

[3] 张立."数字体育"初探[N].中国体育报,2004-2-24(7).

[4] 鲍明晓.数字体育:体育高质量发展的关键引擎[J].体育科研,2021,42(5):1-5,48.

[5] 张立,李祥臣,龚健.数字体育新解[J].体育文化导刊,2012(7):141-145.

[6] QUANTIPHI. How AI and coaching can change player performanceevaluation in football? [EB/OL].(2021-10-1)[2021-10-7].https://www.sportspromedia.com/opinions/ai-coaching player-perfor-mance-nfl-football-quantiphi-coachfirst/.

[7] 习近平把握数字经济发展趋势和规律 推动我国数字经济健康发展[N].人民日报,2021-10-20(1).

[8] 郑芳,徐伟康.我国智能体育:兴起、发展与对策研究[J].体育科学,2019,39(12):14-24.

[9] IDC.2020年第二季度中国可穿戴设备市场回暖,同比增长4.1%[EB/OL].(2020-9-2) [2021-10-9].https://www.idc.com/getdoc.jsp?containerId=prCHC46823620.

[10] 傅钢强,魏歆媚,刘东锋.人工智能 赋能体育场馆智慧化转型的基本表征、应用价值及深化路径[J].体育学研究,2021,35(4):20-28.

[11] 冯华,陈亚琦.平台商业模式创新研究:基于互联网环境下的时空契合分析[J].中国工业经济,2016(3):99-113.

［12］UHM J P，LEE H W，HAN J W. Creating sense of presence in a virtual reality experience：Impact on neurophysiological arousal and attitude towards a winter sport［J］. Sport Management Review，2020，23(4)：588-600.

［13］韩潇，张晓原，潘慧智，等.智慧体育［M］.北京：清华大学出版社,2019.

［14］郁建兴,高翔.以数字化改革提升政府治理现代化水平［N］.光明日报,2021-3-26(11).

［15］王元卓,靳小龙,程学旗.网络大数据：现状与展望［J］.计算机学报,2013,36(6):1125-1138.

［16］李一平.创新监管模式让游泳"安全一夏"［N］.东方体育日报,2020-9-21(A16).

［17］MIT TECHNOLOGY REVIEW. Smart sports［EB/OL］.(2021-1-29)［2021-6-28］. https://www.technologyreview.com/2021/01/29/1017028/smart-sports/.

［18］ALIBABACLOUDER. Events simulation service：how to digitally transformyour venue ［EB/OL］.(2020-9-25)［2021-6-24］. https://www.alibabacloud.com/blog/events-simulation-servicehow-to-digitally-transform-your-venue_596666.

［19］徐士韦,肖焕禹.基于大数据的上海全民健身智慧服务平台建设与应用［J］.体育科研,2021,42(3):10-18.

［20］上海市人民政府.上海市人民政府关于印发《上海市全民健身实施计划(2021—2025年)》的通知［EB/OL］.(2021-9-18)［2021-10-24］. https://www.shanghai.gov.cn/nw12344/20210924/0589ad9053ae42b1960098e171bb75e4.html.

［21］浙江省体育局.浙江省体育局关于印发《浙江省数字体育建设"十四五"规划》的通知［EB/OL］.(2021-8-26)［2021-10-9］. https://tyj.zj.gov.cn/art/2021/8/31/art_1229262678_4720319.html.

［22］马作宇.今年的杭马赛道会说话,跑一场"黑科技"马拉松是什么体验［EB/OL］.(2020-11-23)［2021-10-24］. https://www.thepaper.cn/newsDetail_forward_10100479.

［23］SONG J，KIM J，CHO K. Understanding users' continuanceintentions to use smart-connected sports products［J］. Sport Management Review，2018，21(5)：477-490.

［24］上海市人民政府办公厅.上海市人民政府办公厅关于印发《上海市体育发展"十四五"规划》的通知［EB/OL］.(2021-8-13)［2021-10-10］. https://www.shanghai.gov.cn/hfbf2021/20210913/9293b6c37cae415aa87ec159f517d79a.html.

［25］黄海燕.推动体育产业成为国民经济支柱性产业的战略思考［J］.体育科学,2020,40(12):3-16.

［26］隶露,黄海燕.体育与科技融合助推体育产业高质量发展：逻辑、机制及路径［J］.体育学研究,2021,35(5):39-47.

［27］习近平.决胜全面建成小康社会 夺取新时代中国特色社会主义伟大胜利［N］.人民日报,2017-10-28(1).

［28］黄海燕,刘蔚宇.高质量发展背景下我国体育市场监管策略研究：基于对互联网投诉数据的文本分析［J］.武汉体育学院学报,2021,55(5):59-65.

［29］人民网.全民健身信息服务平台正式上线［EB/OL］.(2020-8-8)［2021-12-12］. http://sports.people.com.cn/jianshen/n1/2020/0808/c150958-31815495.html.

［30］人民网.体育消费新场景新鲜出炉解锁在成都 运动的百种可能［EB/OL］.(2021-4-1)

［2021-10-25］. http：//sc. people. com. cn/n2/2021/0401/c345167-34653501. html.

［31］重庆市体育局.重庆市体育局 成都市体育局签署双城联动共推体育融合发展合作协议
［EB/OL］.（2020-9-15）［2021-12-12］. http：//tyj. cq. gov. cn/zwxx_253/jdtp/202009/
t20200915_7883314. html.

［32］谢经良,孙晋海,曹莉.大数据时代我国体育产业发展的机遇、挑战与对策［J］.上海体育学院
学报,2015,39（4）:59-63.

第2章

数字体育发展的伦理风险与纾困

张琪

2.1 数字体育形态的具体表现

数字体育是信息技术和传播技术高度发展以后,与体育事业交叉发展所形成的新的业态形式,指运用数字技术和互联网技术,将传统的体育产业、体育教育、体育竞技、体育娱乐等领域数字化,从而提供更加便捷、高效、个性化的服务和体验[1]。数字体育的应用包括赛事运营的数字化、体育产业链的数字化、教育和培训的数字化、数字化体育媒体和内容、数字化体育营销等方面。数字技术的体育化应用包括运动监测和数据分析、体育竞技的数字化、运动健身产品和服务的数字化、数字化体育社交、数字化体育营销等方面。数字体育的发展,将为体育事业带来更多的机遇和挑战[2]。为此,需要先行解构数字体育的业态表现,以实现更好地服务社会发展和防范风险的初衷。

根据技术哲学发展规律和数字技术与体育事业结合密切程度而言,数字体育的行业形态,主要分成三个组成部分:其一,体育活动的数字化改良;其二,体育事业的数字化介入;其三,数字技术的体育化应用。体育活动的数字化改良包括移动健身、数字化运动装备、新兴运动项目、电子竞技、虚拟运动、在线运动等形式。体育事业的数字化介入包括赛事运营的数字化改革、体育产业链的数字化应用、线上体育教学和培训的开展、数字化体育媒体和内容、数字化体育营销与展示。数字技术的体育化应用包括运动监测和数据分析、竞技活动的数字化的检测与评价、运动健身产品和服务的数字化改良、数字化的体育社交媒介。

2.2 数字体育发展的伦理风险

随着数字技术的不断迭代更新,数字技术对我国体育产业的推动作用将全面呈现,将创造更多新产品、新服务、新商业模式和新跨界生态,推动体育产业在极为丰富并不断更新迭代的业态下发展壮大。与此同时,数字体育的发展不仅给传统体育带来了挑战,也衍生出对参与主体、体育活动、信息形态的伦理风险。从可持续发展的角度来看,数字体育现阶段出现的伦理风险不同程度上阻碍了数字体育的蓬勃发展。基于此,需要对于数字体育的伦理风险进行进一步阐释和分析,以便规避风险,实现数字体育高质量发展的美好愿景。

2.2.1 数字体育对参与主体的伦理风险

数字体育对参与主体的伦理风险是指体育的数字化变革和数字技术在体育场景应用过程中,体育活动的直接参与者所产生的人伦关系层面的风险。这种风险包括对于人伦关系性质的变化和关系内容的重构。人伦关系性质的变化,主要体现在体育活动参与者自我关系和人我关系定位的差别。人伦关系内容的重构在于:较之传统的体育形式而言,数字体育在运动参与场景和运动参与过程两个方面,改变了参与主体与他者之间的交互关系,从密切的人类交往活动转向了专门化的社会活动,进而呈现出了人际关系的单向度化和数据主义倾向。

参与主体的单向度化伦理风险,主要表现为平台化的数字信息提供机制从认知渠道方面垄断了体育参与主体的认知能力,在主动推送信息和被动筛选过滤信息两个方向,限制了参与主体对于宽泛信息的搜集能力,进而弱化了通过外部信息掌握体育全貌特征的能力,使其不断陷入单向度的思维模式用以不断确证数字体育信息机制的有效性。这种垄断性主要表现在:其一,数字体育平台的算法推荐。数字体育平台往往会根据用户的历史行为和偏好,推荐类似的内容和信息,这是数字化的优势之一,可以帮助用户快速找到自己感兴趣的内容和信息。然而,这种算法推荐也容易导致用户在数字体育场景中越来越难以接触到新的信息和观点,从而加剧了单向化。例如,一个跑步爱好者在数字体育平台上经常浏览和收藏跑步相关的信息,平台就会根据这些行为推荐更多的跑步内容,这虽然可以满足用户的兴趣,但也容易让用户陷入一个固定的思维和行为模式,缺乏对其他运动或者健康生活方式的了解和尝试。其二,数字体育中的虚拟竞技。数字体育中的虚拟竞技是一种新兴的竞技方式,通过数字技术模拟真实的体育竞技场景,让用户可以在虚拟空间中进行竞技活动。虽然虚拟竞技具有一定的优势,如不受时间和空间限制、可以随时随地进行,但这种竞技往往是基于虚拟身份和虚拟关系的,容易导致人们在竞技活动中缺乏真实感和深度体验,失去对于客观世界的全面化理解和判断能力。例如,一个虚拟游戏中的足球比赛,虽然可以让用户体验到足球比赛的基本规则和技巧,但是缺乏真实的体验和互动,无法让用户真正感受到足球比赛的紧张和激情,也无法让用户体验到真正的团队合作和沟通。其三,数字体育中的社交平台。数字体育平台往往会提供社交功能,让用户可以和其他用户进行交流和互动,这是数字化的优势之一,可以让用户在数字体育场景中获得社交体验和支持。然而,这种交流和互动往往是基于数字身份和数字关系的,容易导致人们在社交活动中缺乏真实感和深度。例如,一个数字健身社交平台,用户可以在平台上和其他用户分享自己的健身经历和成果,但是这种分享往往只是表面的、片面的,缺乏真正的交流和互动,也无法让用户建立真正的社交关系。

参与主体的数据主义倾向伦理风险,主要表现为体育活动在数字化的过程中所出现的科学主义和唯理论倾向,即尝试将具身属性特征极为明显的体育活动还原为符号化和数据化的数学公式和科学符号。众所周知,科学主义在还原人类体育活动的过程中,历经三次认知革命仍然未能有效廓清和还原其中的认知原理和具身体验。那么,在认知理论和信息技术如此浅薄的当下,希冀通过数据主义将体育活动的参与过程和结果弱化为冷冰冰的数据信息,则是大幅弱化了"观念身体"在体育活动中的主体性地位,而错误地过分抬高了"外部身体"在应对人类活动时的实际作用[3]。这种伦理风险主要表现在数字体育中的数据分析。数字体育平台往往会提供数据分析功能,让用户可以对自己的运动数据进行分析和优化,这是数字化的优势之一,可以帮助用户更加科学地进行运动训练[4]。然而,这种分析往往只是基于数据的表面信息,缺乏对运动本质的深入理解,容易导致人们在运动中越来越单向化。例如,一个数字健身平台提供了用户的运动数据分析功能,用户可以查看自己每次运动的时间、距离、速度等数据,但是这些数据只是表面信息,无法真正反映用户的运动状态和健康状况,也无法真正帮助用户进行科学的运动训练。

因此,数字体育场景下的单向化趋势与其他数字场景类似,需要我们在使用数字体育工具的同时,注意保持开放的心态和认知理念,以免陷入单一化的思维和行为模式。同时,数字体育平台也应该加强内容和信息的多样性,提供更加真实和有深度的竞技和社交体验,以满足用户不同层次的需求。

2.2.2 数字体育对体育活动的伦理风险

数字体育对体育活动的伦理风险是指体育的数字化改革和数字技术在体育场景应用过程中,对体育活动本身所产生的源于体育价值形态和价值表达层面的风险。此类伦理风险着重作用于体育活动本身,数字技术的介入导致了传统体育活动朝着适应数字化发展的方向变革。这种变革一方面包含对于传统体育活动的扬弃,另一方面也暗含着体育活动自身变革的时代风险,即如何调和体育传统与新兴业态之间的关系。数字体育将体育赛事、训练、健康管理等方面实现数字化,从而推动体育产业的发展。数字体育的出现为人们提供了更加便捷、高效的体育服务,但同时也引发了一系列问题,最为突出的就是数字体育所引起的体育价值的价值萎缩。传统体育价值的萎缩,主要表现在以下方面。

第一,数字体育对传统体育形态的冲击。传统体育是指以参与者的身体为基础进行的体育活动,包括各种球类、田径、游泳、健身等项目。传统体育的特点是注重人与人之间的互动和竞争,依靠人的体力、技能和意志力来完成。而数字体育则是以数字技术为基础,通过互联网平台实现的体育活动,包括电子竞技、虚拟运动、数字化健身等。数字体育的出现,给传统体育带来了冲击,使得传统体育的竞争格局发生了变化。数字体育对于传统体育的冲击特别表现在竞技方式、运动情景、参与人群方面。竞技方式方面,数字化的体育活动主要以虚拟化和电子化的活动形式为主,只能在特定的运动情境中完成固定程式的竞争过程,使得该过程相较于传统体育活动明显缺乏了过程的互动性和结果的不可控性。加之,数字技术和信息技术的使用门槛,使得此类体育活动只能沦为少数群体的圈子文化,技术成本和使用门槛阻碍了数字化体育活动的大范围普及。近年来,电子竞技作为泛数字体育的一种形式,逐渐被纳入体育活动的考察范畴。然而,电子竞技的出现也引发了一系列问题。例如,电子竞技的观众主要是年轻人,而传统体育的观众主要是中老年人。这使得电子竞技的发展受到了年龄结构的限制。此外,电子竞技的竞技方式单一,缺乏传统体育的多样性和互动性。这使得电子竞技的竞技方式相对单一,难以满足人们多样化的竞技需求。同时,电子竞技的文化内涵相对单一,缺乏传统体育的文化内涵,使得电子竞技难以实现体育文化的长期发展。

第二,"头部"体育赛事活动的不断膨胀与其他赛事活动的渐次萎缩。体育活动的数字化改造,其实质是对于体育活动过程的规范化改造和活动过程的标准化改良。首先,数字化技术的应用提高了"头部"体育赛事的影响力和可观性。数字化技术的应用,使得"头部"体育赛事的直播、录播、回放等功能更加便捷和高效,同时数字化技术的应用也提高了观众的互动性和参与度,使得"头部"体育赛事的影响力和可观性不断提高[5]。其次,"头部"体育赛事的品牌价值和商业价值不断提升。随着经济的发展和社会的进步,"头部"体育赛事的品牌价值和商业价值不断提升,吸引了越来越多的赞助商、广告商和媒体关注,从而进一步提高了"头部"体育赛事的影响力和可观性。再次,"头部"体育赛事的专业化和精细化程度不断提高。随着体育产业的发展和竞争的加剧,"头部"体育赛事不断加强专业化和精细化,提高了比赛的质量和观赏性,吸引了越来越多观众和粉丝的关注,从而进一步提高了"头部"体育赛事的影响力和可观性。但是,伴随着"头部"体育赛事活动的不断膨胀，同时出现了其他赛事活动的渐次萎缩。首先，"头部"体育赛事的虹吸作用，加剧了资源配置的不平衡。在数字化改造的背景下，"头部"体育赛事膨胀，吸引了越来越多的资源和关注，导致其他体育赛事的资源配置不足，难以获得足够的赞助、广告和媒体关注，从而出现萎缩的情况。其次，"头部"体育赛事开始塑造观众审美，使得体育审美出现了单一化趋势。"头部"体育赛事的观众需求得到了更好满足，而其他体育赛事的观众需求则难以得到满足，从而导致了其他体育赛事的萎缩。再次，经济效益的"马太效应"显现，加剧了不同级别赛事的竞争鸿沟。在数字化改造的背景下，"头部"体育赛事的经济效益相对较高，而其他体育赛事的经济效益则相对较低，这也导致了其他体育赛事的萎缩。总体来说，"头部"体育赛事膨胀的同时，其他体育赛事活动出现萎缩的情况，是数字化改造、资源配置、观众需求和经济效益等多种因素综合作用的结果。同时，这也提醒我们在数字化改造的过程中，需要注重资源的平衡配置，避免陷入体育赛事活动"一家独大"式的垄断局面。

2.2.3　数字体育对信息形态的伦理风险

数字体育对信息形态的伦理风险，是指体育的数字化变革和数字技术在体育场景应用过程中，基于体育活动所产生的数据信息的生成方式和数据内容的风险。这种风险存在于数据信息生成过程、应用以及评价与界定过程中，既包括数据的采集权和使用权，也包含基于数据信息衍生而成的评价权和界定权。

第一，数字化体育活动的数据信息在生成过程中的伦理风险。个人数据隐私问题是一个信息社会重要的伦理问题和风险。数字体育涉及大量的个人数据，包括运动员、球队、观众等的个人信息。这些信息包括姓名、地址、电话号码、电子邮件地址、身份证号码、银行账户信息等，将对信息来源的个人隐私造成极大的威胁。为了应对此类数据信息伦理风险，行业内的共识举措是使用信息主体"同意"授权的方式来取得获取数据信息的合法权利[6]。然而，实际执行的过程中，这种"同意"授权往往流于形式，而且由于其授权场景的单一性而通常无法对后续复合数据应用情境进行预估与风险评判。

第二，数字化体育活动的数据信息在应用过程中的伦理风险，其中主要包括数据的使用和数据的垄断风险。在数字体育改造的过程中，数据使用问题是一个重要的伦理问题和风险。体育事业的发展需要大量的数据分析和应用，数据使用不当将会对个人权益和社会公共利益造成损害。例如，个人信息被用于推销广告、诈骗等非法活动，将会对个人的权益造成损害。相比于存在主观倾向的数据滥用问题，数据误用的情况在当下更加值得警惕，因其不具备主观倾向性而更加难以在事前规避。更进一步，倘若数据分析结果被用于歧视、排斥等非法活动，将会对数据源头的个人造成更加严重的社会危害。在数据信息应用的过程中,数据垄断已经成为平台经济发展阶段的新兴伦理风险形态。数据垄断问题主要表现在以下几个方面:首先,在数字化改造的过程中,体育数字化平台的运营商可能会集中大量的数据资源,从而形成数据垄断。数据垄断将会对其他竞争者形成不公平竞争,限制竞争和市场选择。其次,在数字化改造的过程中,体育数字化平台的运营商可能会设置数据壁垒,限制其他竞争者获取数据资源,数据壁垒将会对其他竞争者形成不公平竞争。再次,在数字化改造的过程中,体育数字化平台的运营商可能会通过数据定价的方式,从其他竞争者获取高额的数据许可费用,数据定价将会对其他竞争者形成不公平竞争。因此,体育事业的数字化改造所带来的伦理问题和风险需要得到重视和解决。在数字化改造的过程中,需要加强数据安全和隐私保护,避免数据滥用和误用,促进数据共享和公平竞争,实现数字化改造的可持续发展。

第三,数字化体育活动的数据信息在评价与界定过程中的伦理风险。数据评价权和数据界定权是数字体育中的两个重要概念,它们涉及对数据信息的分析和解释。承前所述,由于体育活动在数字化的过程中已经受限于数学公式和数据符号的表达限制而丢失了非常多的人文属性信息,那么对于这类已经被加工和抽象过的外部信息而言,评价和界定的环节就更加容易叠加产生新的伦理风险[7]。首先,数据评价权和数据界定权的滥用可能会导致无意和人为的数据误导。任何的数据评判,都要依据其产生数据和运算数据的科学前提,而倘若脱离客观前提肆意对数据诠释结果进行扩大化解释,则必然会造成评价结果与评价初衷背离。例如,体育人口数据的发展情况,长期以来被作为评价国家与地区发展水平的重要指标。而这种数据诠释结果的前提,需要建立在经济发展水平带动生活水平提高而产生的自发性体育行为的基础之上。倘若,仅以提高数字游戏的体育人口数据作为体育工作的重心,那么对于通过体育人口衡量经济发展水平的评价预期而言可谓南辕北辙。此外,数据分析人员可能会在数据分析过程中有意或无意地忽略某些数据,或者选择性地解释数据,也会加大对于决策者和公众的误导。与此同时,来自体育行业内部的数据评价与界定权利,可能导致更加隐性的伦理风险。由于高水平体育活动相对的独立性和封闭性,使得运动训练与营养保障成为更加稀缺的行业垄断资源。运动员成才的过程中,拥有运动员个体数据信息评价权与界定权的管理者、教练员和科技保障人员,则拥有近乎不受监控的数据权利。数据分析人员可能会利用数据信息来追求胜利和成绩,而忽略运动员的身体健康和心理健康,或者开发对人体健康有害或违反道德伦理的技术和装备。对于运动员来说,受限于信息能力的弱势地位和竞赛活动的时空特性,往往很难基于客观全面的信息做出更加稳妥的决策。因此,数据评价权和数据界定权的滥用可能会引发多种伦理风险,需要在数字体育中进行有效的监管。

总之,数字体育在发展过程中对于参与主体、体育活动、信息形态的伦理风险已经逐渐浮现,为防止伦理风险不断扩大,需要提前做好应对手段和方法的准备,有效规避伦理风险,营造数字体育良好的发展环境。

2.3 数字体育风险的伦理纾困

数字体育的快速发展,不仅为体育事业的现代化转型提供了平台契机,也为推进数字经济和数字产业提供了体育行业的着力点。数字体育产业的发展初期,经历了雨后春笋般的迅速提高阶段,转而面临的则是如何在数字体育高速发展和产业规模足够庞大的基础上进一步运用数字技术进行精细化发展[8]。为此,我们不仅要基于客观的视角正视前序研究中所提及的各类数字体育伦理风险,还要在培养风险意识的基础上积极做好应对伦理困境的现实准备。

2.3.1 丰富多元体育价值观念,应对数字体育价值扁平化的风险

价值扁平化是指在某些领域或行业中,价值观念变得单一、扁平化,缺乏多元性和深度性。承前所述,数字体育因技术特性,所呈现出的体育信息和内容必然是经过公式化和符号化过滤的结果,故而产生了数字体育的价值扁平化特性。价值扁平化的表现主要有两个方面:一方面是体育产业化和商业化的发展,导致体育的商业价值成为唯一的价值标准,数字技术的介入更是放大了单一价值形态在体育价值体系中的作用;另一方面是过度崇尚体育的结果主义,过度重视体育中的胜负关系,而忽视了体育文化和社会价值在人类社会发展中的重要作用。为了应对这种价值扁平化的风险,可以借助丰富多元的体育价值体系,从多个角度来认识和发掘体育的价值,用以对抗数字体育价值扁平化的伦理风险[9]。

首先,可以从体育的文化价值出发,拓展体育的多元价值。体育作为一种文化现象,具有丰富多彩的文化内涵。我们可以通过挖掘和传承这些传统文化,拓展体育的多元价值,不同地区和民族的传统体育、体育艺术、体育文化等都是体育的重要组成部分。在体育活动中,谋求和扩大体育的社会价值、教育价值等;在社会活动中,挖掘和重塑体育的政治价值、经济价值和文化价值。以此形成层层递进的体育价值体系,以便在数字体育活动开展的过程中消解唯结果论和唯效果论的藩篱[10]。只有参与者希冀通过体育活动达成复合价值目标时,数字化和数据化的体育活动才能够避免沦为单一向度的竞技活动、商业活动或艺术活动。

其次,可以从体育的社会价值出发,强调体育的社会责任和作用。体育不仅是一种娱乐和竞技活动,还具有社会教育和促进社会和谐的作用。数字体育活动开展的过程中,在追求主要价值标目的基础上,谋求体育活动对于参与主体的积极作

用,实现价值目标体系的多元化和共同体现[11]。对于当代中国社会而言,体育不仅可以促进健康生活方式的普及,提高人们的身体素质和健康水平;还能促进青少年的成长和发展,培养他们的团队精神和领导能力;更加可以促进社会和谐和文明风尚的形成,推动社会进步和发展。这对于借助数字技术的手段来体现体育活动的多元价值体系,至关重要。

最后,可以从体育的人文价值出发,强调体育的人文意义和价值。体育不仅是一种身体活动,还是一种思想和精神的活动。体育可以激发人们的创造力和创新精神,培养人们的自信和勇气;体育可以促进人们的情感交流和互动,增强人际关系和社交能力;体育还可以培养人们的审美和文化素养,提升人们的文化品位和审美水平[12]。以此尝试倒置体育活动的主客体关系。借助数字技术,从面向体育活动参与者施加特定的价值目标信息,转向由参与者共同塑造对其自身产生实在意义的体育价值。

综上所述,丰富多元的体育价值体系可以帮助我们克服数字体育广泛兴起导致的体育价值扁平化风险。我们需要从多个角度出发,认识和发掘体育的多元价值,拓展体育的文化、社会和人文价值,以保障体育的可持续发展和人们的合法权益。同时,我们也需要加强体育价值观的教育和传承,提高人们的体育文化素质和价值观念,促进体育的多元化和综合性发展。

2.3.2　健全数字体育管理手段,应对数字信息技术滥用的风险

信息技术和体育事业在产业层面的交互,为数字体育形成有规模的社会业态提供了绝佳契机。数字体育的快速发展,依赖于数字技术的进步和实用化,但是新业态的发展缺乏相应的历史参考,从而导致了新兴伦理风险的出现。聚焦到数字体育的实践形态而言,避免数字体育中的伦理风险,需要各方共同努力,需要行之有效的法律和制度约束,用以规范新兴技术的大规模应用以期实现服务体育事业发展和提高社会运行效率的技术初衷。由此,从技术应用层面,需要在规范数据采集和管理、加强数据的隐私保护方面进一步细化约束手段。

首先,规范数据采集和管理。数据采集和管理是数字体育中最重要的环节之一。规范数据采集和管理是降低数字体育中伦理风险的重要手段。正在数字化的运动市场中,从运动员到观众、从教练到管理人员,对数据的收集、处理和分析都离不开技术和设备。而这些技术和设备本身也存在着一定的隐私问题。因此,应当加强对技术和设备的监管,采用规范的技术、设备、数据处理方式和标准,确保数据安全、保护隐私并符合道德规范。在完成数据采集后,还需要建立与之匹配的数据管理规范。完善的数据管理规范是保障数字体育数据利用和保护的基础。要制订严格的数据管理规范,这些规范涉及如何收集、存储、处理和访问数据,确保数据的

完整性、准确性和安全性[13]。要合理保留数字体育数据，防止数据过期和数据泄露。数据的采集与管理存在典型的黑箱效应，使得占据数据优势的服务商往往能够获得排他性的垄断地位。为了避免来自用户的个人数据沦为利益主体的竞争优势，还需要辅助技术手段来实现数据透明度和公开性。数据透明度和公开性是数字体育中规范数据采集和管理的基本条件之一，应对数据来源、处理方法、经过去除无意义信息后，应当公开数据的主要内容和范围等。同时，这些数据应当去除无意义信息等，以减少数据的扰动性，抵制数据的滥用。

其次，加强数据的隐私保护。隐私保护是数字体育中降低伦理风险的重要一环。在数字化的社会环境中，不仅人们的身份信息，还包括个人基本情况、行为习惯、运动情况等，很容易被大数据技术捕获。因此，对于公共信息和私人信息的隐私保护，就成为不可忽视的伦理问题[14]。其一，必须严格执行隐私政策。应当明确隐私政策，明确数据收集和使用的目的、范围及保护措施。在隐私政策中，应注重告知数据采集至用途的"四重"要求：采集哪些数据、用途如何、用途范围以及时间限制等内容和细节，以明确数据安全管理的要求和使用者的义务。不能奢望借助用户和数据主体的"同意"授权来迫使其承担后续可能发生的次生数据风险，而应当将隐私政策和数据来源高度绑定，以解决二手、三手数据在使用过程中的隐私风险。其二，加强社会监督和舆论审查，建立数据安全的黑名单制度。应建立相应的社会监督机制，提高数据使用的公开性，依据公众和用户需求不断完善个人信息保护政策和法规，同时通过社会监督提高企业和行业的隐私保护意识。依靠黑名单制度，将存在数据信息失信和违法行为的法律主体、技术主体和设备主体排除在后续的数据产业门槛之外。建立高度自律的行业门槛，是杜绝数据风险的最佳方案。其三，加强数据安全的技术保证。加强数据安全，是数字体育中保障隐私的关键一环。例如，通过第三方数据存储或加密等技术手段，确保数据安全，防止数据遭受黑客攻击，以保障用户隐私不受侵害。技术手段是数据安全的底层保障，而制度安全则是数据安全的运行保障。设置相应的政策门槛和制度约束，以防范政治集体、资本集团和社会组织对于数字体育服务商和供应商的恶意影响。排除绝对权力和绝对利益在影响数据安全方面的潜在可能。

2.3.3 建立数字体育管理机制，长期应对数字体育的潜在风险

数字体育作为新兴的业态，其发展将会面临诸多来自时代和行业的挑战。数字体育的发展不仅为人们提供了更加便捷、丰富的体育服务，也为数字经济的发展注入了新的动力。尽管，重塑体育价值观念和健全数字体育管理手段能够解决当下已经出现的伦理问题，但是作为行业长治久安的必由之举，需要建立与之配套的长效管理机制，以期在未来能够形成对于数字体育行业自我修正的内在动力。为

了保障数字体育行业的健康发展,建立数字体育管理机制刻不容缓。

首先,制定数字体育行业的规范和标准。数字体育行业的规范和标准是建立数字体育管理机制的基础。制定这些规范和标准需要政府、数字体育企业、行业协会、专家学者等多方参与,形成行业共识。这些规范和标准应该包括数字体育企业的经营行为、用户数据的保护、知识产权的保护等方面的内容。其一,数字体育企业的经营行为需要遵守相关法律法规,保障用户的权益。数字体育企业应该加强自律,遵守行业规范和标准,避免虚假宣传、误导用户等行为,维护行业的公信力。其二,数字体育行业需要加强用户的数据保护和隐私保护。数字体育企业应该加强用户数据的保护,遵守相关法律法规,保护用户的隐私权。同时,监管机构也应该加强对数字体育企业的监督,确保数字体育企业遵守相关规定,保护用户的数据和隐私。其三,数字体育行业需要加强知识产权的保护。数字体育企业应该尊重知识产权,避免侵犯他人的知识产权。同时,监管机构也应该加强对数字体育企业的监督,制定相关规范准则约束数字体育企业的侵犯知识产权行为,确保数字体育企业遵守相关规定,保护知识产权。

其次,建立数字体育行业的监管机构。建立数字体育行业的监管机构,是数字体育管理机制的重要组成部分。监管机构应该由政府、行业协会、数字体育企业、专家学者等多方参与组成,负责制定行业规范和标准、监督数字体育企业的经营行为、保护用户数据和知识产权等方面的工作[15]。监管机构的职能包括:第一,加强对数字体育企业的监督,确保数字体育企业遵守相关规定,保障用户的权益。第二,建立数字体育企业的信用评估机制,对数字体育企业的经营行为进行评估和监督。对于违反规定的数字体育企业,应该采取相应的惩罚措施,维护行业的秩序和公平竞争。第三,建立数字体育行业的风险评估机制,对数字体育行业的发展趋势、市场变化、技术创新等方面进行评估和预测,及时发现和应对潜在风险。对于可能存在的风险,监管机构应该及时发出预警,引导数字体育企业采取相应的措施,防范风险。

再次,加强数字体育行业的风险评估和预警。数字体育行业的风险评估和预警是数字体育管理机制的重要组成部分。监管机构应该加强对数字体育行业的风险评估和预警,及时发现和应对潜在风险,保障行业的稳定和健康发展。数字体育行业的风险评估和预警需要考虑多方面因素,包括政策环境、市场变化、技术创新、用户需求等。监管机构应该建立数字体育行业的风险评估机制,对数字体育行业的发展趋势、市场变化、技术创新等方面进行评估和预测。对于可能存在的风险,监管机构应该及时发出预警,引导数字体育企业采取相应的措施,防范风险。数字体育企业也需要加强自身的风险管理能力,建立健全的风险管理制度,加强对风险的识别、评估和应对,提高企业的风险应对能力。

　　总之,数字体育管理机制是数字体育行业健康发展的重要保障。政府、监管机构、行业协会、数字体育企业、用户等各方应该共同努力,加强数字体育行业的管理和监管,推动数字体育行业的健康、稳定和可持续发展。

参考文献

[1] 张立.数字体育探索[M].北京:北京体育大学出版社,2007:1-4.

[2] 刘峣."数字+"助力体育强国建设[N].人民日报海外版,2022-8-3(9).

[3] 沈辉,陈丽,吴畏.冬奥创新科技应用及数字体育发展思考[J].南京体育学院学报,2022,21(8):19-27.

[4] 钟亚平,吴彰忠,陈小平.数据驱动精准训练:理论内涵、实现框架与推进路径[J].体育科学,2021,41(12):48-61.

[5] 杨海东,李彩霞.数字体育助推体育强国建设的价值、困境与路径[J].体育文化导刊,2021(12):1-6.

[6] 徐苒,马恺明.基于技术视角的上海体育数字化转型[J].上海信息化,2022(8):28-32.

[7] 钟亚平,吴彰忠,杨桦,等.数字体育对中国特色体育学"三大体系"构建的创新发展[J].成都体育学院学报,2022,48(6):15-23.

[8] 武威,谷甜甜,胡昕.发展数字体育的价值、困境与优化路径研究[C].2022年第十四届全国体育信息科技学术大会论文摘要汇编.北京:中国体育科学学会,2022:121-122.

[9] 孙葆丽,刘佳,徐子齐.国际奥委会改革愿景探析[J].体育学研究,2022,36(5):112-118.

[10] 张丽军,孙有平.大数据驱动的体育精准教学模式研究[J].天津体育学院学报.2022,37(2):174-187.

[11] 张立,李祥臣,龚健.数字体育新解[J].体育文化导刊,2012(7):141-145.

[12] 钟亚平,吴彰忠.体育强国视域下的体育数据开放:内涵、价值、镜鉴与路径[J].上海体育学院学报,2022,46(3):72-87.

[13] 党挺.国际体育产业数字化转型特点与启示[J].体育文化导刊,2022(2):91-97.

[14] 白宇飞,杨松.我国体育产业数字化转型:时代要求、价值体现及实现路径[J].北京体育大学学报,2021,44(5):70-78.

[15] 鲍明晓.数字体育:体育高质量发展的关键引擎[J].体育科研,2021,42(5):1-5,48.

第二篇

体育产业数字化转型

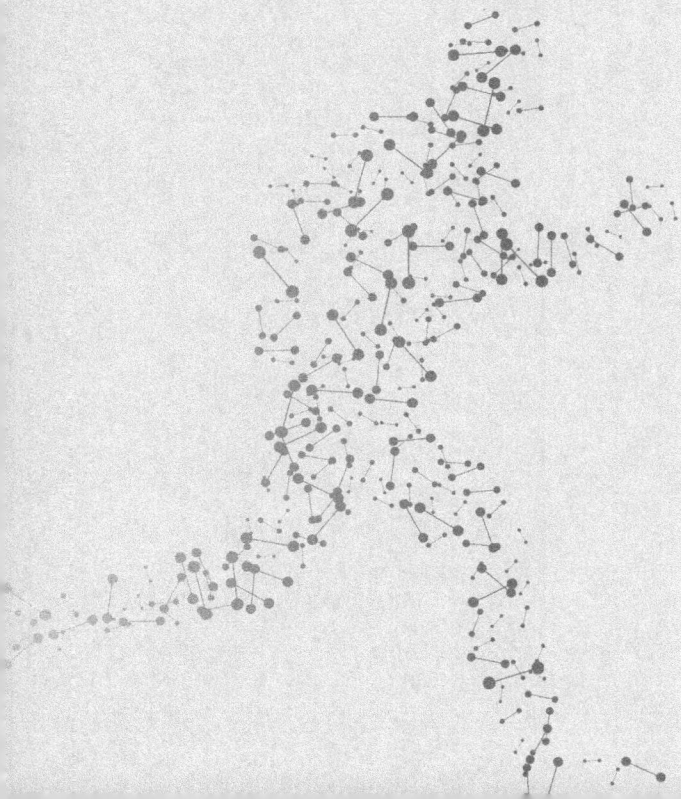

第3章

体育产业数字化转型的动力和场景

任波

数字经济是将数据作为重要生产资料，使其在经济发展中发挥基础性作用的经济形态[1]。《中国数字经济发展白皮书（2020年）》显示，2019年中国数字经济总量占国内生产总值（gross domestic product，GDP）的比重为36.2%，数字经济已经成为国民经济的重要支撑力量[2]。

产业数字化是实现数字经济与实体经济深度融合的重要途径，其主要是指在新一代数字科技支撑和引领下，以数据为关键要素，对产业链上下游的全要素数字化升级、转型和再造的过程[1]。体育产业是中国"五大幸福产业"的组成部分[3]，2018年体育产业总规模26 579亿元，增加值10 078亿元，占GDP比重达到1.1%[4]，体育产业的经济贡献显著增强。在此背景下，促进数字经济与体育产业融合，推进体育产业数字化转型发展具有现实意义。

目前，中国学界关于"体育产业数字化"相关研究主要包括网络与数字技术对体育产业发展的影响[5]、数字化与全球化时代下的职业体育发展[6]、体育服务业数字化发展方略[7]、数字经济与体育产业融合发展[8]、运动休闲特色小镇智慧化等[9]。而关于体育产业数字化转型发展研究相对偏少。本研究以"体育产业数字化转型"为核心议题，首先探究中国体育产业数字化转型的动力，其次分析中国体育产业数字化转型的逻辑，最后解析中国体育产业数字化转型的问题与策略，以期为数字经济时代下的中国体育产业数字化转型发展提供理论指导。

3.1 数字经济时代下中国体育产业数字化转型的动力

3.1.1 新科技革命加速渗透，拓展体育产业数字化转型发展新空间

在新科技革命和产业变革引领下，体育产业数字化转型将渗透到多个体育

领域。

（1）体育智能制造方面：通过数字技术赋能体育制造，借助数字工厂仿真，实现柔性化生产和离散型制造，提升体育制造企业的生产效率。

（2）智慧体育场馆方面：通过综合应用 5G、大数据、人工智能等新型数字技术，再造传统体育场馆功能，推动体育场馆数字化转型，培育智慧体育场馆新模式。

（3）产业链协同方面：通过数字技术搭建产业链协同服务平台，为上下游体育企业提供综合性服务，如搭建体育用品企业的产业链协同平台，有利于为上游的服装制造企业和下游的供应商提供产品与服务，减少中间环节，提高体育用品企业的整体发展水平。

（4）体育新零售方面：通常数字技术促进体育新零售与体育制造业、体育用品销售业的联系，精准分析大众体育需求变化，调整供给端产品结构，并通过搭建以需求为中心的体育数字化平台，提高体育产品与服务的供给效率。

3.1.2 新型数字消费需求持续推动，形塑体育产业数字化转型发展新方向

近年来，随着人民生活水平的显著提高，大众健身消费意识普遍增强。体育消费是体育产业发展的基础和保障，体育企业纷纷借助新型数字技术，通过打通线上与线下端口，创新体育消费模式，倒逼体育企业向数字化转型。直播带货、线上教学、电子竞技等新的体育经济发展形态不断涌现，以适应体育消费方式转变的现实要求，不断形塑体育产业数字化转型发展新方向。例如，新冠疫情期间，苏宁旗下PP 体育直播平台线上健身直播课程场均观看人次超过 5 万，苏宁易购健身器材销量同比增长 269%[10]；艾媒数据显示，近年来我国线上运动产品持续热销，线上运动用品市场规模持续高速增长[11]。整体上，新冠疫情给大众线下参与体育消费带来一定阻碍，与此同时也给体育企业转变发展方式提供契机。

3.1.3 多重利好政策相继出台，夯实体育产业数字化转型发展新动能

政策文件涉及健身休闲、竞赛表演、体育制造等多个业态的数字化发展，如体育制造领域的数字化转型，能够提供更加智能化、便捷化的可穿戴运动设备；体育竞赛表演业的数字化转型，能够提升赛事报名、场馆预订等综合服务水平。特别在新冠疫情影响下，传统体育企业通过探索数字化转型，积极适应体育市场需求变化，化解疫情危机，助推体育企业快速发展。

3.2 数字经济时代下中国体育产业数字化转型的逻辑

探寻体育产业数字化转型的逻辑，首先，可分析体育产业数字化转型的条件，

即从体育产业以及数字经济具有的良好发展条件展开；其次，探究体育产业数字化转型的途径，即从数字经济与体育产业融合发展形成的新业态展开；再次，解析体育产业数字化转型的形式，即从体育产业的要素数字化、过程数字化和产品数字化展开；最后，剖析体育产业数字化转型的效应，即从产生的规模经济效应、范围经济效应和长尾效应展开。

3.2.1　中国体育产业数字化转型的条件

体育产业具有产业关联度大、需求收入弹性大、生产率上升率大等特征，为体育产业数字化转型提供条件[12]。

（1）产业关联度：体育产业具有较大的产业关联效应，能够带动旅游、养老等相关产业发展，形成正外部效应；同时，体育产业包括 11 个子业态，推进体育产业各业态的快速发展，能够带动上下游产业链的互促共进发展。

（2）需求收入弹性：在经济学意义上，需求收入弹性大于 1，表明某种物品的需求量增长率高于居民收入的增长率[13]。体育产业具有较大的需求收入弹性，即体育产品与服务需求增长对居民收入增长的敏感性大。加快发展体育产业能够促进整个产业结构保持高增长率，有利于创造更多国民收入和更高的国民经济增长贡献率。

（3）生产率上升率：是衡量产业创新率的一个标准[14]。体育产业具有较高的生产率上升率，已经从原先劳动密集型产业向技术密集型和知识密集型产业转化，在物联网、人工智能、大数据等快速发展的影响下，为体育产业数字化转型创造条件。

数字经济具有高成长性、强扩散性、降成本性等特征[15]，为体育产业数字化转型提供保障。

（1）高成长性：数字经济主要由信息的属性决定，主要生产要素是数据。与传统生产要素（土地、劳动力等）不同的是，大量信息积累能够获得更多价值产出，并呈现规模收入递增趋势，即数字经济具有天然的扩张倾向[16]。中国信息通信研究院的数据显示，按照可比口径计算，2013～2019 年我国数字经济增速显著高于同期 GDP 增速[2,17]。此外，数字经济时代下的初创企业发展速度显著快于传统行业，体现出高成长性特征。

（2）强扩散性：数字经济将信息作为基础要素，通过将传统产业中产生的信息进行收集、存储、传输，实现数字经济与传统产业融合。随着数字经济快速发展，信息技术将逐渐向第一、第二产业渗透扩张，传统产业的各项数据通过数字化处理，能够改进传统生产方式、提高生产效率。在体育市场环境下，促进体育企业加快融入数字化浪潮，发挥数字经济赋能体育企业所带来的正向扩散效应。

（3）降成本性：数字经济带来的边际收益递增决定了具有降成本的特性，体现在以信息作为基础生产要素的数字经济能够有效避免市场交易过程中存在的信息不对称问题，提高市场运行效率，降低交易成本。此外，数字经济还能给企业带来规模经济、范围经济和长尾效应[18]，降低企业的运行成本。

3.2.2　中国体育产业数字化转型的途径

数字经济时代，新型数字技术与体育产业内部相关业态加速融合，推动体育制造业、体育竞赛表演业、体育培训业、体育用品业和体育场馆服务业等体育产业内部相关业态的数字化转型。

（1）体育制造业数字化转型：2019年，体育制造业规模占体育产业总规模的46.2%[19]，体育制造业在体育产业中的规模较大。数字经济时代给制造业带来的变革是"新制造"的兴起，"新制造"是指应用互联网、云计算、大数据等新一代信息技术，以用户需求为出发点，提供个性化、定制化的产品和服务的生产制造模式[20]。具体体现在：①新的制造方式，即应用数字技术赋能制造业，实现智能制造、个性化定制和柔性化生产；②新的产品，即智能化产品嵌入数据采集装置，分析云端数据，实现对用户行为的精准化测量与评判；③新的服务，即新的制造方式催生出研发、设计等生产性服务，传统单一的制造环节向两端延伸，提高产品的附加值[20,21]。

（2）体育竞赛表演业数字化转型：体育竞赛表演业是体育主导产业，探索竞赛表演业数字化转型发展，有利于促进竞赛表演业的提质增效发展。随着5G网络的全面铺开，改变了传统竞赛表演业的呈现形式，其高传输速率带来的低延时优势，能够给观众带来沉浸式体验。在新冠疫情下，国内三大球赛事（包括CBA联赛、中超联赛和排超联赛＊）纷纷借助技术变革探索数字化转型发展道路，对促进国内体育赛事复苏起到积极作用。

（3）体育培训业数字化转型：在全民健身和健康中国等战略深入推进下，大众健身消费意识普遍增强，体育培训业具有较为广阔的市场发展空间。在数字经济时代，探索体育培训业数字化转型发展，能够有效规避线下体育培训带来的运行不畅，遥过课程线上化，实现在C端能够更好地满足消费者体验，在B端能够帮助培训机构提升教学质量、降低运行成本，催生线上体育培训发展新模式。

（4）体育用品业数字化转型：新零售转型是以线上线下融合为目标，以用户为中心，并以快速反应的产品创新、物流和供应链组合为连接方式[20]。体育用品新

＊　CBA联赛指中国男子篮球职业联赛（Chinese Basketball Association，CBA）；中超联赛指中国足球协会超级联赛；排超联赛指中国女子排球超级联赛。

零售是体育用品业数字化转型的一种新型模式,具有线上线下深度融合、智能化、零库存、体验式消费、定制化产品等特征,能够有效推动体育用品业的数字化转型。相较于实体零售商,网络零售商的运营成本更低、运行效率更高[16]。

（5）体育场馆服务业数字化转型:体育场馆服务业是大众从事体育消费的基础和保障。在数字经济时代,探索体育场馆服务业数字化转型,有利于推动体育场馆服务业的高质量发展。数字技术赋能体育场馆服务业能够催生智慧体育场馆新模式。随着 VR/AR 技术在体育场馆服务业领域的应用,能够让观众得到沉浸式观赛体验。此外,智慧体育场馆还能够为观众提供便捷需求服务,满足大众日益增长的多样化体育需求。

3.2.3　中国体育产业数字化转型的形式

产业数字化转型贯穿创新链、产业链、价值链全过程,具体体现在要素数字化、过程数字化、产品数字化 3 种形式[17]。体育产业数字化转型遵循产业数字化转型的发展过程,同样呈现出要素数字化（即体现在投入端）、过程数字化（即体现在生产端）和产品数字化（即体现在产出端）3 种形式。

3.2.3.1　要素数字化

在数字经济时代,数据是核心生产要素,围绕数据为核心的体育企业数字化发展,推动体育产业要素数字化转型。要素数字化转型体现在生产设备的数字化改造、数字化人才培养等方面。推进体育产业的要素数字化,一方面需要加大体育生产要素的数字化改造,通过生产设备数字化,为企业与消费者之间搭建互动平台。例如,体育用品企业,通过搭建体育 O2O（即线上到线下,online to offline）电商平台,对推进线上与线下融合发展提供新的发展思路;同时,体育用品企业催生出 C2B（即消费者到企业,customer to business）互联网经济时代下新的商业模式,即改变传统生产者与消费者之间的单向供需关系,打造以消费者为核心的新型供需关系,实现定制化生产和个性化服务。另一方面,需要加大体育数字化人才培养,探索政校企合作新模式,吸引电子商务、计算机软件工程等专业人才进入体育产业领域,通过多渠道开展直播课程培训、平台运营管理、网络协同化监管等再培训活动,多措并举加大体育数字化人才培养力度,推进体育产业要素数字化转型。

3.2.3.2　过程数字化

数字技术赋能体育产业,能够实现体育产业在研发设计、生产、销售等环节的数字化升级改造。

（1）体育产业研发设计数字化:在体育制造研发设计过程中,虚拟仿真管理平台、零部件智能应用系统、试验综合管理系统等都体现出体育制造业的研发设计数字化转型;在体育场馆研发设计过程中,5G、VR/AR 等新型数字技术的全方位嵌入,呈现出安保系统、后勤保障、运营管理等的数字化,催生出更加智能化的新型体育场馆。

(2)体育产业生产数字化:数字化生产颠覆了传统生产端(供给端)与消费端(需求端)的关系,呈现出以需求为导向的定制化生产与服务新模式,即可通过数字技术及时了解消费端的实际需要,进行精准化供给。

(3)体育产业销售数字化:数字技术可赋予体育销售业新的内涵,即体育销售的数字化转型不止于销售端,而是整个产业链的全面升级与革新,催生出体育新零售发展模式。

3.2.3.3　产品数字化

体育产品数字化体现在数字技术赋能体育产业所带来的体育产品智能化和体育服务模式创新等方面。

(1)体育产品智能化:近年来,在全民健身热潮下,智能手表、智能手环等可穿戴设备广泛应用,通过数字化技术嵌入可穿戴设备之中,形成能够测量运动健身指标、提供智能化运动健身处方的数字化产品,满足大众日益增长的体育需要。此外,智能可穿戴设备等数字化产品还能够整合消费者数据并将其传输到终端,为体育制造企业改善产品功能、提升产品质量提供参考。

(2)体育服务模式创新:体育服务业是体育产业数字化转型的核心业态。在新冠疫情影响下,体育培训企业、体育健身休闲企业等纷纷探索线上教学、授课、辅导等模式,借助互联网新型数字技术,搭建平台化运营新模式,以创新体育服务供给方式,促进体育服务模式的创新发展。

3.2.4　中国体育产业数字化转型的效应

依托网络的服务业呈现3个重要特点:规模经济、范围经济和长尾效应,改变了服务的基本性质,产业形态已从低效率转变成为高效率[22]。体育产业是服务业的组成部分,推动数字经济与体育产业融合,能够促进体育产业数字化转型,并随之产生规模经济效应、范围经济效应以及长尾效应[8]。

(1)体育产业数字化转型带来的规模经济效应显著。在数字经济时代,服务企业具有初始成本很高而边际成本很低的特性,即高固定成本与低边际成本[23]。其中,高固定成本体现在以下两个方面:①产品前期研发成本,通常称之为沉没成本,投入后无法收回;②推广产品所使用的免费以及销售补贴成本,此部分是由数字经济特性决定的。在网络外部性作用下,受到信息边际收益递增影响,企业用户规模不断扩大,产生正外部效应,为企业带来更多收益。数字经济影响下的体育企业边际成本很低而边际收益递增,形成规模经济效应。

(2)体育产业数字化转型带来的范围经济效应显著。传统范围经济产生于不同产品在生产、销售等环节上的相关性,产品相关性越强,范围经济特征越显著[24]。而数字经济能够将传统范围经济中相关性不明显的产品建立起联系,同时能够依靠某种主营业务积累的用户,拓展相关业务,取得更大利润。在数字经济时代影响下,体育企业将呈现较快速增长态势,体现出范围经济效应。

(3)体育产业数字化转型带来的长尾效应显著。规模经济衡量企业产量与平均成本的关系,范围经济衡量企业产品种类与平均成本的关系。在规模经济和范围经济的共同作用下,体育企业的产量将大幅增加(规模经济效应)、体育企业提供的产品与服务呈现多样化(范围经济效应),进而催生出即使低成本、低收益的体育产品与服务市场,仍能依靠需求汇聚而产生较大市场份额,形成销售市场中的长尾效应[18]。

3.3　数字经济时代下中国体育产业数字化转型的问题

3.3.1　体育产业数字技术应用不足与数字化人才短缺

(1)体育产业数字技术应用不足:当前,我国中小企业信息化、专业化程度较低,数字技术在企业中的普及应用不高[1]。《中国产业数字化报告 2020》显示,近七成企业的数字化转型投入低于年销售额的 3%[1]。体育企业是体育产业发展的微观主体,体育企业的数字化转型状况能够反映体育产业的数字技术应用程度。受到我国整体企业数字化转型能力不高的影响,当前体育企业创新以及技术研发能力不强,技术供给与体育需求存在结构性矛盾问题,体现在供给端技术有效供给不足、供给质量不高,而需求端体育消费呈现多样化、多层次。当前我国体育企业开展数字化、信息化起步较晚,基础较薄弱,互联网、大数据、物联网等信息技术在体育产业中应用不足,制约着体育产业数字化转型。

(2)体育产业数字化人才短缺:企业数字化转型要求人力资源结构进行适应性调整,即可通过加快培育数字化人才来满足企业数字化转型的技术需要。当前,传统企业人才短缺成为数字化转型发展的主要瓶颈。在新冠疫情影响下,数字经济与体育产业深度融合加快,而体育产业数字人才短缺,制约体育企业数字化转型。一方面,体育企业数字化人才标准不明晰,不利于培养体育企业数字化人才。企业数字化转型是不断迭代演进的过程,而当前体育企业数字化转型处于探索起步阶段,体育企业数字化人才的培养标准、培养方向、培养模式难以适应体育产业数字化转型加快的现实要求。另一方面,体育企业数字化转型战略不清晰,不利于培养体育企业数字化人才。数字化转型战略不清是企业在数字化发展进程中面临的问题之一。在数字经济时代,大部分企业借助互联网、大数据等信息技术转变传统线下体育发展模式,而真正确立以数字化转型为战略导向的体育企业相对较少,一定程度上不利于体育产业的数字化转型。

3.3.2 体育企业对数字经济认识不足与体育监管难度大

（1）体育企业对数字经济认识不足：大部分体育企业纷纷探索数字化转型，但主要停留在借助互联网技术开展线上体育培训，借助现代信息技术开展线上体育直播，借助5G、VR/AR技术开展体育场馆智能化改造，借助信息化、科技化技术开展体育制造全流程生产与服务等方面。关于数字经济的内涵，即产业数字化、数字产业化和数字化治理等，大部分企业缺乏认识。在国家大力推进数字经济与实体经济深度融合背景下，体育产业如何有效借助数字技术转型发展，数字技术如何有效赋能体育产业转型发展，是当前体育企业亟须深入探讨的问题。现阶段，体育企业的信息化、智能化、科技化水平不高，体育企业的战略、营销、财务、人力资源业务等数字化转型仍相对滞后，容易引起企业战略迭代速度与数字经济整体发展不匹配的现象。此外，由于体育企业整体规模不大、市场主体活力不强，特别是中小企业，数字化转型所带来的成本压力、人才缺乏等问题，给体育企业数字化转型带来一定难度。

（2）体育监管难度大：数据是数字经济的重要生产要素，随着数字经济的快速发展，海量数据给监管带来较大困难。数字知识产权由谁管理、由谁使用尚不明晰，新型数字企业与传统企业在知识产权方面的边界尚不明确，一定程度上给监管带来难度。在网络时代，企业通过某种途径，与消费者进行"私下"交易，拉拢特定群体消费者对某一品牌进行"刷单"，通过不正当竞争提高某一品牌的赞誉度，这种不正当竞争行为较难杜绝，其在行政执法上面临的挑战主要在于工商部门无法直接管控消费者行为，而电商平台也较难监管消费者行为。一般而言，网络电商平台具有私有性质和公有性质的双重特征，需要发挥网络市场监管、内容审查、用户信息保护等职能。而当前网络治理规则不完善、电商平台监管缺少相关制度、多元协同共同治理机制尚未建立、体育市场网络化监管不足，给体育产业数字化转型带来一定困难。

3.3.3 就业结构性变化与数字鸿沟

（1）就业结构性变化：当前，我国体育产业吸纳就业能力不强，2018年我国体育产业就业人员仅443.9万人，占第三产业就业人员比重为1.2%[25]。由于不同群体数字能力和数字素养存在差异（通常称为数字鸿沟），在体育市场上，数字素养、数字技能水平较高的个体或企业可较好融入数字化发展，而对于数字素养、数字技能水平不高的个体或企业，就可能被信息技术时代的发展所淘汰。企业数字化转型是一项复杂的系统工程，需要持续的资金投入，数字化改造成本偏高，中小企业很难依靠自身力量实现数字化转型[1]。而往往接受数字教育和培训的个人及企业,大都是具有一定财力基础的人群和较大市场份额的企业。数字化引起的体育产业就业结构性变化,重构体育市场就业人数的比例分布,将可能带来体育市场的结构性失业风险。

(2)数字鸿沟:一方面,从基础设施接入层面鸿沟看。2018 年,东部地区的江苏、浙江等数字经济规模超过 1.5 万亿元,而西部地区新疆、甘肃、宁夏、青海等数字经济规模低于 0.5 万亿元[26],区域数字技术差距较大。《中国互联网络发展状况统计报告》显示,截至 2020 年 3 月,我国农村网民规模为 2.55 亿,占网民整体的28.2%;城镇网民规模为 6.49 亿,占网民整体的 71.8%,城乡网民结构存在较大差距。整体上,城乡之间仍存在较大数字鸿沟,不利于区域体育产业数字化均衡发展。另一方面,从数字素养层面鸿沟看。虽然我国网民数量不断增加,但整体上国民对数字经济时代下信息技术的接受程度具有差异性,城乡之间、不同年龄之间的数字鸿沟问题显著,一定程度上不利于体育产业的数字化转型。

3.4　数字经济时代下中国体育产业数字化转型的策略

3.4.1　人才培养:强化体育产业数字化人才的培养力度

培养数字化人才是保障体育产业数字化转型的关键因素。

(1)政府层面:在充分认识体育市场人才需求的基础上,制定体育企业数字化人才发展战略。通过加大人才引进力度,吸纳数字技术人才从事发展体育产业;建立与体育产业数字化转型相配套的人才政策扶持体系,在融资、准入门槛方面提供支持;通过打造数字化人力资源服务平台,以体育市场需求为导向,加强数字化研发、设计、专业人才管理等培训,补中小微体育企业数字化人才不足的短板;针对数字化人才就业工作环境灵活性强的特点,政府层面可在社会保障体系、养老医疗体系、税收缴纳体系等方面进行相应调整,以培养适宜于体育产业数字化转型要求的人才;通过政府搭台,以政府购买服务的方式,培育体育电商直播服务人才,为体育企业数字化转型提供人才支持。

(2)企业层面:通过查补体育企业数字化人才缺口,提升体育存量资源;通过重塑体育企业与人才的关系,打破传统雇主与雇员的关系,构建数字经济时代下的新型雇佣关系;通过打造开放性的就业和创业平台,提高人力资本利用效率,拓宽数字技术人才培养渠道。

3.4.2　平台赋能:发挥科技平台对体育产业数字化转型的支撑作用

在国家大力推进数字经济与实体经济深度融合的背景下,平台赋能成为推动产业数字化转型的关键[2]。一般意义上,平台模式是数字化转型和落地的主要实现方式,在产业数字化转型发展进程中,科技平台是产业要素资源的连接器,是企业数字化转型的加速器,是培育新型产业组织的孵化器[1]。

(1)发挥科技平台对体育产业要素资源的连接器作用。科技平台赋能能够推进中小微体育企业实现"上云用数赋智",其插件化解决方案有利于破解中小微体育企业数字化转型成本高、数据资源获取难等问题。

(2)发挥科技平台对提升体育企业数字化转型的加速器作用。科技平台能够促成从单一企业自我建设向行业共同建设转化[1],即通过平台赋能整合体育市场资源,促进体育企业之间分工协作,提升上下游体育企业之间的内在联系,发挥平台经济作用。

(3)发挥科技平台对培育体育产业组织的孵化器作用。在数字化平台影响下,体育企业能够打破传统供需匹配模式,以需求为导向,使得体育企业可以在预知市场需求的基础上,精准化生产与定制化服务,重构原有体育产业组织模式。

3.4.3　宣传推广:加强体育产业数字化转型的宣传力度

数字经济时代,通过加强体育企业数字化转型的宣传推广,增强体育企业数字化转型意识,有利于化解体育企业在疫情之下面临的危机,并将其转变为发展机遇。

(1)加大宣传推广力度:通过多渠道宣传数字经济的应用模式以及以数据为核心生产要素的产业数字化转型方向,充分认识体育企业进行数字化转型的必要性和紧迫性,营造有利于体育产业数字化转型的舆论环境。

(2)加强典型示范和榜样带动作用:通过以安踏体育、李宁体育等中国龙头体育制造企业的全流程生产与定制化服务为案例宣传对象,以典型的智慧体育场馆运营管理为案例宣传对象,以体育O2O平台下的体育培训、体育健身为案例宣传对象,以数字技术平台下的C2B商业模式为案例宣传对象,推广体育企业数字化转型带来的生产效率提升、转型升级加快、经济社会效益增强等优势,通过对典型案例的推广,提升体育企业整体的数字化转型能力。

3.4.4　融合发展:促进数字经济与体育产业的深度融合

体育产业数字化转型本质上是通过数字经济与体育产业融合发展而形成。

(1)数字经济与竞赛表演业融合发展。网络时代下的竞赛表演市场,通过接入转播、赞助、广告、品牌塑造等,实现竞赛表演业规模的几何倍数增长,推动竞赛表演业的数字化转型发展。

(2)数字经济与健身休闲业融合发展。在全民健身大热潮下,大众消费结构升级,推进健身休闲产品与服务在生产、营销等方面的数字化,并从运动场景升级与营销模式创新等方面,拓展线上与线下相结合的体育消费新空间。

（3）数字经济与体育制造业融合发展。通过新型数字技术赋能体育制造业,推进体育制造业的柔性化生产、智能化制造和个性化定制,促进体育制造业数字化转型发展,提升体育制造业发展效率。

（4）数字经济与场馆服务业融合发展。体育场馆服务业的数字化能够集票务接口、场景呈现、安保水电等后勤保障为一体,实现体育场馆智慧化运营、数字化管理和智能化体验等全方位升级。

（5）数字经济与体育用品业融合发展。体育用品业的数字化能够与体育新零售相结合,通过平台赋能及时了解体育市场需求变化,实现精准化、个性化定制,进而有效减少库存和降低成本压力,整合体育用品销售企业的存量资源,以数字化转型促进体育用品企业升级换挡。

3.4.5　多元治理：提升体育产业数字化的治理能力

由于我国数字经济与体育产业融合发展尚处于起步阶段,需要提升体育产业数字化治理能力。

（1）推进多元主体协同治理：数字经济是一个去中心化、多元参与的生态系统,每一个主体都有平等参与的机会,协同治理是其核心[20]。体育产业数字化转型发展涌现出新业态、新模式,使得体育市场主体的不确定性随之加大,通过多元主体协同共治,推进体育产业数字化转型发展,有利于提高体育市场运行效率、避免体育市场治理危机;通过建立互联网行业多方治理机构,打造政府主导、企业自治、行业自律、社会监督的社会共治模式[17],助力体育产业数字化转型发展。

（2）提升平台在多元治理中的作用：通过合理界定政府、平台、第三方责任,发挥平台在体育产业数字化转型发展中的枢纽和监管作用,如体育培训业 O2O 发展模式,要发挥线上平台对体育培训产品与服务的监管职能;对于线上平台开展的体育用品行业销售而言,要制定体育用品业质量准入规则,充分发挥平台治理作用。在体育产业数字化转型过程中,以需求为导向的新型体育市场发展格局,可以从推进多元主体协同治理、提升平台在多元治理中的作用等方面,强化体育产业数字化治理能力,促进体育产业数字化转型发展。

3.4.6　政策支持：增强对体育产业数字化转型企业的政策帮扶

政府是产业数字化转型升级的重要推动力量[27]。受制于体育产业数字化转型发展基础薄弱、监管不完善、数字技术应用不足、成本较高、数字化人才储备不足等影响,体育产业数字化发展离不开政府的政策支持[1]。

（1）优化体育产业数字化转型发展的政策环境：数字经济区别于传统经济发展模式，需要政府提供政策支持。例如，通过优化政策环境，吸引高新技术企业和龙头企业落户本地，提升体育骨干企业数字化转型步伐，打造区域总部经济效应；通过提供数字化人才技能培训与再就业服务，培育壮大中小微体育企业。

（2）搭建体育产业数字化转型发展平台：通过政府购买服务的方式，搭建线上撮合平台、数据共享平台、数字经济与产业结构转型升级交流平台等，提升政企互动水平，降低体育企业数字化转型成本，加大平台数据整合与开发力度，为体育企业精准对接市场提供保障。

（3）提供体育产业数字化转型发展的精准化服务：现阶段，由于体育产业数字化转型处于探索起步阶段，需要因时因势精准施策，全方位推进体育产业数字化转型升级。例如，针对体育产业数字化转型发展的技术升级快、商业模式迭代快等特点，政策措施制定需要以精准靶向服务为着力点，助力体育产业数字化转型。

3.5 结语

体育产业数字化是实现数字经济与体育产业深度融合发展的重要途径。数字经济时代，新型数字技术不断向体育产业渗透，催生出体育产业数字化转型发展新方向。加之，近年来在大众消费、体育政策等内外部环境不断向好推动下，体育产业数字化转型发展有利于催生新业态、新服务，满足大众体育消费需求，发挥体育产业的社会效益；有利于促进体育产业提质增效发展，适应经济高质量发展要求，发挥体育产业经济效益。在此背景下，本研究在分析中国体育产业数字化转型动力的基础上，探究体育产业数字化转型的逻辑，并就体育产业数字化转型面临的问题，从人才培养、平台赋能、宣传推广、融合发展、多元治理和政策支持等方面，提出体育产业数字化转型策略，以期为数字经济时代下的体育产业数字化转型发展提供理论指导与实践方略。

参考文献

[1] 国家信息中心信息化和产业发展部,京东数字科技研究院.中国产业数字化报告 2020[R].北京:国家信息中心信息化和产业发展部,2020.

[2] 中国信息通信研究院.中国数字经济发展白皮书（2020 年）[R].北京:中国信息通信研究院,2020.

［3］中央政府门户网站.李克强 2016 夏季达沃斯论坛致辞实录［EB/OL］.（2016-6-27）［2021-2-15］.http://www.gov.cn/zhuanti/2016-06/27/content_5085953.htm.

［4］国家统计局,国家体育总局.2018 年全国体育产业总规模和增加值数据公告［EB/OL］.（2018-1-20）［2021-2-15］.http://www.stats.gov.cn/tjsj/zxfb/202001/t20200120_1724122.html.

［5］刘佳昊.网络与数字时代的体育产业［J］.体育科学,2019,39（10）:56-64.

［6］江小涓,李姝.数字化、全球化与职业体育的未来［J］.上海体育学院学报,2020,44（3）:1-16.

［7］沈克印,寇明宇,王戬勋,等.体育服务业数字化的价值维度、场景样板与方略举措［J］.体育学研究,2020,34（3）:53-63.

［8］任波,黄海燕.中国数字经济与体育产业融合的动力、机制与模式［J］.体育学研究,2020,34（5）:55-66.

［9］李海杰,展凯,张颖.数字经济时代运动休闲特色小镇智慧化建设的逻辑、机理与路径［J］.武汉体育学院学报,2021,55（2）:5-12.

［10］林德韧,刘扬涛,王楚捷,等.走上线,走进宅:疫情催生体育消费新形态［R］.兴明日报,［2020-6-8］（4）.

［11］艾媒数据中心.体育消费行业数据分析:2019 年中国线上运动用品市场规模将达 1 500 亿元［EB/OL］.（2019-12-6）［2021-2-15］.https://www.iime-dia.cn/c1061/67074.html.

［12］任波,黄海燕.基于补短板视角下我国体育产业发展的内在诉求与路径选择［J］.天津体育学院学报,2019,34（3）:220-226.

［13］曼昆.经济学原理:微观经济学分册［M］.7 版.北京:北京大学出版社,2019:105.

［14］刘树林.产业经济学［M］.北京:清华大学出版社,2012:358.

［15］侯云龙.数字经济成经济发展新动能［EB/OL］.（2017-12-4）［2021-2-15］.http://finance.people.com.cn/GB/n1/2017/1204/c1004-29683638.html.

［16］宋洋.经济发展质量理论视角下的数字经济与高质量发展［J］.贵州社会科学,2019（11）:102-108.

［17］中国信息通信研究院.中国数字经济发展与就业白皮书（2019 年）［R］.北京:中国信息通信研究院,2019.

［18］江小涓.高度联通社会中的资源重组与服务业增长［J］.经济研究,2017,52（3）:4-17.

［19］国家体育总局,国家统计局.2019 年全国体育产业总规模与增加值数据公告［EB/OL］.（2020-10-31）［2021-2-15］.https://www.sport.gov.cn/n315/n20001395/c20003924/content.html.

［20］汤潇.数字经济:影响未来的新技术、新模式、新产业［M］.北京:人民邮电出版社,2019:106-108,273.

［21］马化腾.数字经济:中国创新增长新动能［M］.北京:中信出版集团,2019:98.

［22］江小涓.网络空间服务业:效率、约束及发展前景:以体育和文化产业为例［J］.经济研究,2018,53（4）:4-17.

［23］荆文君,孙宝文.数字经济促进经济高质量发展:一个理论分析框架［J］.经济学家,2019（2）:66-73.

［24］杨新铭. 数字经济：传统经济深度转型的经济学逻辑［J］. 深圳大学学报：人文社会科学版，2017，34(4)：101-104.

［25］国家统计局. 我国体育产业蓬勃发展前景广阔：第四次全国经济普查系列报告之十五［EB/OL］. (2020-1-20)［2021-2-15］. https：//www. stats. gov. cn/sj/zxfb/202302/t20230203_1900617. html.

［26］中华人民共和国工业和信息化部. 2019 年通信业统计公报［EB/OL］. (2020-2-27)［2021-2-15］. https：//wap. miit. gov. cn/gxsj/tjfx/txy/art/2020/art_2d61a3d279ba4d53aa944359d20b8d7f. html.

［27］肖国安，易雨瑶. 发挥各方面积极作用 加快推进产业数字化转型升级［N］. 人民日报，2020-5-18(9).

第4章

体育产业数字化转型的问题与策略

沈克印,林舒婷,董芹芹,张文静,寇明宇

我国迎来了新一轮科技与产业革命,以 5G、区块链、移动互联网、大数据、人工智能等为代表的数字技术飞速发展,促使数字经济成为助推产业高质量发展的重要驱动力。党的十九大已对建设数字中国、网络强国和智慧社会做出重要部署,提出要大力发展数字经济,推动人工智能、互联网、大数据与实体经济深度融合[1]。步入数字经济时代,数据价值得到较大程度释放,体育产业数字化转型就是通过数字经济与体育产业的深度融合,利用数字技术推动体育产业实现生产效率增长与产业效率提升。

近年来,我国学者关于该领域的研究主要包括数字经济驱动体育产业结构升级的内在作用[2]、体育服务业数字化的场景样板与方略举措[3]、区块链技术赋能体育健身业的应用实例[4]、运动休闲特色小镇的智慧化建设[5]等,而关于体育产业数字化转型研究相对偏少。为此,阐述我国体育产业数字化转型的现实要求,分析中国体育产业数字化转型典型案例与存在问题,并提出实践策略,以期为数字经济时代下的中国体育产业数字化转型提供理论指导。

4.1 我国体育产业数字化转型的现实要求

4.1.1 体育产业数字化转型的现实背景

4.1.1.1 发展理念:由"被动转型"向"主动转型"的转变

2015~2020 年,我国体育产业总产出和增加值分别由 17 107.3 亿元提升至 27 372 亿元,由 5 494.5 亿元提升至 10 735 亿元。新冠疫情虽使体育产业的发展遇到了一定的波折,但在疫情平稳后,多地已主动进行政策创新,以促进体育消费,整体发展势头依然向好。我国体育产业在国民经济中的地位尚不突出,在应对疫情冲击的同时要实现总量增长和质量提升就必须加快转型升级,需要借助 5G、人工智能、大数据等数字技术,积极推动体育产业数字化转型。通过转型升级提高体育产业在国民经济中的地位,有效发挥体育产业对国民经济的推动功能。通过渠道的结合有效提升体育产业的供给能力,打破产业原有的"被动转型"节奏,加速向"主动转型"方向转变,以更有效地促进我国体育产业高质量发展。同时,微观层面的体育企业转型升级是实现体育产业转型升级的必要积累,以技术密集型和资本密集型取代劳动密集型,推动产业链从低端向高端迈进,增强本土、民族品牌的国际竞争力,把"中国制造"上升为"中国创造"[6]。

4.1.1.2 生产要素:由"传统要素"向"数据要素"的拓展

传统体育企业运营中各个环节的协同大多依靠语言的沟通、文字的汇报、战略化的表述及模糊的经验,企业运转、产业运行的海量数据没有得到留存,管理规模越大,协同成本越高、效率越低,产品迭代周期也更长。由数据驱动的体育企业,借助互联网思维,采用敏捷型的组织架构,促使企业运营各环节高效协同并大幅提升应对市场需求的快速反应能力。数据驱动能够实现体育产业价值链、供应链、创新链、金融链、服务链等全链条的高度协同,实现要素的智能化感知、协作化开发、集约化整合和高效化利用,促使体育产业由传统要素驱动的"粗放式"发展形式向数据要素驱动的"精细化"发展形式转变。体育用品制造业和体育服务业开始摒弃"传统要素"在创新引领中的作用,加速向"数据要素"拓展。

4.1.1.3 创造价值:由"提质增效"向"开放共享"的提升

数字经济的广泛渗透加速了信息和数据要素在不同产业领域、不同市场主体间的流动与共享,促进企业形成更为广泛的互联互通和协作互助,为体育产业打造上下游共生的价值链条与跨界融合发展创造更加有利的条件。数字经济具有显著的规模效应和范围经济效应,有利于催生大型的产业平台。产业平台的建立则有利于聚拢体育产业的利益相关者,构建覆盖政府、行业协会、体育用品制造商及零售商、赛事运营公司、体育中介等组织的利益分配体系。通过利益的整合推动观念、意识与组织的整合,促使利益相关者能够为了共同的事业凝聚成一个结构严谨、分工明确、创新开放、共建共享的产业生态系统,打破体育产业集中度与规模化程度不高的割裂局面。数字经济提高了体育产业促进业内协同发展的能力更迭,原本由体育产业单独从事的用户价值创造工作将逐渐被跨产业生态系统共同创造的价值网络所替代,旧价值链条的解构与新价值网络的重组将会推动体育与更多领域跨界融合。在此之下,体育产业内各细分领域依旧要在"提质增效"阶段创造成果,只是数字经济的大势所趋使得其必须要在"开放共享"的环境和空间中继续增生。

4.1.1.4 产业发展:由"国际大循环"向"内外双循环"的跨越

构建"内外双循环"新发展格局要求我国体育产业在发展中进一步提高开放水

平,牢牢把握住我国规模庞大的体育消费市场,充分利用"两个市场、两种资源"。在扩大内需的前提下,推动体育产业由商品和要素流动型开放向制度型开放转变,推动体育产业高级化、产业链现代化。数字经济作为重要的支撑力量,帮助体育用品制造业形成生产、流通、分配、消费环节的完整循环系统,并支撑新兴业态在全球价值链上下拓展市场空间。运用数字化生产要素、新型数字技术,创建智能工厂,在制造工艺、产业技术、核心材料等方面实现"内循环",改造传统体育产业格局,增强平台和链接,形成更高水平的创新和融合。利用大数据平台和数字化解决方案协助我国体育企业及时了解国际国内动态,促使安踏、李宁等本土体育企业在国际部署、海外投资、全渠道营销等方面做出决策,向世界体育市场进行技术和标准输出。

4.1.2　体育产业数字化转型的必要性分析

4.1.2.1　数字发展战略迭代演进,创新领域融合

一方面,在政策逐渐渗透各细分领域的同时,体育产业转型的战略布局需要进一步强化。从"十三五"规划至"十四五"规划的相关部署中,关于各类产业领域发展方向和信息技术发展方向的政策融合度逐渐提升,从简单的"以信息化带动工业化"拓展为"数字经济与制造业、服务业深度融合,持续推进产业数字化",为体育产业数字化转型提供了更为清晰的思路和战略导向。现阶段,数字经济呈现出强劲的韧性,在线教育、共享平台、智能制造、跨境电商等新模式和新业态不断涌现,对推动体育产业高质量发展有着重要意义。随着数字技术和"新基建"的支撑作用不断强化,第三产业中软件和信息技术相关联产业持续健康发展,互联网和相关服务业创新活跃,数字产业化稳步发展,其辐射效应带动各领域创新式发展。这就意味着具有新生型、融合型、效率型等多种类型的数字经济,可以满足体育产业在优化产业经济结构、企业组织形式和消费者思维方式等方面的需求,驱动系统性、革命性、全局性等一系列变革。

另一方面,体育产业数字化转型要持续深入推进,需要不断推动技术的更新并开拓经济新范式。随着数字经济范式在国民经济体系中日趋稳定,数字信息产业的繁荣促使第三产业在国民经济中的比重得到大幅度提升,并超过第一、第二产业。传统经济的垂直化、部门化结构被打破,具有横向分层特征的全新经济结构逐渐形成,在数字经济引领下,共享经济、平台经济、服务经济等新经济形态蓬勃发展,大量融合型和创新型等新基础设施建设落地应用,显现出数字经济新结构[7]。数字经济范式所具有的边际收益递增规律、交易成本下降趋势、市场调节作用的增强、生产关系的对立性的减弱等特性,能够促使体育产业在生产中提高生产要素的复用率,有效减少实物性载体的投入、折损或浪费现象。体育产业通过促进数据网

络的透明化和信息交流的公开化以减少体育市场交易的边际成本,模糊体育企业间的边界并增加企业间的交流合作,降低企业生产成本。在大数据平台的作用下,市场中的信息公开能够增强市场匹配度,供需双方可在更加透明的市场环境中进行交易,大量经济主体在市场中可以更加充分地竞争,既提高产业间、企业间的资源配置效率又能够有效减少市场失灵现象。

4.1.2.2　数字经济促进产业变革,深化改革步伐

一方面,提高体育产业的变革速度需要通过多重变革机制的不断演变和推进。数字经济为变革融合提供新的契机,利用数字化特性优势改造传统体育产业,是实现体育产业质量变革、效率变革和动力变革的内生动力,以产品服务质量、结构质量、体系质量在内的质量变革,强化体育产业高质量发展的主体能力。数字技术的发展与应用将大幅提高体育产业上游、中游和下游的信息共享水平,打破生产要素及体育产品市场的壁垒。资源要素的自由流动可以降低体育市场交易成本,有效对接体育供需双方的资源,从而充分激发市场主体活力,为体育企业的数字化运营提供新的生产要素并进行赋能,通过创新扩散效应带动体育行业进行创新。数字技术本身就是科技革命产生的创新成果,为优化体育产业生产要素市场化配置,形成体育商品服务流通的体制机制,需要推动数字经济与体育产业深度融合。

另一方面,体育产业供给侧结构性改革的深化需要不断落实数字治理。产业数字化与数字化治理相辅相成,能够发挥和挖掘市场、社会、个人等主体在体育产业中的作用和潜能,为领导者、协同者和参与者三方主体提供良性互动的平台与渠道,进而推动体育产业治理模式创新、治理体系完善、综合治理提升。因此,搭建体育产业公共数据平台,大力推动公共数据开放和各部门数据共享,传统媒体和短视频 App、自媒体等新媒体平台相结合的多层次体育文化传播矩阵,形成"有效市场"和"有为政府"的协同运作显得尤为重要[8]。随着数字经济技术范式的演进,国家出台的体育产业政策中以数字经济推动体育产业发展的内容更加丰富多样,数字化治理在体育产业中同样占据着重要地位。通过数字化治理推动体育产业从单一性治理供给向协同性治理供给转变、从运动式治理供给向制度性治理供给转变、被动性治理供给向主动性治理供给转变。

4.1.2.3　数字转型推动产业跨界,加快产业升级

一方面,体育产业结构与组织模式需要不断调整与完善,通过数字化转型趋向合理化发展。数字经济为体育产业生产提供技术支撑,促使产业组织方式、生产方式发生变革,提高了体育产业产品的技术含量和生产效率,推动产业结构调整。智能设备、网络基建的广泛应用和普及,促使体育产业向数字化、智能化、网络化、服务化变革。以平台经济为主导的新模式将改变体育企业原有的组织形式,平台层能够围绕企业的业务闭环,创建数字技能培训平台等,体育企业通过 PaaS 平台[即

数字平台即服务(platform as a service)]解决数字化转型中的关键问题,实现产业供应链的及时管理。数字经济催生的新产品、新服务、新工艺的不断涌现能够使市场中原有的体育消费需求结构得到改变,体育消费需求呈现出"线上+线下"融合、一元化向多元化转化等新趋势,以健康、信息等服务型体育消费需求为导向,加快运动健康类、高端智能类体育产业的发展,自动化、智能化、柔性化和高度集成化成为未来发展趋向。

另一方面,把握体育产业转型升级之路的新契机,需要推进产业的跨界融合。数字经济以产业融合为主要方式,驱动体育产业成为经济增长的新动能,通过数字技术在体育产业中的持续应用,以数字经济为基础的产业逐步与体育产业进行深度融合并加大投入,催生出新模式和新业态。"数字经济+体育"的融合发展将产生完全融合与部分融合两种形态;第一种形态是通过融合产出全新的产业或产品,从而导致原本的产业或产品市场完全消失;第二种形态通过融合产生的新产业或产品,部分替代原有产业或产品市场需求,形成替代与互补的关系。部分融合则成为数字化所推动的体育产业跨界融合的最主要表现形式,数字经济生产技术变革、融合型产品产生、消费者行为的变化等对体育产业系统中现有的生产要素产生较大影响。同时,数字资源作为数字经济的关键资源,在各产业边界在产业的应用中被打破,促进产业向数字化发展,既有体育产业细分领域间的融合延伸,又有高新技术对体育产业的融合渗透及产业内部的融合重组。

4.1.2.4　数字技术增添新生要素,完善资源配置

一方面,体育产业为弥补自身传统生产要素的不足,需要不断夯实数据资源的要素地位。党的十九届四中全会上,首次把"数据"当成新生产要素添加到分配机制中,意味着数据在国民经济社会发展中的基础性作用更加突出,为体育产业数字化转型指明了方向。体育产业在转型过程中需要充分利用新生产要素的功能优势,依托新生要素的互联互通,将精准服务、大数据挖掘等技术手段灵活运用。数据要素涉及数据生产、采集、存储、加工、分析、服务等多个环节,参与价值创造的要素属性显著,其持续性涌现成为改善体育产业在发展中传统生产要素投入的新力量,数据驱动成为体育产业数字化转型的着眼点与突破点。把高端数据要素融入体育产品生产全流程,弥补传统要素不足,对资源要素进行集约整合、协作开发,提高体育产品的科技含量和附加值。数据流动所形成的真实信息互联互通可以降低信息不对称性,从海量数据中不断提取信息,通过将信息解读转化为创造性的知识,从而帮助体育产业主体实现数字化转型[9]。

另一方面,体育产业为破除区域限制、推动生产和创新协作化,需要利用数字技术的驱动作用提高要素资源配置效率。目前,我国体育产业正处于产业生命周

期的投入期,投入—产出—效率均呈现出低水平态势,以"胡焕庸线"为界划分的投入—产出水平空间呈现"东高西低"差异格局,效率水平空间分异规律不明显,三者耦合关系明显且呈三阶段演化规律[10],亟待采用敏捷型的组织架构优化体育产业生产要素的配置。通过"上云用数赋智"则可以打破线下企业与企业之间、人与人之间、人与物之间多节点、低效率的平面连接,实现资源与要素的智能化感知、协作化开发、集约化整合和高效化利用,进而推动价值链、供应链及产业链上体育企业的高效协同。

4.2　我国体育产业数字化转型的典型案例

4.2.1　体育用品制造业数字化转型:以安踏体育为例

安踏体育用品有限公司(简称"安踏体育")以 DTC 营销模式[即直接触达消费者(direct to consumer)的品牌商业模式]变革推进数字化信息技术(information technology, IT)基础设施和大数据团队的建设,形成强劲的数字技术优势与敏感的数据洞察能力、分析能力,成为我国体育用品制造企业数字化转型的行业样本。

安踏体育推动数字化转型的做法及成效:

(1)把握政策方向,根据时代需求转变战略方向。安踏体育在新冠疫情肆虐、地缘政治紧张加剧等全球环境影响下,企业发展战略由 2017 年的"单聚焦、多品牌、全渠道"提升为 2019 年的"协同孵化、价值零售、国际化",2020 年则转型为"重构思维,高质量增长"。针对疫情防控制定的"长期备战、动态管理、控费降本、库存健康"十六字方针帮助安踏体育在成本管控、电商业务、全员零售等方面取得明显优势。

(2)创新驱动研发,实现数字化设计的规模化应用。促使以"硬件"为核心的传统产品制造模式转变,意味着体育用品制造企业必须利用新的数字技术提高部门工作效率和研发智能互联新产品。2014~2019 年,安踏体育研发活动占收益比例平均值为 2.4%,特别是 2019 年的研发活动成本同比增长 31.86%,在 2020 年,为应对新冠疫情危机再度提高研发投入以推动数字化体系建设,为推广"私人订制"产品和服务提供更多可能。

(3)强化供应链管理,建立企业全链数字化平台。安踏体育通过移动办公平台建设,不断完善组织构架,为企业内部人员的高效连接搭建桥梁,形成信任、平等、开放、共享的企业环境。2019 年安踏体育与全球软件供应商国际商业机器公司(International Bussiness Machines Corporation,IBM)合作,并上线运行思爱普(SAP)数字化平台,从供应链、生产管理、品牌销售等业务方面完成多位一体管理。

安踏体育对体育用品制造业数字化转型的借鉴意义：

（1）在技术创新方面，体育用品制造业应将数字技术引入生产设计与制造流程。安踏体育不断进行增材制造，推动数字设计的规模化应用，对产品进行数字化赋能。体育用品制造业通过数字化转型，将实体制造与虚拟制造相结合，降低产品的研发成本，提高生产率，并计划实现自有生产废弃物零填埋，自有营运设施原生塑料零使用及零碳排放。

（2）在战略创新方面，体育用品制造业应随着数字经济的发展，对企业制度进行再造。借鉴安踏体育将循环发展的观念贯穿企业活动和决策中，在科研创新、环境可持续、数字化转型、公司治理等方面进行创新，战略框架实现从"单聚焦、多品牌、全渠道"到"重构思维，高质量增长"的转变提升。

（3）在组织创新方面，体育用品制造业应致力于增强团队职业化和管理系统化。安踏体育通过打造应用 SAP 数字化平台，对组织结构、管理方式、业务模式等产生了全方位变革，在企业内部形成了有效连接，有利于集团内部人、财、物的高效运转和一体化管理。

4.2.2　体育竞赛表演业数字化转型：以腾讯电竞为例

腾讯电竞与传统体育、教育行业和 5G 高新技术产业紧密结合，发展出越来越细化的产业链，已形成产品研发、版权运营、专业赛事组织、职业电竞体系、赛事制作、媒体平台、经纪、教育培训、衍生品、线下体验经济等细分领域，开拓了数字技术在体育赛事领域的应用路径，并为其他公司发展电竞项目提供了借鉴。

腾讯电竞推动数字化转型的做法及成效：

（1）建立电竞数字平台，提高资源整合能力。为了加强大众对于电竞运动的认识和了解程度，让消费者更好地参与其中，腾讯公司借助数字技术建立了腾讯电竞 App 和微信小程序，将电竞新闻、政策、历史、赛事活动等融为一体，使电竞相关业务活动更加便捷，使群众能够直观了解腾讯的电竞产业。

（2）打造电竞体验中心，激发群众参与热情。为了将上海打造成为全球电竞之都，由腾讯电竞首创的 V-Station 体验馆加入了 5G 技术让现场观众能够更好地体验未来电竞发展趋势，不仅填补了电竞领域的空缺，还能让用户了解电竞发展历程，并共同探索电竞文化体验。

（3）坚持创新驱动，推动数字化技术的广泛应用。体育电竞赛事对设备的稳定性、灵敏度和体感反应的要求较高，腾讯电竞利用大数据分析提前预知硬件设备的可能风险，进而优化设备的使用，并研发了赛事网络 App，能够对各个通道的网络进行实时监控。

腾讯电竞对体育竞赛表演业数字化转型的借鉴意义：

（1）应推动互联网技术在体育赛事表演业中的应用。腾讯电竞不仅把移动互联网与电竞设备和服务器等联系在了一起，还通过多网络技术传输方案，促进了赛事数据流量的稳定畅通。通过"互联网＋体育赛事"的赛事运营模式，推动业务向线上转移，建立基于互联网的体育赛事平台系统。

（2）应推动虚拟技术在体育竞赛表演业直播中的应用。在体育竞赛表演业中的数字直播解说等方面加大了技术投入力度，催生出 5G 超高清直播、5G＋VR 虚拟直播等线上观赛形式，最大限度地提高观赛质量。Viz Libero 战术分析系统就是腾讯电竞专门为电竞赛事直播引进并利用的战术分析及解说系统，通过战术分析系统，利用图像识别技术，将真实三维回放与二维/三维虚拟图形相结合，将选手做出的操作进行更直观解说[11]。

（3）推动人工智能（artificial intelligence，AI）在体育竞赛表演业中的应用。腾讯电竞团队在游戏研发过程中，发现电子竞技具有很强的多人协作性特点，在不对称信息下电竞博弈空间极大，非常适合使用人工智能技术来提高生产和测试效率。体育竞赛表演业也要充分发挥人工智能在实地分析、行为感知、推理决策方面的特点和优势，争取人工智能在多变、复杂的虚拟环境中发挥出更大作用。

4.2.3　体育健身休闲业数字化转型：以乐刻运动为例

杭州乐刻网络技术有限公司旗下的应用程序"乐刻运动"打造了"平台＋用户＋教练景＋场景"为一体的服务矩阵，为全民健身的开展提供了便利的条件，发挥了线上健身服务成本低、用户参与门槛低、关联经济效益强等优点，为体育健身休闲业的数字化转型树立了榜样。

乐刻运动推动数字化转型的做法及成效：

（1）以互联网为载体，打造数字化健身新业务。乐刻运动开发了乐刻 live 直播间、私教直播减脂营、LOVFITT 宅家训练营、线上私教 1V1 等 4 个线上产品，借助线上业务，为消费者提供在线购买课程、在线预约教练、在线课程打卡、在线评价与反馈等服务，在 2020 年获得了近 10 亿的全网参与量[12]。

（2）以数字平台为支撑，推动"人货场"互联。乐刻运动通过数字 App 等成功地将用户（人）、教练、课程等（货）、健身房门店（场）3 个环节串联起来，教练和健身房门店用以解决用户服务的问题，而数字平台则帮助教练和健身房门店解决成本、效率和供应链丰富度的问题[13]。

（3）以 S2B2C* 为架构，推动商业模式创新。乐刻运动在连接消费者、教练、

---

* S2B2C 是一种集合供货商赋能于渠道商并共同服务于顾客的全新电子商务营销模式。S2B2C 中，S 指大供货商，B 指渠道商，C 指顾客。

健身房门店、电子商务、课程的过程中,通过智能匹配算法和综合调度中心的大数据分析功能,采集用户的消费行为、运动记录等方面的数据进行分析,为用户匹配和提供更符合个人需求、更适配日常消费水平的健身服务。

乐刻运动对体育健身休闲业数字化转型的借鉴意义:

（1）体育健身休闲企业应把技术创新视为经济效益提升的关键动力。具有智能化、虚拟化、场景化等特征的数字技术赋能场馆设施建设和健身装备制造成为新常态,体育健身休闲企业应进行科技创新,满足体育消费者更高水平、更多元化和个性化需求。

（2）体育健身休闲企业要重视体育数字平台的多样化应用。乐刻运动推出的数字赋能平台,能够实现业务的在线化和人货场的数字化运营,并通过用户、教练、课程、会员卡销售的平台化整合实现传统俱乐部商业模式的转变,实现"互联网＋业态"融合模式,助力企业向互联网平台企业转变。

（3）体育健身休闲企业应重视数据要素投入,助力产业链建设。乐刻运动通过数据化驱动,帮助提升教练的商家意识,从接单到约课、上课、转化、用户活跃及复购,教练服务的各个环节都能实现数据化、透明化,提高"自我经营"效率。健身休闲企业要加大数据这一新兴要素投入,发挥数据在推动产业链资源合理流动和配置中的关键作用[14]。

4.3　我国体育产业数字化转型的发展困境

4.3.1　"数字经济＋体育产业"政策薄弱,政策细化落实不到位

第一,宏观的数字经济在体育产业发展中还不成体系,微观的数字信息技术还不成系统。由腾讯电竞出品的《和平精英》深受年轻群体的喜爱,重庆市以积极开放的态度承办了其巡回赛,但重庆电竞协会秘书处负责人认为,部分政策对电竞发展的引导不足,缺乏可持续性,导致一些赛事影响力差,无法形成相应的赛事产业文化。我国在以光缆、移动通信等网络设备为代表的一系列信息基础设施建设仅存在于体育产业的龙头企业,且多为保守运用,无法满足体育产业不同领域企业全方位的迫切需求。数字化生活服务注册规模和数字用户比例低,使信息基础设施的价值在全国范围内的渗透率偏低,并受限于我国不同区域信息基础技术发展层级、创新程度和市场规模的差距,数字经济在体育产业中无法形成标准的价值体系。

第二,相关政策条例大多只是笼统概括,缺乏对体育产业的针对性。体育产业是一个庞杂的系统,其包含了大量的子产业与相关产业,虽然体育数字化转型政策目的性强,但是缺乏对各子产业的转型升级的机制阐述和战略引导。乐刻运动在

商标布局以及事后商标冲突调查中均存在疏漏,曾被起诉擅自将"LEFIT"的标识使用于官方网站、微信公众号、新浪微博以及"健身俱乐部""户外广告"等服务上,由于难以界定服务来源,最终乐刻运动被判决赔偿甘肃王乐健身管理有限责任公司200余万元。体育产业政策落实不到位、执行力不够,我国体育产业并没有按照预期的要求达到标准,体育产业总体的规模仍旧不够,尤其是缺少行业标准与行业规范。

第三,政策保障力度不足,体育产业在数字化转型过程中,配套政策供给不足。一方面,新基建引入政策不完善,体育企业建设"数智"工厂缺乏顶层设计。在智能技术的接入标准、适配效能以及硬件设备的智能化改造等领域缺少相应的政策解读和引导细则,导致企业转型实践存在较大风险。另一方面,现有产业政策有待落实。例如,随着电子竞技产业规模的扩大,全国各地电竞相关政策相继出台,其中虽不乏明确提出要完善体育产业的税费价格制度在水电、财税、土地、融资等方面给予优惠政策,发挥本土优势,形成产业格局,但是受制于地方政府与企业之间缺乏协同工作机制和信息公开共享机制,政策的实际落地并不理想,体育企业所面临的非生产开支压力依然较大。

4.3.2 政企数字化脱钩严重,政府对企业数字化引导不全面

第一,政府在打造体育企业数字化平台方面尚需要加强,体育服务过程"一网通办"的基础不牢。政府是体育产业数字化转型升级的主要推动力量[15],同时,政府还应该对企业的数字化转型起到指导和引导作用。虽然我国政府开始全方位推行数字政务一体化平台,通过特色应用和智能大厅建设来推动所有政务服务事项"应上尽上、全程在线",让大部分需要"跨区域、跨层级、跨部门"联动审批的政务实现了"简便办理、就近办理"的新突破[16]。而体育企业领域开通线上办理业务的平台屈指可数,没有依托一体化在线的体育服务平台来整合对应体育事业和体育企业经营的数据资源,使体育政务审批、体育公司运营等复杂的体育服务流程难以实现"便捷式"发展。

第二,体育市场在资源配置中的决定性作用有待提高,市场化水平较低。安踏在新疆棉事件、冬奥会等大型赛事后,曾在短期内大幅度提高了销售额,但也预支甚至透支消费者的购买力,存在着大量经济"泡沫"。在市场环境部分失衡、出现非理性投资的情况下,缺乏市场化引导不利于体育产业数字化创新,反而会推动"泡沫"由最初的结构性堆积走向全面泛滥。长期受到传统计划经济影响,政府干预行为过多,导致在体育资源配置过程中市场所起的调节作用并不突出,阻碍了产业改革的持续深入,亟待优化完善体育产业市场机制,发挥体育市场在资源配置中的决定性作用。

第三,政府对体育企业数字化转型的资金支持不够。对于体育企业的发展而言,在企业发展的每一个阶段,资金都是非常重要的,我国的民营企业因为体制和机制等种种原因,长期以来都存在着融资困难的情况。例如,在新冠疫情防控期间无收入的情况下,体育培训行业的中小企业大多只能撑两三个月,其中,场地租金是培训机构最大的开支,很多机构因资金问题而不得不裁员[17]。政府部门对企业的引导和支持作用十分重要,但政府对体育产业数字化转型的资金支持程度还远远不够。政府过度微观干预体育市场资源配置、政企关系混乱,曾是我国长期存在的一种典型社会现象,因此除了要有政府的资金支持以外,更需要高度重视体育产业数字化转型。

4.3.3　体育核心技术供给不足,数字化应用场景较少

第一,体育产业的数字化进程缓慢,数字化运动场景和智能健身设备普及率较低。体育企业自主创新的短板制约了产业转型升级,数字技术的引入只能为其转型提供技术支持,而增强对新技术、新材料、新工艺的开发应用才是实现数字化、智能化、网络化的关键。例如,安踏虽推行自主创新研发,但研发投入占比并不高,2021 年的研发支出为 11.16 亿元,在总收入中占比 2.3%,相比上年下滑 0.2%,而国际头部品牌耐克、阿迪达斯等研发费用占比一般在 10%左右。我国企业的竞争实力有限、产品创新不足,一定程度降低了我国体育消费者对国内品牌的认知度。其本质仍然是我国体育企业在发展中受制于核心技术的创新,产品和服务的创新性不足,不利于在市场竞争中获得主动权。

第二,体育产业的数字化转型应用场景不多,体育消费者需求分析等领域还有长足开发利用空间。我国数字化应用场景才刚起步,整个行业需要良好的内容、硬件和运营方式。例如,在健身领域,根据乐刻运动自身规划,在 2021 年年底的门店数量将达到 1 000 家,但存量改造的健身房目前仅约 100 家,尚未形成规模,专注线上的到家业务和健身场景则还在摸索。区块链技术,大数据分析等技术在体育领域中的应用场景尚且处于初步阶段。尤其是在体育产业领域内,区块链的应用价值比较多元,还需要深入探索,目前没有发挥行业龙头领军企业的实践应用案例示范作用。

第三,数字信息资源利用率较低,对体育产业数字化转型宣传不够。例如,安踏虽推行 DTC 营销模式,但主要品牌传播方式目前仍侧重于体育代言,本质上是以体育独家资源优势完成从上至下的品牌传播。2021 年安踏广告宣传费用达到61.1 亿元,但净利润仅为 82.19 亿元,并未取得想要的结果,在需求端没有形成明显对体育产业数字化的推动作用,大量的数据资源就难以有效利用和创新,体育企业手中的数字资源闲置化、分散化严重。

4.3.4 体育数字人才严重匮乏，科技创新人才紧缺

第一，我国在数字技术方面的创新型人才严重匮乏。体育企业面临的科技创新人才短缺、数字化人才鸿沟等问题，成为制约体育产业高质量发展的关键因素[18]。数字经济时代，基本上所有的专家都是过去的专家，而未来的专家可能正在扮演先驱者、试错者的角色。据腾讯电竞统计，在技术服务类岗位的人才缺口达到25.4%。我国数字技术创新人才主要集中于大专院校、科研机构和企业，随着数据市场的发展以及数字经济在我国不同行业中展现出的优势，每个领域都开始探索、钻研数字经济。体育企业中的创新型、复合型和实用型人才数量更为受限，优质的教学资源与体育产业接轨的培养模式尚不成熟，同时技术人才的专业知识和技能不过硬、人才频繁跳槽等现象抑制了体育企业数字化发展。

第二，人才供给和体育企业需求脱节，数字化人才鸿沟明显。例如，乐刻运动按照目前规划，在未来乐刻运动要完成5 000家甚至更多的门店布局，这也意味着将创造10万以上的教练岗位需求。但在健身领域，只有30%左右的教练是科班出身，拥有研究生以上学历的教练极少，"没有好教练"成为限制乐刻运动新店扩张的主要原因。现在社会发展呈现出职业与专业不匹配的趋势，在学校所学的专业能够在职业规划中学以致用的比例很小，尤其在高等教育中学校培养方案和企业需求脱节，数字化人才供应链不完善。

4.4 我国体育产业数字化转型的实践策略

4.4.1 完善体育产业行业政策，着力落实数字化转型标准

第一，应当着力加强体育产业标准化研究，完善现有标准及规范。体育产业内各相关部门及利益主体应当在政府的宏观指挥下，充分考虑当前行业发展背景下数字化科技的特性。例如，乐刻运动若想规模化经营，则需要通过互联网技术塑造平台、结合线上线下服务重构产业的"人货场"新零售生态，实现服务的标准化。建议加强与体育产业之外的有关社团、院校、企业的合作，打造标准化研究平台与机构，完善体育产业标准。

第二，区域内的体育产业协会应该发挥开拓精神，努力合力构建体育产业数字化的行业标准。例如，腾讯电竞与北京市签订战略合作协议成立了"北京市电子竞技产业发展协会"，并通过"电竞运动城市发展计划"打造北京电竞发展的全新模式，助力北京引领产业发展理念，提速建设"电竞产业品牌中心"。应依据各地具体的体育产业优势、劣势、机会与挑战制定转型发展的方向，依据体育市场需求的变化，及时更新行业现行标准，促进体育产业在转型过程中具备与不同产业、部门发

展的融合能力,同时提高国际竞争实力。

第三,结合不同地域间的产业差异制定产业标准,充分考虑产业在参与国际竞争时是否出现不适应、不可套用的情况。产业内各主体在此过程中也要尽可能扮演好其在体育市场微观事务中的管理者、决策者等角色,通过多种渠道了解各地域体育产业发展的实际情况,预测并评估产业标准在不同情形下的实施效果,对一些地区要及时制定补充与协调方案,从而使其适应更大范围、更多层面的要求。

4.4.2　推动政府与体育企业合作,打造体育产业数字化支撑平台

第一,政府应当简政放权,减少对体育产业的微观管理。伴随着各领域技术水平的提升以及先进管理方式的应用,政府要积极实施管理体制与管理观念上的创新并将其应用于实际工作当中,保证体育产业与时俱进、更好地为社会服务,推动体育产业实现高质量发展。在持续深化"放管服"改革、推动简政放权的背景下,政府应当提高自身权力边界意识,减少冗杂的审批环节、降低市场准入门槛,将职责转变为在宏观上对市场的引导、监督与评价工作。同时,需要对体育产业数字化转型进行顶层设计,加强财政金融的政策支持,构建数据安全与监管体系。

第二,应建立有效的保障机制,结合体育产业数字化中的底层数字技术和设施,在全国范围内建设标准化体系。例如,杭州市拱墅区人民政府为腾讯等企业创造了良好的营商环境,出台专项政策支持产业主体不断做大做强。建议有条件的地方政府依据自身体育产业的发展情况制定出具有地方特色的政策,设立数字化专项资金,发挥现有专项资金的引导作用,号召地区内的金融机构在贷款投资等方面给予帮助,鼓励地区内的大型制造企业和数字信息类企业与体育企业的协同合作。

第三,政府应加大对体育企业的投入力度,着力构建数字化转型生态。通过技术创新、服务创新、制度创新等推动体育产业与数字化科技的融合发展,协调多元主体共同参与互联网平台管理。例如,乐刻运动通过投资数字化建设,尝试以"政府搭台,企业唱戏"的模式打造共享体育服务模式样板,引导企业间的集成协同,借助互联网平台的开放共享为中小型体育企业降低技术提升门槛,推进产业的数字化进程来提升服务水平和运营效率,帮助中小企业弥补数字化转型中理念落户、经验不足的短板,从企业协同拓展至产业链协同,最终形成开放共享、协作共赢的体育制造生态圈。

4.4.3　完善智能体育支撑体系,实现数字信息技术普惠共享

第一,加强新型基础设施建设,完善互联网大数据平台。例如,安踏重视科技创新,不断强化品牌的专业运动属性,以高达 29% 的线上收入占比撑起安踏高效流转的"数字新基建"。工业互联网平台在资源链接方面具有跨设备、跨系统、跨区

域的特点,将体育产业与互联网相连,有利于体育产业形成数字化、智能化的发展体系。我国体育产业需要通过工业互联网的支撑平台,巩固在全球体育市场中的地位,营造良好的体育消费环境,抢占在全球产业价值链重构中的制高点,形成体育消费需求与体育产业数字化转型的良性互动。

第二,整合优势科技资源,在体育企业内部打造国家体育产业"高、精、尖"的研究平台。例如,乐刻运动以强大的品牌实力及市场影响力,积聚互联网健身平台在B端和C端丰富的渠道资源和经验,与飞特健身管理(上海)有限公司展开深度合作,整合多方上下游资源、缔结战略合作关系。我国许多由体育高等院校和体育企业研发出的诸多成果仅作为"库存成果",不能在体育市场上充分发挥价值,而打造体育产业"高、精、尖"研究平台将提供物理空间、专业技术服务和对接资源服务,促进体育产业的科技成果转化。企业间可以相互选择促进其信息化建设的合作伙伴,将企业所管辖的各部门和各分支机构纳入系统中进行统一管理,全面提升体育企业对核心技术的使用效率。

第三,着力营造体育产业互信共治、普惠共享的数字环境氛围。例如,腾讯电竞力图搭建起最完善的"赛事 + 生态"赞助体系,铺设顶级职业赛事、线下大众赛事、直播平台等赞助渠道,沿着电竞用户体验路径多场景触达,全方位满足合作伙伴的电竞营销需求。对于体育产业互联网发展而言,虽然建成网络空间的"互信"尚且需要较长的时日,但是体育产业作为推动我国经济社会发展的支柱性力量,其在新时代的发展进程中迫切需要一个互信共治、普惠共享的数字信息技术发展新空间,也是加快推进我国信息网络基础设施建设的目标之一。

4.4.4 以体育科技人才培养为导向,打造复合型体育人才团队

第一,形成学术创新文化,营造创新的体育产业组织文化环境。例如,安踏"人才 + 科技"双轮驱动模式集聚了一批科研人才和科技平台,成功研制出智能生产线,推动公司生产实现自动化智能化。数字经济时代任何一个企业都需要具备创新能力,对于体育企业组织层而言要形成培养创新型人才的共识和合力,企业及院校培养创新型员工要采取培养学术型人才同样的培养模式,尊重产业个性的学术创新文化,减少外在人员和环境对其学术创新科研或活动的干预。

第二,加强体育数字化服务型人才培养力度,强化对服务意识的培养。顾客的消费需求与体育产业结构优化有一个由低端向高端转化的过程,体育消费结构升级对体育产业结构调整提出了更高的要求。在研发设计的同时更好地洞悉市场需求,推动体育产业数字化服务溯源化的转变,提高员工促进产业价值链沿着"微笑曲线"向上游延伸的使命感与责任感。

第三,结合自身企业数字化发展的方向,对标国际数字化人才能力发展模式。

例如,腾讯电竞积极地探索国际化人才教育培训,将人才作为自身的基础与竞争力,全面落实国际电竞学院、落地国际化电竞人才的培养。体育企业以及社会中的各相关主体应当积极配合和响应教育部、发展和改革委员会等部门贯通数字化服务人才职业发展通道,出台体育产业人才激励政策,培养和重视既熟悉体育又懂经营的跨界管理人才,构建多层次人才奖励体系,促进体育产业的大众创业和万众创新,在企业数字平台和机制建设的赋能下,打造最能适合企业发展的数字化团队[19]。

4.5　结语

在信息科技革命和产业变革的引领下,数字化的知识和信息作为关键生产要素逐渐被投入并应用于体育产业的各领域当中,而数字化转型也成为新时代体育产业高质量发展的内在要求。当前,数字技术在我国体育产业领域中的应用仍面临着诸多困境,推动体育产业数字化转型亟须在数字化转型标准上予以落实、打造体育产业数字化支撑平台、实现数字信息技术普惠共享并打造复合型体育人才团队,助力体育产业高质量发展,进一步满足人民对美好生活的需要。

参考文献

［1］习近平.决胜全面建成小康社会 夺取新时代中国特色社会主义伟大胜利:在中国共产党第十九次全国代表大会上的报告[EB/OL].(2017-10-18)[2022-5-1]. https://www.spp. gov.cn/tt/201710/t20171028_203545.shtml.

［2］魏源,程传银,韩雪.数字经济驱动体育产业结构升级的内在作用、现实困境与破解路径[J].体育文化导刊,2021(9):73-78,85.

［3］沈克印,寇明宇,王戬勖,等.体育服务业数字化的价值维度、场景样板与方略举措[J].体育学研究,2020,34(3):53-63.

［4］牟郸琳,孙笑,沈克印,等.区块链技术赋能体育健身产业的理论阐释、应用实例与推进策略:以上海角马私教 App 为例[J].武汉体育学院学报,2021,55(7):72-79,87.

［5］李海杰,展凯,张颖.数字经济时代运动休闲特色小镇智慧化建设的逻辑、机理与路径[J].武汉体育学院学报,2021,55(2):5-12.

［6］黄海燕,徐开娟,廉涛,等.我国体育产业发展的成就、走向与举措[J].上海体育学院学报,2018,42(5):15-21,37.

［7］杨青峰,李晓华.数字经济的技术经济范式结构、制约因素及发展策略[J].湖北大学学报(哲学社会科学),2021,48(1):126-136.

［8］寇明宇,沈克印.有效市场与有为政府:体育产业发展的协同机制与实现路径[J].西安体育

学院学报,2021,38(1):63-69.

[9] 戚聿东,刘欢欢.数字经济下数据的生产要素属性及其市场化配置机制研究[J].经济纵横,2020(11):63-76.

[10] 钟敬秋,崔瑞华,赵文祯,等.中国体育产业投入—产出—效率空间分异及其耦合关系探究[J].沈阳体育学院学报,2018,37(1):41-50.

[11] 新浪体育.NBA战术分析系统首次用于王者荣耀职业联赛直播[EB/OL].(2019-1-14)[2022-5-1].http://sports.sina.com.cn/esports/2019-01-14/doc-ihqhqcis6174467.shtml.

[12] FSSCC财务共享管理中心.健身数字新创新:乐刻,数据分析数字创新带来的新模式与盈利机会[EB/OL].(2020-9-7)[2022-5-1].https://www.sohu.com/a/416911377_100139516.

[13] 中欧商业评论.乐刻:重构健身"人货场"[EB/OL].(2020-8-20)[2022-5-1].https://www.163.com/dy/article/FKJ1GKP40511DG18.html.

[14] 潘玮,沈克印.健身休闲业数字化转型:动因、机制与模式[J].体育成人教育学刊,2021,37(4):28-33,103.

[15] 肖国安,易雨瑶.发挥各方面积极作用 加快推进产业数字化转型升级[N].人民日报,2020-5-18(9).

[16] 万兴,杨晶.互联网平台选择、纵向一体化与企业绩效[J].中国工业经济,2017(7):156-174.

[17] 丰佳佳.期望政企合力推动体育培训业继续前行[N].中国体育报,2020-4-23(7).

[18] 沈克印,曾玉兰,董芹芹,等.数字经济驱动体育产业高质量发展的理论阐释与实践路径[J].武汉体育学院学报,2021,55(10):5-12.

[19] 沈克印,吕斌,王戬勋."双减"政策下体育教育培训业的高质量发展[J].体育教育学刊,2022,38(1):23-30,95.

第 5 章

体育产业数字化转型的法治困境及其应对

蒋亚斌，张恩利，任波，王孟

数字经济健康、安全、可持续发展事关国家战略大局。面对数字经济快速发展的态势，习近平总书记高度重视数字经济的安全问题，他强调，"我们既要鼓励创新，促进数字经济和实体经济深度融合，也要关注新技术应用带来的风险挑战"；要不断"完善数字经济治理体系"，"提高我国数字经济治理体系和治理能力现代化水平"。故数字化转型对体育产业而言，机遇与挑战并存，既要看到数字经济在体育产业发展要素、结构优化和效益提升等方面的巨大作用[1]，也要看到数字体育发展可能带来的潜在风险，尤其是对体育法治的挑战。

数据是数字经济生产的关键要素。当前以数据要素为核心开展的，立足于数据采集、处理、流通、共享和应用的数字经济，正对我国经济社会的运行秩序产生根本性影响[2]。市场经济就是法治经济，国家法治体系建设无论是在优化社会生产要素及资源配置方面，还是在消解市场调节机制失灵问题方面均可产生促进市场经济发展的作用，且不可替代[3]，也由此形成了从国家法治建设到社会生产要素再到经济发展的完整作用机制链。数字体育亦是如此，在体育数据要素的中介作用下，法治建设影响着体育产业数字化转型及数字体育的发展。所以参照两者的演化关系，制约体育产业数字化转型的核心法治问题应集中于体育数据要素之上。目前，学界关于体育产业数字化转型的法治保障研究，仅涉及体育领域中人工智能的法律规制[4]与体育赛事网络盗播维权[5]等具体问题，尚未能围绕体育数据这一核心生产要素，对我国体育产业数字化及数字体育发展所面临的现实法治困境进行整体挖掘与梳理。显然，其中存在的相关法律问题并不止于此。故本文将在已有研究的基础之上，以体育数据要素为视角，探究体育产业数字化转型的法治困境及应对路径，以期助力我国体育产业与数字体育的高质量发展。

5.1　我国体育产业数字化转型的法治建设现状

数字信息技术的快速发展引发了社会生产方式的数字化变革,对社会生产关系产生着深刻的影响[6]。体育产业中社会生产方式的数字化对建立在原有社会生产关系基础上的体育法治体系影响巨大。而伴随着体育产业数字化转型的持续深入,亟须变革现有的体育法治体系,给予体育产业数字化转型以法治回应。

5.1.1　数字中国建设层面:数字法治稳步推进

为确保数字中国建设的稳定高效,我国高度重视与数字经济发展相适配的法治保障体系建设。

一方面,我国正在加快数字经济的专门性立法以回应实践需要。截至目前,我国已陆续制定并出台了《中华人民共和国网络安全法》(简称《网络安全法》)、《中华人民共和国数据安全法》(简称《数据安全法》)、《中华人民共和国个人信息保护法》(简称《个人信息保护法》)、《关键信息基础设施安全保护条例》、《网络数据安全管理条例(征求意见稿)》等多部涉及数据要素的高层次法律法规。同时,针对电子商务销售、互联网金融、网络平台直播等具体行业领域和新兴产业形态,我国也颁布了多部专门性的法律法规予以制度支持和法律规制,如关于电子商务销售行业的《中华人民共和国电子商务法》《第三方电子商务交易平台服务规范》,关于互联网金融业的《关于促进互联网金融健康发展的指导意见》,汽车行业的《汽车数据安全管理若干规定(试行)》等。除此以外,在省域层面上,与数字经济建设相配套的立法实践也正逐步展开,部分省市地方已陆续出台了地方性的行政法规,对本省数字经济的发展进行谋划布局。例如,浙江省颁布施行的我国第一部数字经济地方性法规《浙江省数字经济促进条例》、江苏省出台的《江苏省政府办公厅关于深入推进数字经济发展的意见》、广东省推行的《广东省数字经济促进条例》等。上述行政法规均对区域性的数据要素流动、共享和应用等关键问题进行了规定。

另一方面,数字信息技术的深度应用正不断推动着国家法治体系的革新与优化。我国法治体系建设具有典型的历史性和阶段性特征。依据不同时代的发展主题、目标和任务,与时俱进地推进法治实践,是建设有中国特色的社会主义现代化法治强国的应有之义[7]。而"拥抱数字"既可以促进法治建设的智慧化、科技化、信息化,提升数字治理的能力与水平,使其更好地服务于数字经济发展,也能通过数字技术、信息科技与法治建设的深度融合,进一步完善法律制度体系的建设,助力我国法治现代化的实现。为此,《法治中国建设规划(2020—2025 年)》已明确提出,要充分运用大数据、云计算、人工智能等现代科技手段,全面建设"智慧法治",

推进法治中国建设的数据化、网络化、智能化。所以整体上，数字法治与数字经济发展亦步亦趋，在数字化程度较高、发展较好的行业中更是如此，其相关实践经验值得体育产业数字化转型的参考与借鉴。

5.1.2　数字体育建设层面：数字体育法治建设落后于体育产业数字化实践

虽然上述各项法律法规对体育产业数字化转型同样具有促进和规范的作用，但体育行业本身的特殊性决定了数字经济的立法并不能完全适用于体育领域。譬如，在体育赛事举办过程中，对运动员个体生物信息数据的采集行为，便难以完全遵照"知情同意原则"进行处理。因此，数字体育的法治建设是保障其健康发展的重要方式，但目前这项工作开展得并不尽如人意。

一方面，我国体育法治体系建设整体滞后于体育产业实践已是不争的事实。自 2014 年国务院发布《关于加快发展体育产业促进体育消费的若干意见》以来，我国体育产业进入了快速发展时期。2019 年我国体育产业规模总值已达 29 483.4 亿元[8]，而 2014 年这一数字仅为 13 574.71 亿元[9]，仅在 5 年内实现了产业增加值的翻倍，可见其发展之快、潜力之大。显然，这在 1995 年《中华人民共和国体育法》（简称《体育法》）立法之时是无法预见的，故《体育法》中并未出现直接涉及与体育产业相关的条款和内容。于体育产业实践而言，缺乏针对性的法律规范便难以对发展中的深层问题予以化解，不利于体育产业的可持续发展。通过立法手段，健全和完善适应体育产业发展所需的法律规范体系，既符合产业发展的实际需求，也是贯彻全面依法治国、依法治体的题中之义。虽然近年来一系列关于促进体育产业发展的政策文件陆续出台，从国家层面给予了体育产业充分的制度确认，但这并未能从根本上解决体育产业立法滞后的问题。所以在实践中，总体呈现出已有的产业政策体系效力与产业发展实践不相适配、体育法治建设无法有效支撑体育产业快速发展等具体问题，凸显了体育产业领域上位法缺失的弊端。

另一方面，数字体育专门性立法的缺失是制约体育产业数字化乃至数字体育安全、健康、可持续发展的关键。实施与数字体育相关的法治保障需要贯穿于体育数据的全生命周期之中，但体育数据本身就具有高度复杂的性质，同时又杂糅着体育行业的特殊性，容易引发体育数据权属不清、体育数据隐私保护不足、数字体育平台型企业不正当竞争等诸多技术应用性风险。并且伴随着体育产业数字化水平的逐步提升、转型速度的持续加快，应对技术风险的复杂性也就越高，可能会呈现出超越（体育）法治实践的趋势，进而不断内化衍生为制度性风险，使之陷入"科林格里奇困境"。实践中，国家层面仅有少数体育政策文件中的一些条款，能为我国数字体育实践提供一定的指导与规范。例如，《体育强国建设纲要》提出加快推动互联网、大数据、人工智能与体育实体经济深度融合；《全民健身计划（2021—

2025 年)》也明确要推进体育产业数字化转型,鼓励体育企业"上云用数赋智"。而由省市地方所颁行的数字体育相关的政策法规及制度规章更少,仅有浙江、江苏两省率先印发了《浙江省体育局关于印发〈浙江省数字体育建设"十四五"规划〉的通知》《省体育局关于印发江苏体育信息化发展"十四五"规划的通知》,为本省数字体育发展提供一定的政策指引与必要支持。与此同时,数字化作为体育产业转型升级的重要路向,不可避免地会存在部分体制机制性的阻滞因素,需要具有国家强制性的法律法规对此进行纾解,特别是要疏通体育数据要素的流动路径。例如,为中小型体育企业的数字化转型提供专项资金保障、技术支持和政策扶持等,以促进其数字化转型;或是为体育数据的共享与应用提供必要的法治监管,保障体育数据流通安全,以实现体育数据使用价值的最大化。

如上所述,我国已初步形成了以数字经济专业性法律法规为主、政策规章为辅的法律保障制度,在一定程度上可确保我国数字经济市场秩序的稳定规范与合理有序。这虽然能为数字体育的健康、安全和可持续发展提供一定的法治保障,但对体育产业数字化转型及数字体育发展而言,已颁布的体育政策法规,无论在数量上,还是在法律效力上,尚且不能满足数字体育的实践需求,尤其是体育数据要素对体育产业数字化转型的重要价值意义未能从法律层面予以确认。

5.2　我国体育产业数字化转型的法治困境检视

立足依法治体的大视角,推动数字体育法治建设既能有效规范体育产业的数字化转型,也能从制度层面保障我国数字体育的健康发展。而从数字体育法治体系建设实践来看,问题主要集中在以下 4 个方面。

5.2.1　数字体育的立法问题

通过一系列立法、修法,我国数字经济法律体系建设已初见成效,整体上形成了近似于欧盟的法律保障模式,即凭借严格确权的方式保护数据权利[10]。虽然一般性的数字经济法律法规可满足体育产业数字化转型与数字体育发展的基本法治需要,但体育作为一个独立行业,其数据保护的特殊性并未得到体现,数字体育立法问题随之外显。

5.2.1.1　数字体育立法零散且滞后

关于数字体育立法,国家层面还未进行统一布局,仅在《体育强国建设纲要》《"十四五"体育发展规划》等少数政策文件中部分提及相应的内容,整体较为零散。并且其中多数的内容以原则性表述为主,系统性不足、法律效力有限,难以为数字体育实践提供有效的指引与规范。而省域层面上,仅有浙江、江苏两省分别在

2021 年、2022 年出台了相关规划文件,其他地区暂时还未颁行与数字体育发展有关的政策法规。因此,现阶段我国的数字体育立法主要呈现出以地方性立法探索为主的特点,数量偏少,与数字体育快速发展的趋势相比,稍显滞后。

5.2.1.2　数字体育立法取向单一

现有的数字体育法律法规内容多以"促进""引导"为主,重在构建体育产业数字化转型与数字体育发展所需的制度架构,因此在立法取向上主要强调政策法规的引领性和促进作用,几乎不涉及规范性的内容。即使有部分条款对此有所关注,但也相对抽象,实际的法律效用较低。以《浙江省体育局关于印发〈浙江省数字体育建设"十四五"规划〉的通知》为例,其中涉及数字体育监管、体育数据治理相关的内容仅在数据安全保障的部分以原则性内容的形式进行了粗略表述,并未指明责任主体及办法等具体的内容。

5.2.1.3　数字体育立法的适用范围边界模糊

数据与信息是个人资料的两种具体形式,数据是信息的形式载体,信息则是数据的具体内涵[11]。目前学界对数据权是否能成为一种新型权利,或者是替代个人信息权仍然存在不小的争议。法治实践中,我国《数据安全法》中将所有类型的数据(个人、企业和政府)统称为"数据";《中华人民共和国民法典》亦是沿用这一立法思路,将个人资料及其背后所属权利视为一种具有民事权利的数据权;而在《网络安全法》《个人信息保护法》中却使用了"个人信息"的权利概念。但也有研究指出,个体的数据权实质上并不等同于信息权,两者的差异主要体现在主体对数据是否拥有自决权[12],而这将直接关系到对数据权利的司法救济。同理,运动员的个人资料是信息还是数据,现有研究尚未形成统一定论,这在一定程度上影响体育数据权属的划分,导致体育数据权利救济的法律适用边界相对模糊。即便现有的针对数据权利的法律法规体系已初步完善,但对数据权属等需要进行事实性规范的内容,立法上却选择性地予以搁置[13],体育数据确权问题处于悬而未决的境地。所以无论是数字经济,还是数字体育,数据权属的问题都亟须通过新的法律规范予以明确[14]。

模糊化的立法处理不仅表现在体育数据权属确定方面,其他立法内容上也较为常见。例如,《浙江省体育局关于印发〈浙江省数字体育建设"十四五"规划〉的通知》中对体育数据的收集、管理等工作的规定均以"参照国家有关规定"的形式表述。而事实上全国范围内并未设立统一的数据管理标准和规范,现有的数据标准多以行业性、领域性为主,包括电子政务数据。所以这些原则性的规章无法为体育数据管理工作指明标准,亟待解决体育数据处理工作应"参照谁""怎么参照"的问题。

5.2.2　数字体育的执法问题

数字体育专门性立法的缺失导致执法监管面临诸多困难。相关问题多集中于市场监管与政府内部监督 2 个层面。

5.2.2.1　市场监管制度有待完善

数字经济时代下,体育产业的市场结构和市场秩序都已发生了巨大变化,因此需要及时适应经济变化形势,不断推动市场监管的适时变革,以确保体育产业市场经济秩序的稳定有序[15]。当前,我国体育产业市场监管主要面临以下 3 个问题:

(1) 监管主体单一:对具有较强的行业特征属性的领域实施监管时,国家通常采用"1 + X"的监管模式,即一个部门牵头、多部门分工合作的协同监管制度。而现阶段与体育产业数字化转型相匹配的市场监管制度并不完善,尤其是责任主体相对单一、推进动力较为单薄。以某省体育信息化发展"十四五"规划为例,相关通知文件指明相关主体是各区市体育局、某市体育学院及省体育局下设各单位,责任主体过于集中于体育行政部门内部,缺乏与其他部门之间的协同联动。

(2) 监管依据不足

1) 缺乏市场准入标准:我国市场准入制度要求经营主体进入市场前需要符合相应的条件和规则。而体育产业数字化转型,模糊了传统的市场边界、降低了经营成本和难度,使在线体育用品销售、运动技能培训等新兴行业得以迅速发展,这虽然符合体育产业数字化转型初期的市场扩张规律,有助于培育产业新业态、提供新动能,但缺乏必要准入标准的"野蛮生长"也会为体育产业发展带来诸多不确定性影响。

2) 缺乏数据收集标准:即使我国《个人信息保护法》等法律已明确规定,收集个人信息应限于实现处理目的的最小范围,不得过度收集,相关违法行为依旧层出不穷。例如,2019 年多家体育传媒企业因私自收集、共享用户信息而被中华人民共和国工业和信息化部予以通报批评[16]。

3) 数据安全标准模糊:我国现有的法律法规对数据安全的规定较为模糊,企业、政府部门制定的有关体育数据安全管理的规则标准也相对模糊,甚至可以说是缺乏。数据的应用价值与风险对立统一,稍有不慎,应用价值也会转化为风险。例如,2018 年 2 月,美国体育运动品牌安德玛(Under Armour)旗下应用程序(My Fitness Pal)曾发生一起约 1.5 亿用户个人信息被泄露的数据安全事件,直接导致该公司当日股票市值下跌 4.6%,企业损失惨重[17]。

(3) 监管机制相对滞后:数字经济的复杂性与不确定性使得对市场监管的要求不断提高[18]。传统的事中、事后监管机制难以适应体育产业数字化转型的需要,故市场监管的供需关系存在脱节[19]。体育产业数字化所具备的网络属性是一把"双刃剑",在促进数字经济活动高效开展的同时,也赋予了违规违法行为以虚拟性、隐蔽性,最为典型的就是体育赛事的互联网盗播问题。例如,东京奥运会举办期间,有数十家互联网平台未经授权擅自盗播、录播奥运会赛事。又如,欧洲足球锦标赛、中超联赛等其他热门体育赛事也成为网络侵权盗播的"重灾区"[20]。再如,部分电子游戏运营商在分析平台用户信息数据的基础上,凭借其内置的算法机制,以"盲盒""战利品"等隐性营销手段对消费者实施"大数据杀熟"的违法行为[21]。这类侵权问题显现出传统的体育市场监管很难与数字体育发展相适配,所以"老办法"管"新业态"不仅可能管不好,还有可能带来新问题。

5.2.2.2　政府内部监督仍需加强

数字体育发展除了需要市场监管外,政府行政主体的自我监督也必不可少[22]。尽管我国《中华人民共和国政府信息公开条例》《促进大数据发展行动纲要》《政务信息资源共享管理暂行办法》等政策法规均已明确指出,各地政府要建设公共数据开放平台,加强政务系统的互联互通与政府数据共享。但体育数据的开放共享工作依旧无法全面及时地推进,体育数据要素流通性较差。一方面是因为数据安全问题。受限于政府部门中新型基础设施建设缓慢、信息化程度不高等物质因素,数据在存储、流通等环节中容易出现技术应用性问题,使得政府"不敢开放"。另一方面则与政府数据安全的自我监管机制缺失有关。缺少必要的监督管理机制,政府数据安全治理的效能难以保障,可能引起政府数据质量不过关、规范性缺乏、盗用滥用等一系列问题[23]。如此循环往复,政府体育数据的安全治理可能会"积重难返",政府愈发"难开放"。例如,某省体育大数据管理办法针对政府内部体育数据的共享、安全及监督等环节做出了规定,但未提及促进政市、政社之间体育数据的流通与共享。

5.2.3　数字体育的司法问题

随着体育产业数字化转型的逐步深化和数字体育建设的持续推进,与体育数据有关的个人数据权利保护、商业机密保护、数据市场交易行为规制等各类司法保障问题日渐突出[24]。

5.2.3.1　数字体育权属纠纷亟待司法释明

数字经济在推动体育产业快速发展的同时,也带来了许多新争议和新纠纷。为此,2020 年中华人民共和国最高人民法院的工作报告就已提出,要通过公正裁判为数字经济发展和技术创新明晰规则。以体育赛事的网络直播为例,数字技术、网络技术的广泛应用使体育赛事著作权由"纸媒时代"的单一化逐步走向"网媒时代"的多元化[25]。由于这些新兴领域的立法缺失、监管不到位、牵涉利益主体较多及违法侵权手段的网络化等,亟待司法机关通过典型案件的裁决予以释明。在国外,一些西方国家通常将体育产业经营者的赛事转播权及相应的数据权视为一种财产权或著作权,并予以专门的法律保护[26]。在国内,体育赛事直播(转播)的权益保障问题仍不明确。例如,聚力传媒诉暴风体育不正当竞争纠纷一审案[北京市高级人民法院(2018)京民初 221 号]和新浪诉天盈九州不正当竞争纠纷再审案[北京市高级人民法院(2020)京民再 128 号]虽然都涉及第三方网络平台对体育赛事互联网直播权和信息网络传播权的侵权行为,但北京市高级人民法院在案件侵权事实的裁定和案件结果的判决上却有较大出入[27,28]。近年来,随着数字技术与体育赛事直播相结合的趋势愈发显著,国内类似的法律案件也屡见不鲜。因此有研究认为,由于现阶段国家法律部门对体育赛事直播的独创性认定标准尚未统一、众多赛事直播主体间权利义务关系不清,不同案件的裁决结果也存在差异[29]。可以预见,随着体育产业数字化程度的加深,此类问题可能会愈发常见。对此,司法部门应予以必要关注并及时进行司法释明,从而能够为后续的司法实践提供借鉴与指导,确保体育产业转型的健康有序。

5.2.3.2 体育数据权利司法保障路径不畅

在穷尽体育行业内部救济的基础之上,寻求司法救济是国家司法保障体系建设应有的内容之一。因此,整体上涉及数字体育发展的司法纠纷问题仍需要依靠国家司法予以保障。但是我国"智慧司法"建设仍处于起步阶段,与之相应的理论体系尚不成熟、应用大数据辅助司法监督的理念还有所欠缺,使得"智慧司法"的实践应用效能不佳,与人民群众日益增长的司法服务需求还存在不小的差距[30]。

5.2.4 体育数据主体的权利意识问题

随着数字技术、人工智能等科技在大众日常生活和体育运动中的普及应用,个人的体育信息数据无时无刻不在"被生产"。例如,个人通过智能运动 App 实时记录和分享运动信息数据、Keep 等平台型体育企业通过在线平台收集用户个人信息等。社会存在决定着社会意识,由数字经济深度发展所衍生出的数据权也正逐步演化为一种综合性质的新兴人权[31],改变着原有的权利内容体系,进而导致数据权利意识和责任意识问题的出现。

5.2.4.1 公民数据权利意识较为淡薄

公民体育数据权利意识的淡薄,一方面源于个人生活习惯转变的不及时。在工业社会中,个人信息数据生产量较少,流通、配置的速率较慢,所以大众并不会树立起保护个人信息数据的意识和习惯。而步入信息社会,数据要素逐步成为"支配"社会运转的根本逻辑,相应的数据权利意识理应得到养成,但现实却是意识转变明显处于滞后状态。另一方面则是因为公民所处的制度地位层级较低。于数字体育发展而言,个体位于整个发展制度结构中的最底层。作为体育数据采集的来源,虽然个人对其数据享有隐私权、信息安全权、财产权等数据基本权利,但在数字经济的算法逻辑与制度层级的双重"挤压"下,公民的数据权利极易受到侵犯。个体一旦缺乏必要的数据权利意识,便将失去保护其合法权益的重要依据,也就无法准确判别其个人的数据权利之于数字社会发展的价值意义[32]。

5.2.4.2　体育企业数据权责意识存在矛盾

从权利意识层面看,体育企业缺乏应有的数据权利意识会影响自身算法决策的自主性和经营活动的自由性,导致市场主体的数字创新动力趋于弱化,从而影响数字经济市场秩序的稳定。同时,在市场资本固有的逐利思维驱使下,过度的数据权利意识则可能削弱企业原本应有的社会责任感,无法进行有效的自我约束,难以做到诚信经营、守法经营,极易引发侵犯其他数据主体合法权益的行为。

5.2.4.3　政府部门依法行政的意识自觉有待提高

除有关政策制度的落实不到位等外在因素,体育行政部门数据开放共享工作的落实不到位还与其内生的意识自觉不足有关。具体而言,这种意识自觉不足主要表现为行政部门未能养成清晰的数据治理价值指向意识,无法准确找寻不同数据主体之间权利关系的合理秩序。数据治理的过程涉及政府、企业、社会组织及公民个体等不同的主体,而不同主体又会从其主观层面出发,产生不一样的价值目标与发展诉求[33]。因此,在缺乏必要的意识自觉的情况下,政府主体可能会形塑出公权过度干预的数据治理格局,形成畸形的数据权利关系,制约社会、市场等其他主体参与数字体育发展的积极性和创新性,最终影响我国数字经济发展大局。

5.3　我国体育产业数字化转型法治困境之化解

5.3.1　立法层面:加快数字体育立法进程

为更好地推动体育产业数字化转型、适应我国数字体育发展的现实需要,应加快推进体育数据立法进程。

5.3.1.1　坚持中央与地方协同,统筹推进数字体育立法工作

国家层面上,立足我国数字体育发展实践需求,国家体育总局等有关部门应在参考《"十四五"数字经济发展规划》的基础之上,尽快出台适用于全国范围的数字体育发展规划或条例,明晰我国数字体育立法的思路、理念、原则、调整范围及相关主体的权责关系等基本内容,协同推进区域间、部门间的数字体育立法进程,从而能够更好地引领并指导地方性的数字体育立法工作。

省域层面上,各地方立法机关和有关行政部门要在加强立法研究谋划的前提下,谋定而后动。根据本区域数字体育发展的现实需求,摸清重点、厘清难点,按部就班、有理有据地实施地方性数字体育立法工作。通过科学立法、依法立法,加快补齐地方数字体育发展中存在的短板,提高数字体育立法的权威性,发挥立法对数字体育发展应有的促进作用,提升数字体育发展效能,以点带面地推动我国数字体

育整体向好、向快发展。

5.3.1.2　坚持发展与治理齐举，变革数字体育立法取向

在具体的数字体育立法取向上，有关部门应切实转变先发展后治理的思路，不断推动数字体育发展与治理的协同共进。一方面，发展就是要以良法促发展。现阶段，数字体育立法工作的推进需要强调以引导和匡正为主要目的进行科学立法、合理立法；要对体育产业数字化转型及数字体育发展过程中所遇到的"猜不准、吃不透"的法律问题进行"留白"处理，不盲目推进立法与实施监管，避免立法过宽、过严，进而影响其健康、可持续发展。另一方面，治理就是要以良法促善治。以人为本是良法善治的根本价值向度，实施数字体育立法，必须将人民的数据权益摆在首位。这既需要着重于自然人的体育数据权利的法治保障，也要鼓励个人、企业和政府在确保数据安全的情况下，积极参与我国数据要素市场体系的构建，促进体育数据的合理流动与合法应用，实现体育数据使用价值的最大化。

5.3.1.3　坚持突出重点与明晰适用范围同构，推动数字体育高质量立法

要推进数字体育立法，亟须明确体育数据权属划分这一重点内容。对外可参考并衔接既有的《数据安全法》《网络安全法》《个人信息保护法》等一般性数字经济法律法规，厘清体育数据的权利归属问题，并且在一定程度上保持数字体育与数字经济的立法一致性。对内则应依据"场景理论"，细分出不同的体育场景，确定体育数据的具体权利及相应的保护规则，明确"同意规则"在不同体育场景中的适用范围。例如，在全民健身、体育赛事等情景中，具体规定个人体育数据所含的自决权、知情同意权等。

与此同时，数字体育立法也要兼顾明晰适用范围的问题。其一，应体现在涵盖多元化的责任主体上，即数字体育立法不能仅指向体育行政部门内部，要将公民个人和市场主体也纳入其中，厘清多元主体的权限职责，更好地规范体育数据主体的相应行为。其二，立法中的有关规定与标准也要尽可能地覆盖体育数据的全生命管理周期，即不仅要针对体育数据的采集、流通、共享与应用等前中段环节做出规定，还要对体育数据的删除、销毁等末端环节的内容予以明示，真正构筑起体育数据全生命周期的安全闭环管理体系。

5.3.2　执法层面：推进数字体育监管体制机制的改革与创新

践行数字正义离不开公正执法。结合我国体育产业数字化转型中执法困境分析，可从市场监管与政府监督2个层面入手。

5.3.2.1　完善数字体育市场监管体制，优化市场营商环境

关于市场监管，一是要明确相应的监管执法主体。在完善数字体育立法的基

础上,明确监管的责任主体,建立起由体育行政部门、工业和信息化部门、网络安全和信息化部门及市场监管部门等多部委协同的监管制度。科学划分责任边界。例如,涉及运动员数据权益、体育赛事数据权益等行业特殊性较高的问题,市场监管部门需要与体育行政部门及时沟通、联合执法。二是要确立相应的监管标准依据。例如,设置一定的体育数据收集标准。无论是体育企业、体育社会组织,还是体育行政部门都应秉持"确需收集的,尽量少收集;能少收集的,尽量不收集"的原则,严格遵守国家的相关法律规定,根据不同的体育场景,设立体育数据收集规范清单,提前告知公民确需收集的个人数据类型、条目、范围等,科学合理地收集体育数据,在避免数字体育资源浪费的同时,尽最大限度保障个体的数据隐私与信息安全。三是要创新和完善数字体育产业市场监管机制。不同于传统市场,数字体育产业的市场监管要以激发市场活力、创新能力作为方向,以规范市场秩序、维护公平竞争为抓手,运用大数据思维,依托网络载体和大数据技术,推动"互联网 + 监管"的深度融合,促进市场监管向智能化转型。同时,也要注重监管机制的数字化创新与应用,可对数字体育产业市场实施信用监管、大数据监管、协同监管,逐步构建起集事前、事中和事后监管模式于一体的全面监管体系,进一步提升监管效能以维护数字体育市场秩序。

5.3.2.2 健全政府数据开放监督制度,推动体育数据要素合理流动

第一,通过建章立制持续、规范地推动政府体育数据开放。一方面可结合最新的《中华人民共和国政府信息公开条例》,适时地将体育数据开放纳入建设服务型政府的重要组成部分,加快体育行政部门观念意识转变,明确体育数据开放的价值意义,为政府数据的开放共享提供内源性动力。另一方面要加强政府体育数据开放的顶层设计。可以通过高层次立法的形式,将政府体育数据开放行为法定化、规范化,避免单一政策激励的效应不足。此外,也可积极探索并建立针对性的奖惩机制,如将数据开放纳入体育行政部门工作绩效考核体系等。

第二,建立必要的政府内部数据安全规范制度。在要求体育企业加强数据安全工作的同时,体育行政部门更应针对其所拥有的海量体育数据,积极构建数据安全责任制度与风险应急制度,确保相关责任主体牢固树立应有的数据安全意识。不断明确、细化政府所掌握的体育数据在存储、传输、共享和应用等实际环节中的工作权责与范围,提高数据应用的规范性和程序性。

5.3.3 司法层面: 提升数字体育司法数字化和智慧化水平

推动体育司法数字化、智慧化是实现体育领域数字正义的必然路径。为此,应从创新数字体育的司法保护机制与推进数字体育智慧司法体系建设两个方面协同构建适用于数字体育现实发展需要的司法保障体系。

5.3.3.1 创新数字体育司法保障机制,提高司法保障质量

加强对体育数据权利的保护,是司法服务保障数字体育建设、推动体育产业数字化转型的核心要义。于个人体育数据权利保障而言,要加强部分重点领域的司法保障工作。例如,体医融合、体养融合中大量用户健康信息的安全保障问题;各类体育赛事(尤其是国际赛事)中运动员生物信息数据的隐私保护问题等。于企业数据权利保障而言,司法部门应平衡企业竞争创新与个体权益保护之间的关系。要对一些典型的司法问题予以释明,如体育赛事的互联网转播问题、体育企业侵犯个人数据权利等。通过典型案例的裁决为后续可能不断出现的数字体育纠纷处理提供司法借鉴,并以此进一步明确数字体育行业规则,规范市场主体行为,将数字体育产业纳入良性循环的法治轨道,维护合理的市场竞争秩序。于体育行政部门而言,则需要加强对政府"算法行政"、反垄断执法和以信息为基础的信用监管等行政行为的司法审查[34]。

5.3.3.2 构建数字体育智慧司法体系,促进体育司法服务提质增效

推进数字化、信息化建设是司法机关深化国家司法体系改革、提升国家司法现代化水平和能力的重要途径。然而提高数字体育发展的司法保障效能,除了依靠国家层面整体推进的"智慧法院"建设外,还可根据体育行业特殊性,推动体育仲裁的"上云赋智",运用科技手段构建多元化的维权机制,丰富体育数据权利的维权渠道,降低维权成本。例如,司法部门可与体育、执法监管等其他部门建立联席工作制度,利用数字技术开通与北京互联网法院性质相似的在线维权系统、调解系统或是仲裁平台,在线取证、在线处理体育数据的司法维权工作。

5.3.4 守法层面:加强体育数据主体的权利意识

推动数字体育法治建设须以意识先行。作为数字体育发展的重要组成,对体育数据主体权利意识的培养亦必不可少。

5.3.4.1 提升公民数字素养,增强个人数据权利意识

提升全民数字素养是增强公民数据权利意识,推动我国数字经济高质量发展的思想基础。国家在素质教育、职业教育、继续教育等阶段性过程中,可结合现代数字技术手段,以普及数字信息知识、培训数字技术应用技能等为主要内容,不断向公民普及科学的数字技术理念,培育公民数据安全意识,实现公民数字素养的整体提升,使公民意识真正迈入现代信息社会。在此基础上,体育及其他部门也应持续推进数字体育法治教育工作,加强数字体育法律知识的宣传推广,确保"人人能知法、个个能懂法",提升公民体育数据安全防范意识与数据权利的保护意识,引导人们主动拒绝违规违法的体育数据收集行为,学会运用法律手段捍卫自身的合法数据权益。

5.3.4.2 强化体育市场主体的自治意识与自律能力,规范企业自身经营行为

营造适合我国体育产业数字化转型及数字体育发展的法治环境,不仅需要依

靠强有力的外部法治监管,也应注重市场主体自治意识与自律能力的培养。有关部门在实施执法监管时,应在遵守数字经济市场规律的基础上,通过竞争监管、信用监管等方式,合理引导外部的法律法规约束转化为市场主体自治意识和自律能力的养成,推动体育企业自觉地遵法守信。不断强化企业自我监管的意识,推动体育企业和数字体育平台算法决策的逐步透明、公开,督促企业(数字平台)积极履行应有的数据安全保障责任与义务。

5.3.4.3　明确行政主体权责义务,提高政府部门依法行政的意识自觉

参照既有法律法规的规定,有关部门应不断明确其在体育产业数字化转型及数字体育发展过程中的权限职责。在此基础上,一方面要积极履行开放共享体育数据的责任和义务,通过制定体育数据开放责任清单、建立体育数据全生命周期的安全闭环管理机制等方式,推动政府体育数据开放工作的高效、透明。另一方面,政府部门也需要积极承担起应尽的普法职责。例如,通过贯彻落实"谁执法谁普法,谁主管谁普法"的责任制度,不断深化各部门体育数据权利的普法教育工作;运用数字技术创新体育数据权利的普法教育方式;组织开展法律服务进社区、企业、单位等活动,将体育数据及其所含的权、责、利以宣传教育的形式向公民、体育企业及行政人员等进行普及,促进数字体育法治意识的养成。

5.4　结语

体育产业数字化转型事关国家重大战略的推进,在加快体育产业数字化转型步伐、提升体育产业数字化水平的同时,亟须关注其可能面临的应用风险与法治困境。通过相应的立法、执法、司法和守法措施,不断化解当前制约体育产业数字化转型的深层次因素,提升体育产业转型的法治化、规范化、科学化水平,从而为我国体育产业数字化转型及数字体育的整体建设提供坚实的法治保障,助力我国体育产业加快建设成国民经济的支柱性产业。

参考文献

[1] 任波,黄海燕.数字经济驱动体育产业高质量发展的理论逻辑、现实困境与实施路径[J].上海体育学院学报,2021,45(7):22-34,66.

[2] 陈兵.法治视阈下数字经济发展与规制系统创新[J].上海大学学报(社会科学版),2019,36(4):100-115.

[3] 谢海定.中国法治经济建设的逻辑[J].法学研究,2017,39(6):21-40.

[4] 徐伟康,林朝晖.人工智能体育应用的风险与法律规制:兼论我国《体育法》修改相关条款的

补足[J].体育学研究,2021,35(4):29-38.

[5] 姚鹤徽.体育赛事网络转播法律保护制度的缺陷与完善[J].天津体育学院学报,2016,31(3):198-203.

[6] 王静田,付晓东.数字经济的独特机制、理论挑战与发展启示:基于生产要素秩序演进和生产力进步的探讨[J].西部论坛,2020,30(6):1-12.

[7] 张文显.新时代全面依法治国的思想、方略和实践[J].中国法学,2017(6):5-28.

[8] 国家体育总局,国家统计局.2019年全国体育产业总规模与增加值数据公告[EB/OL].(2020-12-31)[2022-4-15].https://www.stats.gov.cn/sj/zxfb/202302/t20230203_1900955.html.

[9] 人民网.2014年全国体育及相关产业总规模达13 574.71亿元[EB/OL].(2015-12-8)[2022-4-15].http://sports.people.com.cn/n1/2015/1228/c22176-27986187.html.

[10] 刘新宇.大数据时代数据权属分析及其体系构建[J].上海大学学报(社会科学版),2019,36(6):13-25.

[11] 谢远扬.信息论视角下个人信息的价值:兼对隐私权保护模式的检讨[J].清华法学,2015,9(3):94-110.

[12] 周斯佳.个人数据权与个人信息权关系的厘清[J].华东政法大学学报,2020,23(2):88-97.

[13] 刘伟.政府与平台共治:数字经济统一立法的逻辑展开[J].现代经济探讨,2022(2):122-131.

[14] 姜伟.数字经济发展呼唤数据权利保护类法律[N].人民法院报,2021-1-7(2).

[15] 江小涓,黄颖轩.数字时代的市场秩序、市场监管与平台治理[J].经济研究,2021,56(12):20-41.

[16] 中华人民共和国工业和信息化部.关于侵害用户权益行为的App(第一批)通报[EB/OL].(2019-12-19)[2022-4-15].https://www.gov.cn/xinwen/2019-12/20/content_5462577.htm.

[17] 搜狐网.1.5亿用户资料泄露!美体育用品巨头手机应用程序遭黑客入侵[EB/OL].(2018-3-31)[2022-4-15].https://www.sohu.com/a/227037765_473296.

[18] ORGANISATION FOR ECONOMIC CO-OPERATION AND DEVELOPMENT(OECD).OECD digital economy outlook 2017[M].Paris:Éditions OCDE,2017:45-46.

[19] 陈兵.数字经济发展对市场监管的挑战与应对:以"与数据相关行为"为核心的讨论[J].东北大学学报(社会科学版),2019,21(4):388-397.

[20] 人民网.治理网络盗播体育赛事难在哪儿?如何破?[EB/OL].(2021-8-3)[2022-3-3].http://finance.people.com.cn/n1/2021/0803/c1004-32179273.html.

[21] KING D L, DELFABBRO P H, GAINSBURY S M, et al. Unfair play? Video games as exploitative monetized services: an examination of game patents from a consumer protection perspective[J]. Comput Hum Behav, 2019, 101: 131-143.

[22] 高秦伟.数字政府背景下行政法治的发展及其课题[J].东方法学,2022(2):174-187.

[23] 任晓刚.数字政府建设进程中的安全风险及其治理策略[J].求索,2022(1):165-171.

[24] 孙文红.司法服务保障数字经济发展的路径与对策[J].沈阳工业大学学报(社会科学版),

2022,15(2):179-183.

[25] 叶敏,李安阳.体育赛事转播的权利归属及法律关系分析[J].天津体育学院学报,2021,36(2):219-226.

[26] FRODL C. Commercialisation of sports data:rights of event owners over information and statistics generated about their sports events'[J]. Marquette Sports Law Review,2015,26(1):56-90.

[27] 中国裁判文书网.上海聚力传媒技术有限公司与暴风体育(北京)有限责任公司不正当竞争纠纷一审民事判决书[EB/OL].(2020-12-31)[2022-4-15].https://wenshu.court.gov.cn/website/wenshu/181107ANFZ0BXSK4/index.html?docId=1d45f6c0515843068d2aaca1000a550a.

[28] 中国裁判文书网.北京新浪互联信息服务有限公司与北京天盈九州网络技术有限公司不正当竞争纠纷再审民事判决书[EB/OL].(2020-10-9)[2022-4-15].https://wenshu.court.gov.cn/website/wenshu/181107ANFZ0BXSK4/index.html?docId=81622afb074f44e1a4edac4700094f1d.

[29] 项杨春.体育赛事直播画面著作权保护的困境与完善[J].天津体育学院学报,2022,37(1):97-104.

[30] 魏斌.司法人工智能融入司法改革的难题与路径[J].现代法学,2021,43(3):3-23.

[31] 龚子秋.公民"数据权":一项新兴的基本人权[J].江海学刊,2018(6):157-161.

[32] 张瑞敏,王建新.大数据时代我国数据意识培养路径探析[J].大连理工大学学报(社会科学版),2020,41(1):109-116.

[33] 杨嵘均.论政府数据治理的价值目标、权利归属及其法律保障[J].东南学术,2021(4):113-124,247.

[34] 王伟,任豪.数字中国建设的法治保障[J].法律适用,2021(12):28-36.

第三篇

体育场馆数字化转型

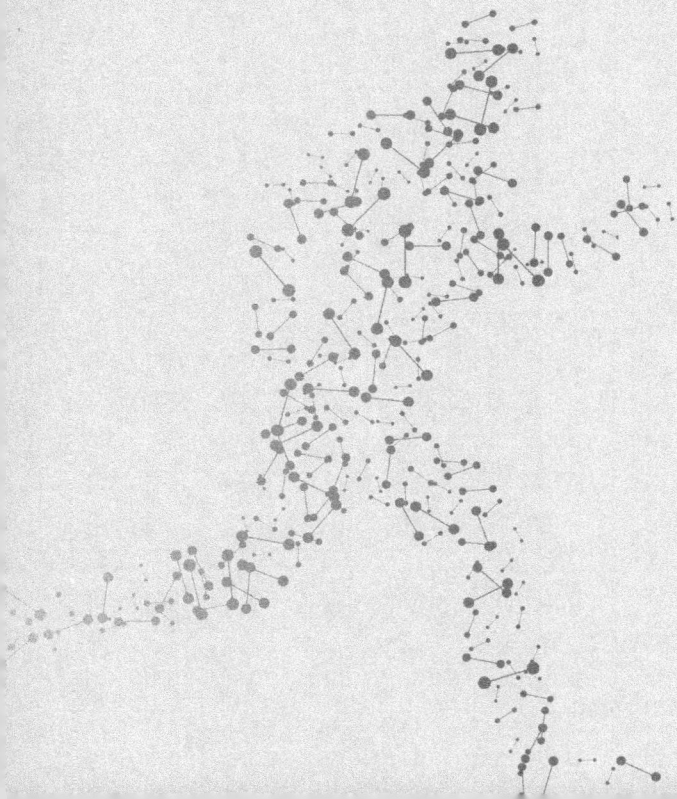

第**6**章

体育场馆数字化驱动模式与发展路径

傅钢强，刘东锋

自 2008 年 11 月 **IBM** 首次提出"智慧地球"概念以后，"智慧化"的理念便迅速传遍全球，为各国、各地区、各行业所接受和应用[1]。体育场馆作为整个社会体育活动的重要载体，也必然要适应国家的布局和社会的潮流，积极投入并广泛参与其中。于是，越来越多的体育场馆主动利用大数据、人工智能和云计算等数字科技来提升服务质量和提高管理效率，积极地向智慧方向转型升级[2]。整体而言，目前建设智慧体育场馆在业界已经形成了共识，且取得了一定的成效。然而准确讲，目前我国智慧体育场馆的实践仍然是一种在无确切概念及完备理论体系指导下的先验式实践，在发展过程中出现了一些内生困境，亟须从学术层面来构建理论体系。本研究围绕智慧体育场馆概念界定、驱动原因和路径实施等问题，于 2019 年 6～12 月分别对上海东方体育中心、浙江省黄龙体育中心和乐刻健身房等智慧体育场馆的设施改造、项目设置、运营管理和研发创新等情况进行了实地调研，旨在通过典型样本的实践演绎来归纳一般理论，从而推动我国智慧体育场馆的健康持续发展。

6.1 智慧体育场馆的概念阐述

当前相关媒体纷纷对智慧体育场馆的概念信息予以多方面报道，然而新闻的形式在事实上并不完全是科学理性的，更确切地说其只是一种观念的介绍和推广。面对这一新事物，学术界也以敏锐的问题意识从智慧体育场馆的硬件设施建设和软件平台应用两方面对其进行了诠释和定位，提出了多种实施策略和发展路径。曾杰梁、陈晓静和李静等在体育场馆智慧化基础硬件设施改造方面提出了体育场馆智慧交管、智慧安保和智慧消防等外围概念[3-5]。肖荷、宋顺和傅钢强等则在体育场馆智慧化软件平台管理方面探讨了包括赛事活动、场地管理、会员管理和销售管理等在内的智慧管理平台在场馆中的应用路径[6-8]。然而作为一种传统行业的自我改良,智慧体育场馆的本质是传统体育场馆在政府主动改革和市场积极推动下再度进行深层次优化的科技创新过程。这种基于结果的阐述对体育场馆智慧化转型升级的过程动因和实践属性理解不够,对未来的智慧体育场馆发展缺乏实践指导价值。

智慧体育场馆作为一个全新概念,也是一项系统工程,涉及体育主管部门、行业协会、体育场馆和技术提供服务商的共同参与,关系到场馆智慧基础设施的建设、消费者服务的升级、传统营销的转变和盈利模式的拓展等。因此,在智慧体育场馆的概念界定之前,首先要明确几个问题:一是智慧体育场馆是一个生态创新系统,通过物联网、传感器和交换机等智能基础设施的安装和运行,为消费者和管理者提供智慧化体验的高级空间形态;二是智慧体育场馆是一个综合性过程,通过智能基础设施对数据的收集和分析而实现场馆智慧设计、建设、营销和管理等的发展过程;三是智慧体育场馆不仅是一个物理概念,也是一种实践模式。体育场馆作为一种空间机构本身并不存在"智慧"和"非智慧"的区别,而互联网等智慧高新技术只是在当前时代背景下出现的一种转型工具,当两者相互融合时,智慧体育场馆才得以实现。基于以上分析,以传统体育场馆为参考,本研究将智慧体育场馆界定为,依托大数据、物联网、云计算、区块链和人工智能等新一代信息技术,通过感知、收集、计算和分析各项数据信息,从而实现体育场馆设计、建设、营销、管理和服务等方面智慧化升级的区域空间、发展过程和实践模式。

6.2 智慧体育场馆的驱动模式

如前所述,智慧体育场馆越来越受到政府相关部门的重视,如雨后春笋般涌现出来。然而,由于我国体育场馆数量众多、规模不一和功能各异,在实证调研中发现不同场馆智慧化驱动的原因各不相同。目前,在北京、上海、杭州、深圳和南京等多地因地制宜形成了各具特色的智慧体育场馆驱动模式,大致可归纳为以下 4 种。

6.2.1 大型体育赛事承办的驱动模式

大型体育赛事承办的驱动模式是指体育场馆借助承办大型赛事的时机,利用政府资源对场馆进行多方位、高层次的智慧化改造或建设。其特点,一是此模式基本由政府主导,能够确保各行各业的资源有效地聚集到智慧体育场馆的建设之中;二是主要利用 VR、5G、人工智能和物联网等先进技术实现场馆硬件的高端布置;三是此模式对象一般为大型体育场馆,目的是确保赛事组织的安全有序、赛事服务的智慧提升和赛事传播的有效变革。

采用该模式的典型代表是北京冬奥会体育场馆。习近平总书记 2019 年 2 月来到北京石景山首钢园区考察北京冬奥会筹办工作和备战情况时就明确提到,体育场馆建设要考虑可持续利用的问题,要突出科技、智慧、绿色、节俭特色[9]。根据指示,北京冬奥会场馆主要从两个方面进行智慧化转型升级。一是利用智慧科技对旧有场馆进行改造升级。按照预定计划,目前国家游泳中心(简称"水立方")、国家体育场(简称"鸟巢")、首都体育馆、首体综合馆和首都滑冰馆等 5 个场馆已相继进入全面改造升级阶段。作为冬奥会的主赛场,"水立方"建筑内已新装了场馆能源管控系统,其中包含了能源管理平台、能源计量平台和移动运维平台。通过系统可展示整个"水立方"的基本运行信息,从而通过优化配置实现场馆的绿色、节俭。同时,"水立方"还利用智慧科技在游泳池里进行架空结构的转换,成功将原来的游泳池区域转换成了冰壶场地,成为世界上首个"冰水转换"的智慧体育场馆[10]。二是新建高科技的智慧体育场馆。作为北京赛区唯一新建的竞赛场馆,国家速滑馆利用全数字仿真、工厂化预制和现场化组装的方式仅用 8 个月就建成了世界体育馆建筑跨度最大的马鞍形单层索网结构,展示了令人惊叹的"北京冬奥速度"。国家速滑馆的智慧除了体现在科技建造上,也表现为绿色环保。例如,"鸟巢"建造时的主结构用钢量达到 4.2 万吨,而国家速滑馆索网屋面的总重量才 968 吨。同时,场馆内安装的制冰余热回收系统,可解决运动员生活热水、冰面维护浇冰和融冰池融冰等能源需求,预计每年可节省约 180 万度电量[11]。

由此可见,该模式主要是借助 5G、人工智能等先进技术,重点围绕智慧观赛体验、智能赛事服务、智慧化场馆运营等场景,共同为观众、赛事组织者等提供优质的观赛体验、完备的服务保障和高效的运营支撑。目前国内杭州亚运会的众多体育场馆和西安全运会的奥体中心等基本采取这一驱动模式建设智慧体育场馆。然而,需要强调的是此模式标准高、投入大、周期长,是一项复杂的系统工程,必须强化风险控制和规范化管理。

6.2.2　公共体育服务数字供给的驱动模式

公共体育服务数字供给的驱动模式是指政府为了贯彻落实推进全民健身智慧化发展的要求,强化全民健身科技创新,对公共体育场馆进行智慧化改造升级。其特点,一是该模式也由政府主导,但更多是为了对接人们的公共体育服务需求升级;二是该模式主要利用群体通、呼啦伴伴和去运动等软件平台实现线上线下融合,从被动向主动服务供给主体转变;三是该模式对象一般是中大型公共体育场馆,目的是提升公共体育服务的供给效率和质量。采用该模式的典型代表是浙江省黄龙体育中心。浙江省一直重视数字化建设工作,有效促进了当地社会经济的发展。为了满足当地人们日益增长的美好生活需要,浙江省黄龙体育中心积极利用互联网技术推进公共体育服务数字化供给。首先,2017年浙江省黄龙体育中心通过人工智能高端硬件设备在体育场馆中的广泛接入,改变了传统的运营与服务模式,实现了场馆的初步智能化升级[12]。其次,依托于前期"互联网＋场馆"的创新模式,浙江省黄龙体育中心与浙江省黄龙呼啦网络科技有限公司合作,启动了浙江省公共体育服务平台建设计划,实现了在线预订、无人值守等智慧功能,使人们拥有更加便利的健身方式。最后,浙江省黄龙体育中心在原有的智慧场馆系统1.0版本基础上进行技术革新与产品迭代,引进了人脸会员实名认证及人脸支付体系,由原有的"一码通""一卡通"向"一脸通"的消费服务场景转变,在全国率先步入体育健身"刷脸"时代。同时,通过视频体感、人机互动和AR等技术的应用升级智慧健身系统,不仅有效提升公共健身的便利性和舒适性,而且能为人们带来更富有趣味性和挑战性的健身体验。总之,目前浙江省黄龙体育中心各场馆均配套建设了智能化环境系统、智能健身设备系统和能源客流监管系统等三大信息平台,可以实时掌握场馆的空气质量指数(五项指标)、电量能耗消耗统计以及场馆人群运动状态,实现了公共体育服务数字供给与体育场馆智慧化建设的深度融合,成为目前浙江省规模最大、功能最全的现代化智慧体育设施群。

由此可见,该模式主要以智能手机健身用户端和物联网的体质测试设备为支撑,提供包括科学健身大讲堂、体质测试、健身指导和日常监测等在内的高品质公共体育服务,从而助力智慧体育场馆改造升级。目前国内无锡智慧体育产业园的场馆和宁波市纵翔体育场馆等基本采取这一模式建设智慧体育场馆。然而,需要强调的是,此模式主要以软件驱动为主,要谨防线上线下融合过程中技术性的泛滥和人文性的缺失。

6.2.3　场馆行业自我改良的驱动模式

体育场馆经营自我改良的驱动模式是指利用互联网等智慧高新技术实现与场馆消费者的信息实时对称,从而优化资源调配和引导消费流量。其特点,一是该驱动模式主要由场馆自身主导,但在某种程度上也是助力智慧城市的建设,得到政府的积极支持;二是该模式的智慧体育场馆大多处在互联网科技行业的先发地区,且当地民众对新事物的接受能力较强;三是该模式的适用对象目前主要以拥有一定实力的民营体育场馆为主,后期可推广到多数场馆,目的是提升场馆闲置资源的利用率,增加经营收入。

采用该模式的典型代表是上海久事智慧体育有限公司。上海久事智慧体育有限公司专注于为场馆、青训、赛事和电竞等体育产业相关主体提供专业的数字科技服务,从而延伸一批智慧场馆、智慧赛事和智慧训练等新兴业态。体育场馆作为其他业态发展的物质基础,得到了该公司的大力支持,于 2017 年研发了智慧体育云服务平台。该云平台包含智慧票务综合管理系统、群众体育预订场地管理系统、资源租售管理系统和智慧体育云服务在内的四大系统,实现场馆集约化、平台化和智慧化发展。实践表明,高效的票务管理一直是大型体育赛事和活动成功举办的重要保障。应运而生的智慧票务综合管理系统运用多源数据沉淀,实现了核心资源的去中心化存储和共享,提供了一站式的票务管理综合解决方案(包括票源、票价、验票、营销和管理等)。同理,其他 3 个系统则可以实时掌握场馆的人流量、用电量、营业额和剩余可售资源等业务情况,实现场地租售全数字化流程管理,从而提高管理效率。目前,该平台已广泛应用于上汽国际赛车场、上海东方体育中心和上海旗忠森林体育城网球中心等地标性场馆的智慧化升级,有效实现了"降本增效"。例如,上海东方体育中心的游泳馆在智慧化改造完成以后,消费者可以直接利用信息化平台进行购票,选择需要的游泳服务(日期、时长、性别、人数等),然后支付完成,最后直接现场机器取票。这样一套标准化的流程减少了原本取票、拿钥匙、检票和补费等烦琐的人为操作流程,解决了高峰期排队等候的时间浪费,也将游泳馆人员从机械重复的工作流程中解放出来,可以为消费者提供更多其他个性化的体育服务。

由此可见,智慧体育场馆的建设不仅是智能软硬件的布置和加载,也是科学管理方法与智慧技术应用的融合。该模式主要以数字化为基础,通过平台化的模式来提高场馆管理水平、改善资源利用效率和提升消费者满意度,从而有效增加场馆的营业收入。目前,阿里体育中心基本也采取这一模式建设智慧体育场馆。然而,该模式以营利为主要目标,因此在建设过程中要兼顾经济、社会和环境等多方面的效益。

6.2.4　以周边需求为本的驱动模式

以周边需求为本的驱动模式是指为了满足周边民众的健身需求,社会资本瞄准商机利用智能可穿戴设备等实现健身场所的智慧化转型升级。其特点,一是该模式一般由社会力量主导,通过技术创新构建一种更加高效的商业运营模式;二是该模式主要利用较低成本的智能可穿戴设备为主实现消费者健身需求和场馆资源相连接;三是该模式一般是小型健身房,目的是专注解决身边群众健身难的需求,同时通过新商业模式的运营实现盈利。

采用该模式的典型代表是乐刻智能健身房。总部位于杭州的乐刻,在消费模式、运动生态、健身手段和需求功能 4 个方面的创新使其成为引领智能健身房的样本[13]。首先是创新消费模式,增加用户黏性。如何实现会员与健身房之间的强互动、高黏性是当下健身市场面临的痛点之一。乐刻一方面通过"低价的月卡制"搭配"小而美的健身场景",吸引了众多潜在健身爱好者前来消费体验,做大了基础流量;另一方面则利用人工智能营养计划、屏上马拉松、健身竞赛排名和红包圈币裂变等多种手段,打造差异化、数据化和娱乐化的健身产品,建立不依赖于人的高黏性、强互动关系。其次是降本增效,实现多方共赢。乐刻智能健身房精简了管理行政人员,实现了健身房的轻量化管理,提升了健身房的盈利能力。同时,又引入优质资源,打造云集优秀健身教练员的平台,提高健身教练的收入,使其专注于提升教学水平[14]。再次是利用"黑科技",创新健身手段。乐刻智能健身房采用了智能健身手环、超高速人脸识别门禁、智能有氧训练设备、智能体测体态分析仪、无线智能锁控等科技手段,从而在 App 上实时构建会员的健身数据库。App 后台会根据会员的进店次数、体态测试报告、卡路里消耗等数据来推荐适合的个性化课程,满足不同运动人群所追求的不同层次健身需求[15]。此外,智能化的体系让会员在健身的同时,能够实时监测自身的健身数据,从而根据体质变化开出合适的"运动处方"。最后是对接多元化消费需求,丰富场馆功能。乐刻智能健身房除了健身教学之外,还可以实现健身圈社交、饮食指导、健康咨询和装备购买等多样化功能。

由此可见,现代紧凑的工作与生活节奏,让乐刻这样"小而美"的智能健身房逐渐有了市场。目前国内"光猪圈"和 Keep 的线下场馆基本采取这一模式建设智慧体育场馆。整体而言,这种模式以月卡制的定价方式、智能化的服务体验以及社交化的健身互动,为健身房经营提供了一种新的思路。然而,需要强调的是,每个人的需求均有差异,因此要紧紧围绕消费者的需要进行数据生成、分析和运用,才能真正实现"小场地、大智慧"。

6.3 智慧体育场馆的发展路径

纵观现阶段我国智慧体育场馆的实践水平,从新技术应用、资源建设和服务拓展等方面取得了一定的成绩,呈现出较好的发展态势。随着智慧社会的到来,未来发展应该以更高质量的定位入手,通过"差异化发展—规范化管理—人文化融入"的推进路径赋能智慧体育场馆取得更为全面和显著的成果,以更好地满足体育强国和健康中国建设的需求。

6.3.1 引导智慧体育场馆差异化发展

我国不同类型体育场馆所拥有的智慧化升级基础和条件差异较大,大型体育场馆智慧化建设的起点和要求相对较高,而其他中小场馆在资源垄断、功能定位、网点布局、管理机制、社会责任和资金来源等方面均与其有较大差别[16]。因此,本研究认为,不同类型的体育场馆应该基于自身发展特点和能力优势,形成有效区别于其他且相对稳定的智慧发展模式。具体而言,首先是政府要进行科学的顶层设计。体育场馆的主管部门要综合考虑当地的社会经济文化传统、主要服务人群需求和场馆自身基础优势等,分类引导智慧体育场馆发展的整体方向、类型和特色。其次是与智慧城市建设有效结合。智慧体育场馆作为诸多科学前沿技术的融合体,是推动智慧城市建设与发展的重要动力源。在实践过程中,智慧体育场馆的建设要根据智慧城市的发展来拓展功能边界,打造一系列与城市发展对接的体育应用平台。最后是创新个性化思维,实现特色引导。智慧体育场馆不但可以提供传统的体育服务,而且还能利用智慧科技进行个性服务延伸,从而实现特色化发展。例如,其可以引导某智慧体育场馆长期重点开展面向青少年或残障人士等社会特殊群体的差异化服务,也可以引导智慧体育场馆在资源建设和活动设计中突出体质健康等主题特色。

6.3.2　加强智慧体育场馆规范化管理

智慧体育场馆作为科技与传统体育场馆深度融合的新业态,对于满足科学健身和智慧办赛等新需求,提升公共体育服务精准化供给,发挥了积极作用。但新业态在发展过程中也存在着有智慧无应用、有市场无产业、有隐患无监管等现实问题。因此,在智慧体育场馆发展的道路上,规范化成为其必须承担的责任。首先要为智慧体育场馆制定涵盖业务流程和服务细节的一整套建设标准、服务规范和管理制度,促进建设、服务和管理流程的标准化。目前,浙江省率先在全国发布了智慧体育场馆建设的省级地方标准,对相关术语、系统架构、业务应用和保障管理等内容加以规范和统一[17]。其次是在标准化的基础上进行动态化改革。智慧体育场馆最大的特点是解决了信息不对称的问题,能实时反映社会和公众的需求。为此,未来智慧体育场馆的发展要不断更新升级智慧科技,同时把握住时代和用户的需求变革,用体育和科技的力量满足其多样化、动态化和高层次的美好生活需要。最后,在发展初期要本着鼓励创新的原则,有意识地加强对智慧体育场馆的经费支持、媒体宣传和社会表彰,表达更为重要和直接的发展诉求。值得强调的是,智慧体育场馆在发展过程中不能僭越隐私的底线,对诸如在服务和活动过程中利用消费者数据进行辅助营利等情况需要严密监管和规范,确保智慧体育场馆的良性发展。

6.3.3　实现智慧体育场馆人文化融入

智慧体育场馆是体育场馆和智慧技术深度融合而产生的一种新型场馆运营的组织形式,有效提升了场馆的资源利用率和服务水平。然而,技术改变的是体育场馆管理、服务、营销和组织等存在形式和获取路径,不变的是任务本身和满足消费者需求的服务宗旨。如果一味盲目注重智慧体育场馆技术的改造而忽视了消费者的接受和适应能力,将导致实际应用十分不接地气,最终流于形式[18]。因此,智慧体育场馆的长远健康发展除了要依靠日新月异的科技之外,也离不开人文元素的积极融入。首先,做到关注市场需求。通过智慧科技对消费市场进行预先摸底,了解消费者的特征和偏好等,掌握市场有效需求。其次,突出强调消费者的体验。建立以消费者为中心的信息化管理模式,借助科技化手段更好地为人们提供个性化服务。最后,重构场馆和消费者的关系。从科技向善的视角出发整合场馆业务,以感知消费者需求为手段实时调整场馆的技术供给,着重突出智慧体育场馆"以人为本"的人文理念,从而在优化体验过程中重构场馆与消费者之间的关系。总之,"人文"和"科技"是智慧体育场馆本质的双重体现,传统体育场馆向智慧体育场馆转型升级不仅要依靠技术的发展,更需要耦合人文的智慧和温度,从而实现从技术单一驱动到"技术"与"人文"双轮融合驱动的健康升级。

6.4 结语

智慧体育场馆作为未来体育场馆发展的新模式,其理念与实践已经成为国内外体育场馆创新变革、转型升级和可持续发展的新引擎,给体育场馆事业的未来发展带来无限憧憬。但是智慧体育场馆的发展受到区域位置、城市文化、生活环境和功能定位等多种因素影响,其建设模式不能盲目效仿。鉴于此,本研究对智慧体育场馆的基本概念、驱动模式和发展路径等基本理论问题进行了初步探讨,在厘清问题的同时希望可以引起更多学者对该领域的关注,共同高质量促进智慧体育场馆的发展。

参考文献

[1] 张之沧,闾国年."智慧地球"概念解析[J].自然辩证法研究,2015,31(11):117-122.

[2] 慈鑫.智能体育场馆距离老百姓还有多远[EB/OL].(2019-11-26)[2020-12-29].http://news.cyol.com/app/2019-11/26/content_18253118.htm.

[3] 曾杰梁.体育场馆安防设计及衍生的运营模式探讨[J].现代建筑电气,2017,8(5):52-54.

[4] 陈晓静,杨俊峰.俊互联网+联背景下武汉市智慧城市与智慧体育场馆建设研究[J].智能建筑,2018(10):18-20.

[5] 李静.智慧体育视域下体育场馆经营管理智能化研究[J].中国管理信息化,2019(19):133-135.

[6] 肖荷,刘东锋,龙利红.移动互联网技术在体育场馆开放中应用的市场分析[J].体育文化导

刊,2016(9):110-115.

[7] 宋顺,刘志清,王永平.微信公众号优化体育场馆运营策略分析[J].体育文化导刊,2019(1):83-87.

[8] 傅钢强."智慧亚运"背景下体育场馆赛后智能化经营模式研究[J].山东体育科技,2020,42(3):1-6.

[9] 新华社.习近平向奋战在冬奥建设工地上的劳动者拜年[EB/OL].(2019-2-2)[2020-12-29].http://www.gov.cn/xinwen/2019-2/2/content_5363380.htm.

[10] 张钦.完工!"水立方"今天成功变身"冰立方"[EB/OL].(2019-7-31)[2020-12-29].https://www.sohu.com/a/330475171_384516.

[11] 吴娇颖.国家速滑馆已实现封顶封围 2020 打造"最快的冰"和"智慧的馆"[EB/OL].(2020-1-1)[2020-12-29].http://bj.people.com.cn/n2/2020/0101/c82840-33680474.html.

[12] 沈克印,寇明宇,王戬勋,等.体育服务业数字化的价值维度、场景样板与方略举措[J].体育学研究,2020,34(3):53-63.

[13] 韩潇.智慧体育[M].北京:清华大学出版社,2019:143.

[14] 何进胜,唐炎.我国智能健身房商业模式分析研究与启示意义[J].广州体育学院学报,2019,39(1):29-35.

[15] 郑芳,徐伟康.我国智能体育:兴起、发展与对策研究[J].体育科学,2019,39(12):14-24.

[16] 傅钢强,刘东锋.我国体育场馆智慧化转型升级:基本内涵、逻辑演进、关键要素和模式探究[J].体育学刊,2021,28(1):79-84.

[17] 沈听雨.浙江发布智慧体育场馆建设省级地方标准[EB/OL].(2021-2-19)[2021-2-23].https://zjnews.zjol.com.cn/202102/t20210219_22132037.shtml.

[18] 刘佳昊.网络与数字时代的体育产业[J].体育科学,2019,39(10):56-64.

第 7 章

体育场馆数字化转型域外经验与启示

李刚，黄海燕

在数字经济时代，数字技术应用与体育产业的融合发展已是大势所趋，成为体育产业高质量发展的重要引擎[1]。在世界范围内，人工智能、大数据、物联网等数字技术已被广泛应用于体育场馆领域且发展迅速，主要发达国家已陆续开启体育场馆智慧化转型之路，美国金色一号体育中心、美国银行体育场是较早开启智慧化转型的一批场馆[2]，欧洲国家在体育场馆试验智慧交通、智慧安防、智慧能源项目，日本在东京奥运会期间对 43 个场馆进行了智慧化升级[3]。我国许多体育场馆也通过引入数字技术，促进体育场馆规划建设生态化、运营管理高效化及服务供给品质化，实现体育场馆管理、营销和服务等方面的智慧化改良[4]。整体来看，国内体育场馆转型起步较晚，在信息化程度、智慧化系统应用、服务理念和水平等方面与国外仍存在较大差距[5]，而国外体育场馆服务业较为发达，通过运用现代信息技术优化运管流程、创新服务模式取得了一定实践成果，为我国体育场馆智慧化转型提供了重要的参考价值。基于此，本文尝试在厘定体育场馆智慧化内涵的基础上，对国外体育场馆智慧化转型经验进行分析，以期为我国体育场馆智慧化转型提供借鉴和启示。

7.1 体育场馆智慧化内涵释义

体育场馆智慧化是体育场馆信息化的高级阶段，随信息技术的迭代更新与智能设施的应用形塑而成[6]。在技术应用层面，强调智能体育中的高科技硬件和数字体育中数字技术与服务的融合应用[7]；在场馆管理层面，强调依托数字技术促进体育场馆中管理者、消费者、设施设备等各要素的有效链接，优化对内、对外的管理流程；在服务模式层面，强调以大数据、云计算、人工智能、5G 等数字技术为核心驱动力,形成信息流、工作流、业务流的整合汇总,提升体育场馆中基础服务、核心服务及拓展服务的运作效率。基于上述分析,本文将体育场馆智慧化界定为依托智能设备和数字技术,系统化整合场馆管理、场馆服务等内容,增强场馆复合经营能力并拓展服务领域,从而实现最佳运营效益的发展过程和模式。上述概念主要包括以下两层内涵:第一,场馆管理智慧化。通过配置智能系统对各种体育场馆设施设备和配套实施自动化控制和管理以及搭载智慧运营系统,有效整合体育场馆的基础服务、核心服务、拓展服务,对服务、人员、数据及营销实施一体化管理,实现体育场馆管理的数字化、智能化。第二,场馆服务智慧化。通过数字技术实现体育场馆服务供给精准化、应用管理精细化、运营决策科学化,具体表现为运营模式创新、服务领域拓展、配套服务延伸和服务供给能力提高等。域外体育场馆智慧化转型大致经历了两个阶段:一是智能建筑框架下的硬件设施建设,该阶段的主要路径模式是通过引进智能设备,提升体育场馆管理效率[8];二是智能终端和软件升级衍生出的各种服务模式,该阶段的主要路径模式则是通过配套智慧化软、硬件设施,将现代信息技术与场馆深度融合,为体育消费者提供精准化的场馆服务,优化消费者服务体验。

7.2　体育场馆智慧化转型域外经验

7.2.1　注重建设体育场馆数字化服务平台

随着信息技术的更迭换代,数字平台利用网络效应,实现了场馆服务方与体育消费者无边界链接的互动可能。数字平台在畅通沟通渠道、减少信息迂回、高效响应需求和快速对接民众需求上,都有独特优势。为提高体育场馆的利用效率,促进公共体育服务优质资源实现充分公平和有效供给,发达国家体育部门投资建设了不同类型的体育场馆数字化服务平台。

一是建立体育场地自助服务平台。体育场地自助服务平台以场地资源池和体育锻炼行为池为基础,赋能体育场馆服务的供需匹配,实现了体育场馆资源的有效配置。2015 年 11 月,英国体育委员会建立了名为"Active Places Data Platform"的体育场地自助服务平台[9]。该平台通过链接名为"Active Places"的英国体育场地数据库,包括室内多功能体育场馆、溜冰场、健身房、健身工作室、高尔夫球场等15 种体育场地类型,以及体育锻炼者的人口统计学信息。体育场地自助服务平台发挥了两种功能:一是便于人们查找和预订体育场地,鼓励人们进行体育锻炼;二是通过获取参与体育锻炼者的数据信息和体育场地数据,评估体育场地供需现状,为体育政府部门制定体育发展战略以及规划体育场地布局提供数据支持。由此可见,体育场地自主服务平台作为体育场地和现代信息技术的结合,其原理是体育政府部门通过大数据、互联网等现代信息技术,链接体育场地数据库,实现数据采集和线上预订功能,进而提高体育场地服务供给的便捷性、有效性,提升全民健身服务供给的信息化水平。

二是建立体育场馆网络平台。体育场馆网络平台基于互联网的运行方式构建了智慧化的体育场馆服务生态,通过聚合体育场馆预订、体育活动赛事信息查询与报名、赛事门票购买、体育消费支付、运动知识学习及体育虚拟课堂,为体育消费者提供一站式的体育资源服务。体育政府部门通过建设体育场馆数字化服务平台,统筹体育场馆、体育赛事、体育知识等资源,提供在线、便利、高效的体育场馆导航、查询、预订等服务,使体育场馆服务供给更加便捷、高效、准确。例如,新加坡体育部门投资创建了一个集体育场馆信息查询与预约、体育活动赛事信息查询与报名、运动社群交流与运动体验分享等功能于一体的网络开发平台。基于该网络平台,体育部门还在手机移动端开发了应用程序,以方便人们查询体育场馆位置、开放时间及增值服务等内容,形成"一机在手,服务直通"的体育场馆服务模式。

7.2.2 依托智能化系统提高场馆运营效益

场馆管理涉及内容繁多、体系庞杂,需要大量投入人力、物力等要素成本,大多数体育场馆在不同程度上存在运营管理绩效不佳、效率不高等问题。如何提高体育场馆运营效益成为体育场馆领域的世界性难题。针对这一难题,国外体育场馆运营商通过搭建场馆智能管控系统、配置先进的场馆运营管理应用,促进物理维度上的实体世界与数据维度上的数字世界虚实互动、持续迭代,实现了智慧运维管理和智慧运营管理,大幅降低了运维成本,提高了场馆运营效益。

一是搭建场馆智能管控系统,降低场馆运维管理成本。场馆智能管控系统为场馆内设施、设备、能效、环境等监控和管理提供运维保障,一方面解放了大量的人力物力成本,另一方面缩短了信息传达时间。例如,安联球场运营商通过搭建开放式物联网操作系统,实时监控电力工程、通风供热和空调设备等基础设施系统,并根据环境、时间的变化实现人性化自动管控;球场内还配有巨大的传感器网络及视频监控系统,全天监测人员、车辆、草坪等重点公共区域,一旦发现异常,实时自动通知对应部门或机构解决。安联球场运营商通过搭建场馆智能管控系统,帮助场馆实现了预防性维护和智能管理,有效降低了体育场馆的运维管理成本。

二是配置场馆运营管理应用,提高场馆运营管理效率。场馆运营管理应用以统一运营为视角,将会员管理、商业经营、资源经营、增值营销、对外代理合作进行叠加,实现运营数据全融合、状态全可视、业务全可管、事件全可控。场馆运营管理应用通过与移动端应用的深层次耦合,不仅能够优化体育场馆运营管理流程,还能为体育消费者提供综合、便捷的场馆服务。例如,李维斯球场配置了验票系统、公共广播系统、通信系统、会议系统、实时监管系统、信息导引及发布系统等实时运营系统,场馆管理人员通过实时运营系统可追踪、管理包括出勤、停车、食品和饮料、零售、天气、票务、社交媒体等 9 个数据源的场内操作;推出了集馆内导航、线上订餐、数据统计、精彩回放、管理球票等功能一体的 C 端 App,为体育消费者提供赛事预报、票务预订、自动导航导览等服务。李维斯球场运营商借助智能化运营管理系统,助力赛事运营商、赞助商精准营销,进而提升了场馆运营效率。

7.2.3　依托数字化技术赋能场馆服务供给

数字技术的不断升级极大改变了人们的生活方式,体育场馆服务需求日益呈现多样化、个性化发展态势,增强场馆服务供给的针对性、体验性随之成为场馆服务业的发展重点[10]。体育场馆智慧化转型的特点是以顾客为中心、以需求为导向,且更加便利高效。实践中,域外体育场馆注重运用以 5G、VR、AR、混合现实(mix reality,MR)、大数据、云计算、人工智能、数字孪生、区块链等为代表的数字技术,助力场馆服务内容创新,突出内容与技术的交互叠加,衍生场馆多层次、个性化的体验形式,进而满足体育消费者多元化的场馆服务需求。

一是引入沉浸技术,打造场馆服务新场景。沉浸技术变革加速了体育产业生态重塑,使体育场馆服务的生产组织方式也不断变革,由此催生出更多满足消费需求的体育场馆服务新场景。VR 和 AR 等沉浸技术是提供实时赛事信息的智慧终端设备,既可转播赛事实况、显示比分和球员信息、回放精彩内容,还可以通过全景技术搭建全面真实的赛事场景,很大程度上革新了现场观众的在场感、交互感和信息实时互通感,使其获得沉浸式体验。所谓沉浸式体验,指通过技术手段让观众感觉像是置身某一场景中,从而产生一种在观察周围事物的同时还能支配和操控周围事物的逼真感觉[11]。诺坎普球场借助 VR、TrueView 技术,为观众实时交互式观赛提供了全新视角,观众借助沉浸技术获得了全景式、立体化、个性的观赛体验。场馆运营商通过搭载 VR、AR、MR 等沉浸技术,为体育场馆的消费者打造立体交互的第二屏场景,让其深度立体地参与场馆服务互动,极大提升了体育消费者的在场体验、交互体验,满足了其多层级、个性化消费需求,增强了其对场馆的黏性。

二是引入数据分析技术,构建场馆服务新模式。随着现代信息技术的发展,追踪技术和机器学习技术等数据分析技术开始应用到体育场馆领域[12]。数据分析技术在体育场馆的应用,极大提升了场馆服务的科技感,使观众能够在全新的追踪数据中获得独特的服务体验。例如,大通中心通过引入苹果公司 iBeacon 系统,可以有效检测、捕捉体育消费者的空间位置、身体状态、运动状态甚至心理反应等行为数据[13]。又如,丰田体育场利用甲骨文的 Food & Beverage 系统,借助大数据分析为不同体育消费者提供了个性化定制套餐服务。体育场馆运营方充分利用数据分析技术,对体育消费者进行辨识、分组和了解,实现与体育消费者各维度、全方位的链接,向消费者智慧推送个性化定制内容,让其以最快速度接收如赛事信息、餐食信息、特价信息、纪念品活动信息等多样化供给内容,使推介交互化,提升了场馆服务的科技化水平。

7.3 体育场馆数字化转型启示

7.3.1 突出政府主体责任,建设体育场馆数字化服务平台

平台具有的公共基础设施特征[14],从而决定了政府在体育场馆数字化服务平台建设中的责任主体地位。从域外经验来看,体育政府部门在体育场馆数字化平台建设方面发挥了重要的作用,不仅在经费投入方面承担了主要部分,还在管理方面通过有效整合群众体育、体育产业等资源,丰富平台的多元功能,保障体育场馆服务的精准化供给。近年来,随着我国"互联网 +"战略的逐步实施,体育部门也积极抢抓数字化改革机遇,深入推进"互联网 +"体育服务,加快体育数字化建设。在此背景下,上海、浙江等地纷纷响应,在体育场馆领域制定了一系列政策,以推动建设体育场馆数字化平台。例如,上海市体育局、上海市大数据中心联合发布了《关于推进本市公共体育场馆在线预订等工作的通知》,致力于开发应用系统,完成市属全部公共体育场馆统一在线预订服务。但实践中,目前我国开发的体育场馆数字化平台存在数据孤岛、平台孤岛等问题,导致体育资源共享不充分、平台功能发挥不充分等现象。

为此,借鉴国际经验,第一,深入落实体育政府部门的公共责任,加大对体育场馆数字化平台建设的支持力度,尤其在平台建设阶段,更要给予充足的资金支持;第二,按照《体育场馆信息化管理服务系统技术规范》要求,全域采集体育场馆信息、场馆举办的赛事活动、场馆运营管理等数据,建立体育场馆数据库,实现体育场馆的数据集成和统一管理;第三,采用政府购买服务的方式,委托体育科技企业开发体育场馆数字化服务平台,统筹体育场馆、赛事活动、教育培训、体育科普、志愿服务、体质评估等资源,形成信息发布及时、服务获取便捷、信息反馈高效的体育场馆智慧化服务机制;第四,开发场馆服务可视化互动应用小程序,提供线上预订场地、无人化管理等服务,向人们提供更加便利的体育场馆服务,优化配置体育场地资源。

7.3.2 全面加强科技应用,促进体育场馆智慧化改造升级

域外经验表明,大数据、5G 等现代信息技术在场馆中的应用有利于提升场馆运维管理和运营管理水平。目前,我国部分场馆已引入智慧停车系统、智慧观赛系

统、智慧导览系统等智慧化场馆管理系统,也涌现出阿里体育中心、西安奥体中心等智慧场馆。但整体来看,我国大部分场馆的智慧化水平还有待提升,仍存在场馆服务科技化水平不高、场馆设施设备陈旧、场馆的无线信号不稳定及网速较慢等问题,一定程度制约了场馆管理水平的提升[15]。为此,我国体育场馆智慧化转型过程中有必要借鉴国外经验,支持有条件的体育场馆持续对场馆智慧化进行投入升级,建设场馆智能管控系统、场馆运营管理应用和基础支撑平台,积极探索现代信息技术应用,实现智慧化运维管理和智慧化运营管理。

首先,建设场馆智能管控系统。体育场馆通过建立场馆智能管控系统,实现场馆内设施、设备、能效、环境的集中管理,提升管理效率、降低运行能耗。为此,建议体育场馆要结合《智慧体育场馆系统工程技术规程》,搭载设施设备管理系统、数字平台设施、智能公共服务系统,对建筑设备管理、能耗计量设备管理、热成像体温筛查、照明管理、环境及水质监控管理、健身设备互联、安防设备管理、门禁管理、消防监测管理、停车管理、储物柜管理、卫生间管理等体育场馆的各种运维管理需求做出智能响应,以降低体育场馆运维管理成本。

其次,搭建场馆运营管理应用。体育场馆依据场馆对内对外、线上线下的运营管理要求,通过搭载场馆运营管理应用,盘活体育场馆运营资源,提升员工管理、会员管理和运营分析等体育场馆运营管理的智能化水平。为此,建议我国体育场馆运营商,一是积极开发场馆运营管理服务系统,集成场地管理、会员管理、聚合支付和运营分析等功能,让体育场馆日常运营管理、市场营销更加智能,提升场馆运营管理效率;二是积极开发赛事运营服务管理系统,集成票务管理、赛事活动管理、赛事活动直播、客流监测管理、舆情监测等服务内容,提升体育赛事活动运营管理的智能化水平。

7.3.3　完善场馆服务场景,优化体育场馆服务体验

场馆服务场景指与体育场馆物理环境相关的服务质量要素,为影响体育消费者服务体验的重要变量,在不同程度上影响着体育消费者的情绪和行为意愿[16]。随着现代科技与体育场馆服务业融合力度的不断加强,体育运动不再局限线下场域,而逐步转向线上与线下相结合的新场域,由此催生出具有强烈体验感和科技感、更加关注消费者体验的新场景。域外经验表明,体育场馆运营商通过线上线下相结合的方式提供服务,打破时空限制,可为体育消费者提供大量碎片化的服务场景和交互机会,凸显了体育消费者的时空价值,激发了体育消费者消费活力。在我国,受体育活动公益属性的制约,体育场馆从运动空间向体育消费空间转换的步伐较为缓慢,导致以体育消费需求为导向的场馆服务场景未能得到有效创建。借鉴域外经验,一是树立"顾客为中心、体验为重点"的服务理念,为体育消费者提供数

字化的体育场馆服务,创新体育消费者的体育参与方式,激发多样化的体育消费体验需求;二是充分运用 VR、AR、MR、视频超分辨率(video super resolution, VSR)等沉浸技术,为体育消费者打造多视角观赛、交互式观赛和专属服务等全景式、立体化的服务场景,促进体育消费者参与场馆服务互动,提高其观赛体验及参与感、满足感;三是通过打造网络直播、电子竞技、短视频等虚拟空间,大力拓展体育消费者参与体育的广度,增强体育消费者在观赛、参赛中的体验感、代入感,为其营造更为多元的线上场馆服务场景。

7.3.4 创新场馆服务模式,加强体育场馆服务精准化供给

当前我国体育场馆对体育消费者的个性化需求关注不高、现场体验较差,如何实现体育场馆服务供需两端的强互动、高黏性是当下我国体育场馆服务业急需解决的重要问题[17]。场馆服务智慧化立足信息化手段,为不同运动水平、年龄段和体育需求的人们提供体育场馆服务,帮助提高和满足多样化、多层次、个性化的场馆服务需求。从供给角度来看,这种以需求为导向的场馆服务智慧化能实现精准化供给的效果,可以减少供给过程中的能效流失,打通服务供给的"最后一公里",提升供给效率[18]。域外经验表明,数字技术融入体育场馆服务业,能够打破传统场馆服务的垂直分工模式,衍生出"一体化智慧运营""数字技术 + 体育服务"等新模式,满足消费者个性化体育需求。借鉴域外经验,建议国内体育场馆,一是运用大数据、云计算、人工智能等数字技术,基于体育消费者群体画像,分析其消费意愿和行为特点,预测体育消费者喜好,有针对性地提供消费者喜欢的体育场馆服务项目;二是以观赛体验、个性化赛事服务为导向,推行以"参赛流程线上管理、参赛数据及时反馈、竞赛体验云上共享"为特征的数字化办赛模式;三是依托 5G,MR、人工智能等数字分析技术,创新体育赛事转播方式,为观众提供全方位战术分析、球员数据、个性化剪辑视频、虚拟云观众及云呐喊等多样化交互性服务,给观众带来更专业、精准的观赛体验。

参考文献

[1] 康露,黄海燕.体育与科技融合助推体育产业高质量发展:逻辑、机制及路径[J].体育学研究,2021,35(5):39-47.

[2] BECKY QUINTAL. U. S. Bank stadium:a game-changing, multi-purpose NFL stadium [EB/OL]. (2016-3-28)[2022-3-25]. https://www. archdaily. com/784289/us-bank-stadium-a-game-changing-multi-purposenfl-stadium.

[3] 张强,王家宏.新时代我国智慧体育场馆运营管理研究[J].武汉体育学院学报,2021,55

(11):62-69.

［4］傅钢强,刘东锋.我国体育场馆智慧化转型升级:基本内涵、逻辑演进、关键要素和模式探究[J].体育学刊,2021,28(1):79-84.

［5］朱梦雨,黄海燕.5G 技术在体育场馆智慧化建设中的应用研究[J].体育科研,2020,41(5):2-9.

［6］李颖川.中国体育产业发展报告(2020)[M].北京:社会科学文献出版社,2021:73-102.

［7］黄海燕,刘蔚宇,陈雯雯,等.高质量发展背景下对数字体育、智能体育、智慧体育创新发展的思考[J].体育科研,2022,43(1):1-7,20.

［8］付紫硕,陈元欣.国外智慧体育场馆建设经验及启示[J].体育文化导刊,2020(10):40-46.

［9］SPORT ENGLAND. Uniting the movement[EB/OL].(2021-1-27)[2022-3-25].https://www.sportengland.org.

［10］沈克印,寇明宇,王嶔勋,等.体育服务业数字化的价值维度、场景样板与方略举措[J].体育学研究,2020,34(3):53-63.

［11］王相飞,周金钰,王真真,等.虚拟现实技术在大型体育赛事传播中的应用[J].上海体育学院学报,2018,42(5):61-65,71.

［12］贾宝剑,杨振兴,姚健.美国职业篮球联赛数据分析应用及启示[J].中国体育科技,2018,54(6):118-126.

［13］KIM D, KO Y J. The impact of virtual reality (VR) technology on sport spectators' flow experience and satisfaction[J]. Computers in Human Behavior, 2019(93): 346-356.

［14］刘权.网络平台的公共性及其实现——以电商平台的法律规制为视角[J].法学研究,2020,42(2):42-56.

［15］陈元欣,陈磊,李震,等.新发展理念引领大型体育场馆高质量发展的方向与路径[J].上海体育学院学报,2022,46(1):72-85.

［16］JANG W W, BYON K K, YIM B H. Sportscape, emotion, and behavioral intention: a case of the big four US-based major sport leagues[J]. European Sport Management Quarterly, 2020, 20(3): 321-343.

［17］傅钢强,刘东锋.智慧体育场馆驱动模式与发展路径[J].体育文化导刊,2020(12):92-97.

［18］鲍明晓.数字体育:体育高质量发展的关键引擎[J].体育科研,2021,42(5):1-5,48.

第四篇

体育传播数字化转型

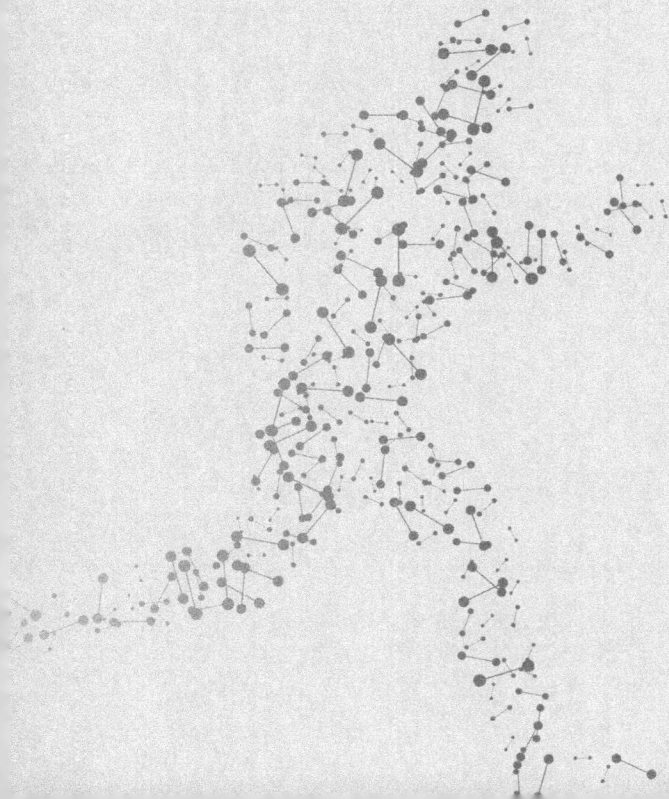

第 8 章

数字体育传播实践前沿与应用场景

蔡宜静，张业安

近年来，人工智能、5G、数字化等信息技术的兴起，重塑了人们的价值观念、思维与行为方式，也越来越成为国家经济与产业发展的驱动力。《促进大数据发展行动纲要》《国家信息化发展战略纲要》的发布以及党的十九大提出"数字社会"理念，为以数字信息为支撑的人工智能技术发展提供了契机。以物联网、大数据、云计算、5G、人工智能等为代表的现代信息技术的迅速发展，对体育领域产生了巨大的影响和冲击，改变全民健身、竞技体育、学校体育等领域的布局。鲍明晓[1]认为，用数字技术改造传统运动项目，是拥抱数字时代孕育和发展的新运动形态和玩法。随着社会数字科技的发展，在思考数字传播要素对体育的影响时，一种数字体育传播实践产生了更多可能性和实际体验场景。在此背景下，数字体育传播的关键是将数字传播的理论联系到实际的体育场景并促进其转型升级。在数字体育传播背景下，体育的新发展模式正在进行重大改革升级。麦克卢汉认为，我们总是无可避免地踏入各种媒介传播的信息当中[2]。数字体育传播则是对新技术环境下体育传播模式的丰富与拓展，对新时代落实体育强国，推进体育治理现代化具有重要意义。

8.1 技术筑基、具身传播与人机融合：数字体育传播的新发展

当前数字技术正在引导人类进入数字时代，随着大数据、云计算等数字技术落地，数字体育时代渐成学术热点。传统体育传播是以信息为载体的传播，而数字体育传播则以新兴技术手段重新构建了传播的观念，以人机协同为特征，以移动互联网为基础设施，以数据为资源，面向个体网络社会原子化的人类[3]。数字体育传播由技术筑基，传播更加呈现出信息数字化的特征。

8.1.1　技术筑基：数字媒介革新体育传播形态

关于人类社会发展各种维度的诠释中，技术驱动毋庸置疑地成为原动力。伴随新一轮技术和产业革命，人工智能、大数据、物联网等新兴数字技术的涌现，数字技术已成为驱动我国经济增长的关键支撑。技术的转变推动着传播时代的变迁，VR、AR等数字技术媒介的出现，改变了传播方式、传播渠道，传播的内涵、载体、形态也都正在发生重大变革[4]。数字应用逐渐被人们所接受，数字传播的理念也逐渐融入人们的日常思维中。现代体育在此背景下，正呈现出体育科技数字化、体育资源信息化趋势[5]，辐射范围广，常见应用包含传感器、体感控制、现代通信等，数字技术加持体育毫无疑问是促进之举。关于"数字+体育"在我国的发展趋势，目前的主流观点是，结合人工智能可以加快我国体育产业的转型，在全民健身的各个环节交叉实现体育数字化，现阶段用数字技术改造传统体育运动，是当代新运动形态和玩法[6]。传播学对身体活动的关注，很大程度上来自移动网络、VR、人工智能技术崛起的巨大刺激。在以互联网尤其是数字科技为主要代表的传播环境下，众多学者对数字传播在体育领域的应用层面进行了研究，多表现为数字技术的新应用成果。尽管体育作为一种身体实践和社会活动不容易被想象成一种纯粹的传播活动，但它在形式、内容和组织上仍然受到传播和数字化的严重影响。从大众体育传播到数字体育传播，体育与传播的结合研究越来越丰富。Althoff[7]等利用内置加速度计的智能手机对全球111个国家（地区）717 527人6 800万天的体育活动情况进行了调查研究，对于了解全球身体活动水平、优化全球公共卫生政策、改善身体活动支持环境等方面具有重要价值。

8.1.2　具身传播：数字媒介形成可感知的量化自我

数字体育传播是一个带有时代标志意义的传播阶段，更加关切传播的功能性以及人的主体性地位。有观点将数字传播看作一个系统，认为该系统由泛在网络成为基础设施、人工智能技术延伸至人脑[8]。在数字时代背景下，体育的发展与人工智能、大数据等技术的联系更加密切，体育行为活动的实现以及发展将更加依赖于信息技术数字化，达到便捷、高效、人性的目标。传感技术使得以往不可见、不可知的身体内在转向外部化、可视化。例如，可穿戴设备作为人身体的延伸，是对身体的重新书写和塑造，让个体对身体的感知更加精准、敏感，也为专业化的健身知识传播提供条件。在数字传播高速发展中，媒介形态不断变化，在体育领域能够发挥的功能也继而增加。数字传播能凭借强大的信息、技术等优势，丰富和改进体育行为传播的手段和方式。数字加持体育给体育发展带来新动力，让青少年体育更具活力。国外在体育领域运用数字技术和计算机方法的时间较早，在可穿戴设备普及与大数据推演预测赛结果普遍运用之前,美国、澳大利亚等国家已围绕竞技体育的辅助训练、营养规划及伤病预防展开数字体育运用的实验。2012 年,ZEPP 公司在北美地区发布了第一款用于高尔夫训练的智能传感器 GolfSense,将运动传感器佩戴在运动员手腕或者脚腕等活动部位,可对其动作进行捕捉,并进行矢量分析与张量计算,将运动数据分析结果上传云端至终端,以帮助教练为运动员提供有针对性的科学训练建议[9]。国外使用媒体进行体育运动的研究也不断增多,特别是关注数字媒体在体育领域的使用,多数研究者认为数字媒体的使用能够在当时的情形下产生一定的积极影响,但在未来的发展还存在很多不确定因素。Michael Mutz[10]通过对 2020 年德国新冠病毒感染大流行期间数字媒体在家庭体育活动的使用进行调查,结果显示 23%的受访者在新冠病毒感染大流行期间至少使用一次数字媒体进行体育活动,在媒体和技术帮助下人们保持活跃和健康。世界卫生组织[11]也建议使用"在线资源"确保人们在新冠病毒感染大流行期间保持基本的体力活动水平。在国外,数字媒介技术对人们的生活方式及体育活动带来了众多改变。Barnes[12]认为,人们的消费已经被一种更加数字科技化的生活方式所改变,因此可能会改变人们对体育活动的看法。这就是数字生活方式和促进体育活动可以紧密联系在一起的原因之一。数字传播与体育活动的关系也是学者研究的重点之一。

8.1.3 人机融合:数字终端全方位浸润传播实践

传统的传播理论将传播活动定义为人与人之间的交互,机器仅起到传播媒介的作用。数字体育传播中,人工智能将人机传播纳入传播实践,机器不再单纯地作为辅助交流"媒介"而存在,逐步成为动态参与传播活动的主体[13]。有效利用各数字终端及其数据能够搭建新的传播场景,融合时间和空间,能够为受众提供视觉、听觉和知觉的全新体验[14]。在 VR 等数字技术下的传播新形态更加强调人的在场,强调应把身体纳入交流者的主体性范畴中加以考量。传播研究回归身体世界,将自身重新放置到当前数字主体的世界中,才能建立起传播与人类存在的根本性关联[15]。随着社会数字化程度的不断加深,数字体育传播将更深层次地融入社会众多场景,如家庭、学校等。数字体育传播及应用在人们日常中较为常见的有数字体育教育、数字体育游戏、数字体育设备。数字体育教育即在基础教育层面展开应用的数字技术与传统教学结合的混合课堂;数字体育游戏如 AR 模拟现实游戏,数字益智类如算法围棋游戏;数字体育设备如人脸识别球馆、数据算法个性集成训练软件等。在社会现实中,当今许多健身器材厂家开发的数字化健身器材陆续问世,改变了传统的枯燥健身方法,将数字、网络、游戏、VR 等技术有机地结合起来,数字体育训练仪器正从训练场走向家庭,共同演绎、诠释"科学健身"时尚理念[16]。

数字传播是现代社会信息技术不断发展格局中的传播,在体育领域,它以数字技术为依托、以信息科技为功能、以体育为形态,形成新的传播样态,有效实现了传统体育运行形式的转型升级,促进了体育运动的科学化、信息化、健康化和安全化发展。

8.2 数字体育传播应用场景

8.2.1 体育教育层:破局传统,"数教融合"满足新时代体育教学新需求

随着我国教育事业的发展和科技水平的提升,学校体育正迎来数字化、信息化革命。数字时代传播方式多样快捷,数字技术的快速发展渗透到学校体育的多个方面,为教育的发展提供了润滑剂[17]。数字传播实现优质体育教学资源整合,打破了时间、地点的限制,多途径拓宽了学生体育学习视野。以智能穿戴设备为载体,通过获悉学生平时的运动数据,便于教师及时准确了解学生的身心健康状况,科学规划符合学生自身特点的个性化运动方案。随着传感器、可穿戴设备技术的普及以及大数据分析功能的升级,在体育教学和测试中,能够逐步形成一套系统、实用的学生运动管理体系,在提升体育教学效率与质量的同时,为学生的运动保驾护航。科学化锻炼是人们对身体健康的追求,随着信息网络技术的不断发展,体育教学的数字化将更大程度激发青少年们对于运动的热爱[18]。各类数字体育微课、慕课、联动课堂等也使学校体育参与的内容更加丰富、过程更加科学有趣、更具个性化。这些都进一步加速了青少年在体育行为等方面的数据化、指标化与场景化,使教学锻炼及训练竞赛的全方位、全过程更加安全舒适、科学高效、准确及时与快捷方便。数字体育传播的价值愿景之一就是通过精准高效地传递信息、分析数据,从而提供个性化服务。通过数字物联网打造的网格化多元主体数据链,整合不同场域、组织部门的信息资源,并进行数据标准化处理,能够有效联结教育、体育、卫生、医疗、文化等领域,将基层青少年体育需求与服务供给相对接,从而提供数字化的体育促进方案。近年来,我国已有部分信息化试点省份出现较为成功的典型案例。例如,江苏省自 2013 年起,相继创建了"学生体质健康网络管理平台""学生体质健康促进干预方案数据库",通过数字信息化技术为每位学生建立追踪式的体质健康数字管理档案,每学期会生成学生专属的"体质健康报告书",并推送个性化的体育健康促进方案,从而提升健康促进的针对性与专业性。据 2020 年江苏省教育厅公布的学生体质健康监测结果显示,江苏省初中(12~14 岁)男女学生的平均身高相较于 2014 年分别增高 1.4 cm 和 0.5 cm;男女学生的低体重率分别降低了 0.8% 和 2.1%[19];各学段学生的肺活量、体重指数等生理指标均呈现逐步上升趋势。由此可见,以大数据、信息化手段为特征的"智慧治理"已初见成效。

8.2.2 社区运动层：数字在场，聚合体育元素构建服务供给平台

社区作为人们借体育方式实现社会交往、社会融入和健康成长的重要场域[20]，逐渐成为体育公共服务供给的重要承载平台和体育治理的基本单元[21]。社区作为人们日常活动的重要场所之一，"在场"做好体育服务尤为重要。针对群众体育行为活动的需求，进行社区的公共健身器材和场地的设计，将产品与数字化科技相结合，更好地为群众服务，达到强身健体的效果。在这个网络数据化发达的阶段，社区体育的数字化将大大提升活动空间和活动理念，更好地服务群众。传统的社区体育中的设备、场地都是作为独立的单元，体育活动难以成系统地展开。在数字背景下，社区体育模式的创新让独立单元联系在一起，更好地发挥聚合的作用。通过数字传感器等软硬件将运动中收集的数据形成个体化的身体健康数据报告，为社区运动赋能。在此模式之下，更能够调动群众参与体育健身活动的积极性，提升趣味性，促进群众体育健身工作管理水平和科技水平的提升。促进社区与体育社会组织在群众体育服务中发挥作用具有重要意义，因此，应借助数字的技术传播手段，科学地整合不同年龄段、性别、健康状况群众体育诉求，化解基层体育服务矛盾，满足多元化、个性化精准体育服务需求。

8.2.3 家庭健身层：云端构连，数字传播辐射家庭体育活动空间

家庭是人们生产生活的第一场域，人们对体育的最初认识及其体育习惯的早期形成与家庭体育的开展密切相关。家庭体育能够达到休闲娱乐、强身健体和促进家庭稳定的作用[22]。家庭体育的开展也是进行群众体育锻炼的重要支撑，是增强其体质健康的重要保障[23]。同时，家庭体育的活跃还可以通过辐射效应带动社区体育的活跃，家庭体育在学校体育与社区体育之间的衔接作用在发达国家已有显现，如日本《体育基本法》将"学校、家庭及社区相互合作以开展体育活动"作为新时期的体育基本理念之一；美国《国民体力活动计划》强调学校要与家庭加强合作，共同促进青少年体育参与[24]。在如今时代环境下，利用好数字媒介发挥好家庭体育的优势，有助于全民健身战略的普及。2022 年疫情的冲击引起了大家对健康与生命的再思考，让多数家庭重新认识了体育锻炼的价值。数字媒介的加持下，家庭体育科学性与有效性得到了极大提升。如今针对家庭运动的数字媒介产品层出不穷。例如，小度健身镜能将教练请回家，面对面进行运动指导。又如，switch 等运动软硬件设施，能够营造健康的运动氛围。数字媒介的贯穿让体育参与更具有可持续性，从而带动体育传播完整链条的衔接与现实发展。

运动健身是一个多元化的市场，不同人群、不同个体有不同的偏好，具体到家庭环境所受的限制也更多。当下家庭场景中数字健身面临以下关键问题：第一是

看到自己的健身动作。因为人们总是希望看到自己运动时的姿态，以便与教练标准动作去做对比调整，在家庭进行运动时的硬件产品需要具备视频采集和同步呈现的能力，从无屏向有屏、小屏向大屏发展，为用户提供可视化体验以及更加科学化的教学。正如拥有超过30年健身经历的刘畊宏曾说，"运动就是循序渐进，首先应该了解自己的身体是什么状态"。借助传感器、人工智能等技术对运动全过程中的体征数据进行收集和分析，帮助青少年洞悉自己的身体状态，从而制订科学的运动健身计划，是十分必要的。第二是提升标准健身动作，体育运动是一门非常专业的科学，很多时候仅仅是通过自己的身姿和数据获得的指导，并不能使自己做出标准的动作，或者说无法始终使动作保持在正确状态。这时候我们需要骨骼追踪、视觉人工智能等技术提供实时的监督反馈，一旦身体偏离正常姿态便会出现数字纠错提醒，借助"人工智能教练"辅助提升健身动作。第三是养成持续健身的习惯。缺乏运动是当下的常态问题，人们对于较为枯燥的运动比较难坚持，尤其是在单调的家庭场景。因此对于居家健身场景的开发，必须考虑增加新鲜元素，如社交互动、游戏竞技等元素，激发人们内在的挑战、成长等动机，使人"上瘾"，同时融合高新视频、扩展现实等技术不断拓展场景，才能避免许多设备使用数次后就被"打入冷宫"。家庭场景的数字体育运动需要得到长远的发展，应在便捷参与、精准指导、互动监督这几方面下功夫。

8.3 数字体育传播的体育健康促进能效

8.3.1 数字技术赋权提高参与意愿，增强精准传播效果

数字传播下的算法驱动的精准传播会依照用户的信息搜索习惯、所在地区、性别、年龄等特征，通过数据算法分析提前掌握议题和特定用户之间的潜在联系，针对性地传播议题。首先，用户在社交平台发布相关体育议题，提高议题到达率，并且借助基于大数据的定向分发技术，根据用户千人千面的特质，精准把握用户需求，精准推送用户感兴趣的议题信息，能够确保运动议题精准扩散至社交媒体用户所关注范围内，提升了议题传播的精准性。健康生活观念的不断普及使个人对健身运动的专业性渴望愈发强烈，自媒体平台上出现了大量专业的健身相关关键意见领袖（key opinion leader，KOL），通过体育知识的传播建构人们对运动知识的认识。其次，定位系统和传感器技术能在用户使用媒介获取信息时，搭建具有运动氛围的传播情境，传递更直观的信息，以触发在特有情境之中公众潜在的情感，进而将其转换为实际行动。议题传播时间越久，数据收集就会越多，算法也会越精准，能够将各具特色的信息精准分发到各类目标人群。体育运动议题呈现出个性定制、精准送达等特点，使得公共议题真正实现了微目标精准传播，在不断激发潜

在受众参与动机的同时持续稳固已有的运动爱好者,内化体育精神,唤醒共同意识,进一步推动参与者的行动落地,增强了共意动员的效果。

8.3.2　具身形成可感知的量化自我,驱动个体达成运动目标

通过对自媒体平台中粉丝量超过 100 万的健身博主的健身视频进行分析,在他们的健身视频中都展现出"健身手环"这一设备的使用,立体化展现运动过程中身体的运行情况及发生的变化。博主会不断通过身体数据的直观呈现,对自身的运动成绩提出新的目标和要求,激发新的内在愿望:追求更有效的心率、消耗更多的热量等。从解释学视角看,技术会成为指称自身之外的即时指称物,技术的透明性是可解释的、可感知的。使用者可以在使用技术的过程里获得对客观数据的专业性理解。现在市面上的可穿戴设备内部配备了专业的数据分析系统,结合专业医学、运动学知识给用户以反馈,让个体获得精准的身体数据成为可能。可穿戴设备赋予了个体对身体的数字解释权,作为一种客观存在的数据也在此环节体现出了新的权威性,成为私人定制化的"健康专家",重塑人们对身体的认识。同时,可穿戴设备也被看作是用于监测个人身体指标的高科技符号,健身运动的流行象征着一种健康自律的生活方式,对生活有高掌控欲、对运动有渴望的个体也会倾向于主动尝试使用可穿戴设备这种科技设备帮助个人健身实践,并可能产生媒介依赖性。

8.3.3　线上运动"云健身",疫情下数字体育行为新体验

根据新浪广散热点大数据研究院发布的《疫情影响下云健身行业关注度分析报告》显示,在新冠病毒感染疫情的肆虐下,作为日常生活中"第三场景"健身房门店大量关闭,使得健身房中的全景敞视不复存在,"互联网 + 工具"形式引导的"云健身"迅速崛起,健身运动的发生场景由线下转移至线上。智能可穿戴设备通过将身体数据化、可视化来提升身体状况的可分享性,与日常生活融为一体,线上授课、体感健身游戏等形式为居家健身运动提供虚拟场景空间,扩宽健身场景范围。全民健身进入加速模式,运动健身不再局限于运动场,线上运动更成为一种新的生活方式。2022 年上半年,奥运健儿成为"私教",明星网上教做减脂餐……云健身开启居家新模式,在数字经济推动下,"云健身"产业高速发展。目前,"云健身"已由简单记录健身活动,发展到线上跟练、训练计划、互动指导、线上赛事体系等体育产业新模式,实现线上健身"全服务"。《抖音运动健身报告》显示,2021 年运动健身视频数量同比增长 134%,健身类主播涨粉同比增加 208%,直播收入同比增长141%。在全民健身热潮席卷下,越来越多的运动达人将健身房搬到线上。回顾抖音平台话题热度,"居家锻炼""跳得不好开心就好""健康 dou 起来"等播放量达百

亿级,运动健身与快乐、健康、体育精神等词汇联系在一起。"让健身成为一种习惯""自律遇见更好的自己"体现出越来越多的人通过云健身的方式,传递着积极向上的生活态度。公众对体育健康的需求与日俱增,好的身体素质和健康体型,正在成为更多人追求的目标。随着数字信息通信技术的加速成熟,以及"万物互联"时代的到来,让数字体育设备等硬件触达更加广泛。体育数字化将沿着"数字技术 + 产业"和"传统产业 + 数字技术"两条路径快速发展,成为体育产业发展的主要增长点。特别在"云健身"领域,除了家庭跑步机、动感单车等传统设备数字化升级,像大屏电视、健身镜、VR 健身等新型居家健身设备也在慢慢释放潜力,未来健身逐渐呈现数字化、场景化、多样化、碎片化特点。

参考文献

[1] 鲍明晓.数字体育:体育高质量发展的关键引擎[J].体育科研,2021,42(5):1-5,48.

[2] 胡泳.理解麦克卢汉[J].国际新闻界,2019,41(1):81-98.

[3] 张德胜,王德辉.数字时代奥林匹克运动传播模式的迭代与创新[J].北京体育大学学报,2021(8):9-18.

[4] 三佳航.智能传播环境下的新闻生产:基于连接的视角[M].北京:中国广播影视出版社,2020:7.

[5] 彭雪涵.数字体育在体育科学研究中的应用与展望[J].中国体育科技,2008(1):17-20.

[6] 和创运动.新潮流下体育运动与科技的融合:"体育 + 数字化"[EB/OL].(2022-5-26)[2022-8-5].https://www.elecfans.com/d/2122132.html.

[7] ALTHOFFT, SOSICR, HICKSJL, et al. Large-scalephysi-calactivitydatarevealworldwid eactivityinequality[J]. Nature, 2017, 547(7663):336-339.

[8] 杜杨玲.从符号逻辑到认知体验:智能传播系统化运作的历史、现状与趋势[J].重庆广播电视大学学报,2018,30(6):20-30.

[9] 邢立.北美大卖款款黑科技 ZEPP 国内首次亮相[J].计算机与网络,2016,42(8):28.

[10] MUTZ M, MÜLLER J, REIMERS ANNE K. Use of digital media for home-based sports activities during the COVID-19 pandemic: results from the German SPOVID survey[J]. International Journal of Environmental Research and Public Health, 2021, 18(9):4409.

[11] WORLD HEALTH ORGANIZATION (WHO). ♯ Healthy at home-physical activity. [EB/OL]. (2021-3-18)[2022-8-5]. https://www.who.int/news-room/campaigns/connecting-the-world-to-combat-coronavirus/healthyathome/healthyathome-physical-activity.

[12] BARNES S J. Information management research and practice in the post-COVID-19 world [J]. International Journal of Information Management, 2020(55):102175.

[13] 王相飞,王真真,延怡冉.人工智能应用与体育传播变革[J].上海体育学院学报,2021,45

(2)：57-64.

[14] 谯金苗，漆亚林.用户连接：传播生态位价值提升的行动路向[J].现代视听,2019(7)：
10-14.

[15] 孙玮.交流者的身体：传播与在场：意识主体、身体主体、智能主体的演变[J].国际新闻界,
2018(12)：83-103.

[16] 唐瑞民,刘永东.数字体育的发展及其人才的培养[J].广州体育学院学报,2004(6)：97-99.

[17] 嵇慧慧.论人工智能对学校体育的影响[J].灌篮,2021(10)：125-126.

[18] 石磊,汪一鸣,胡浩,等.可穿戴式人工智能产品在现代体育教育中的应用[J].新西部,
2018(35)：135-136.

[19] 江苏政府网.2020年江苏学生体质监测结果出炉[EB/OL].(2020-12-26)[2021-11-12].
http://www.jiangsu.gov.cn/art/art_46501_10116153.html.

[20] 舒宗礼.全民健身国家战略背景下社区青少年体育社会组织的培育与发展[J].体育科学,
2016,36(6)：3-10.

[21] 舒宗礼,夏贵霞."三社联动"：我国社区青少年体育治理的模式选择、实践探索与优化策略
[J].体育科学,2020,40(11)：42-52.

[22] 杨腾芳,赵强.体育运动对青少年网瘾的预防与戒除[J].科协论坛,2007(7)：114-115.

[23] 刘国永,杨桦,任海.中国群众体育发展报告(2014)[M].北京：社会科学文献出版社,
2014：262.

[24] 彭国强,舒盛芳.美国国家健康战略的特征及其对健康中国的启示[J].体育科学,2016,
36(9)：10-19,27.

第五篇

全民健身与竞技体育数字化转型

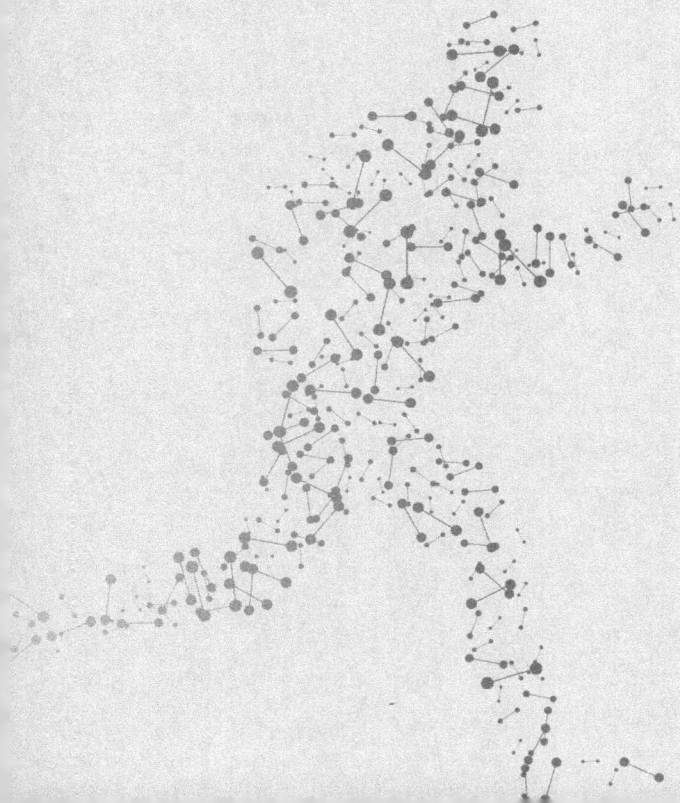

9

我国智慧社区健身中心的建设模式

唐佳懿

　　智慧社区健身中心是供社区居民使用,具有管理信息化、运动科学化、服务智能化等特点的健身中心[1]。建设智慧社区健身中心,是社区全民健身发展的创新思路与深化路径,也是贯彻落实《"十四五"体育发展规划》《全民健身计划(2021—2025 年)》中全民健身智慧化发展的战略实践。2018 年,国家体育总局印发《智慧社区健身中心建设试点工作方案》文件,率先推出一批智慧社区健身中心的试点单位,随后上海、长沙及嘉兴等地陆续开启了社区健身中心智慧化建设的自主探索。在多年试点建设中,体育行政部门在不断积累建设经验的同时,仍然深陷于多重建设难题,当下有必要完成经验总结与问题消解。从前期研究来看,学者们多聚焦于中大型体育场馆的智慧化改造[2,3],对社区全民健身空间的智慧化升级关注较少;多注重对域外智慧场馆的学习借鉴[4,5],而缺乏对国内试点项目的经验总结。据此,本研究对三省两市(湖南省、浙江省、江苏省、上海市、天津市)的试点社区开展了实地考察,在掌握国内智慧社区健身中心建设情况的基础上,系统分析了各试点建设的实践模式、现实困境并提出了应对策略,以期优化我国智慧社区健身中心的推广建设,促进全民健身智慧化的深度发展。

9.1　我国智慧社区健身中心的建设模式

　　本文通过实地走访、调研,在掌握相关试点案例的基础上,依据项目建设的主体协同差异,将我国智慧社区健身中心的试点经验凝结为纵向协同、横向协同、内外协同和网格协同 4 类建设模式(表 9-1)。

表 9-1 国内智慧社区健身中心建设模式概况

模式名称	协同基础	内驱动力	行动特征	建设向度	典型案例
纵向协同模式	制度约束关系	行政任务驱动	行动规范化	注重考核指标	施湾社区智慧社区健身中心
横向协同模式	内部共识关系	现实问题驱动	行动精准化	侧重服务融合	长者运动健康之家
内外协同模式	合作契约关系	耦合利益驱动	行动迅捷化	实现推广普及	零距离智能健身房
网格协同模式	区域共生关系	创新技术驱动	行动智能化	强调资源整合	"社区运动家"智慧体育社区

9.1.1 纵向协同模式：行政任务驱动，行动规范统一

纵向协同模式是基于制度约束的协同关系，由国家体育总局负责规划与考核，各省、市、县（区）级体育部门（政府）将建设任务逐层发包、分解并由基层街道社区完成执行的建设行动方式（图 9-1）。此模式的特征表现为以下几点。

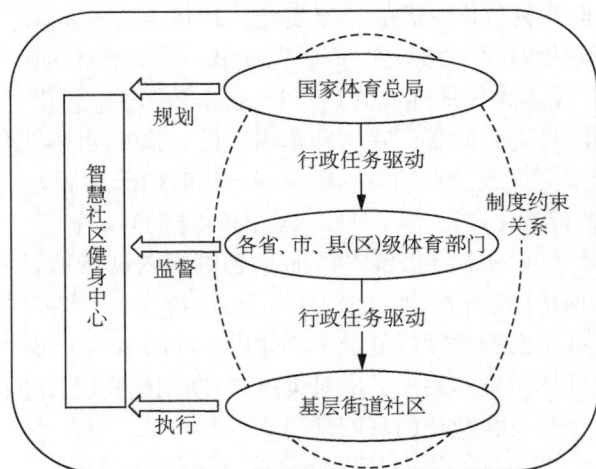

图 9-1 纵向协同模式智慧社区健身中心建设模式

（1）依靠行政任务驱动：通过国家体育总局制定具有引导性、规范性的宏观政策，推动各省、市、县（区）级体育部门积极投入配套性资源参与建设。

（2）建设行动规范：由于项目试点拥有统一的建设方案，加之各省、市、县（区）级体育部门对建设行动层层监督、步步把控，使该模式呈现出整体有序、规范统一的行动特色。

（3）建设向度强调考核指标：各省、市、县（区）级体育部门的工作绩效需要接受

上级考核,而国家体育总局的建设方案也配有明确任务指标,因此执行主体的首要目标是达成方案规定的硬性指标以及由各级省、市、县(区)部门加码的软性指标。

纵向协同模式成型于项目试点的初期探索阶段,充分彰显了我国体育事业的体制性特色。该模式能有效发挥行政激励机制,促进各省、市、县(区)级体育部门相互协作,并提升其参与建设的积极性。此模式的典型案例为上海市祝桥镇施湾社区智慧社区健身中心,这是国家级智慧社区健身中心的试点之一,项目建设严格遵循了国家体育总局的《智慧社区健身中心建设试点工作方案》,由市、区级体育局在宏观上进行监督管理,祝桥镇文化中心负责项目的工程建设,施湾社区参与项目的服务建设。从建设结果来看,该项目的建设风格稳健、改造内容规范,成为各地早期效仿的参照案例。

9.1.2 横向协同模式:部门联合协作,实现融合发展

横向协同模式是基于内部共识的协同关系,由体育部门联合横向部门(行政单位),聚焦共同目标,通过跨域合作达成互利共赢的建设行动方式(图9-2)。此模式的特征表现为以下几点。

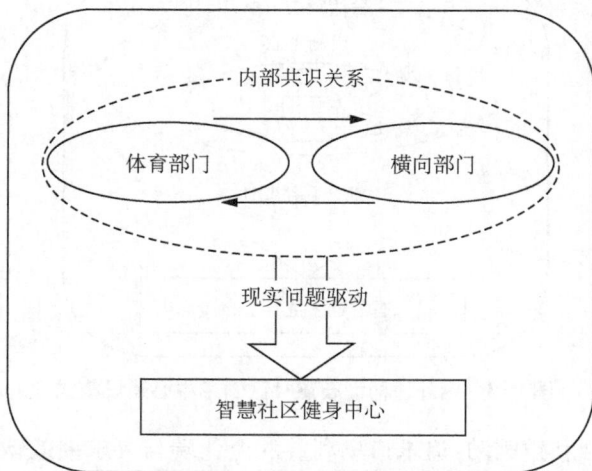

图9-2 横向协同型智慧社区健身中心建设模式

(1)依靠现实问题驱动:横向部门所面临的共同社会性问题,是形成跨部门协作的基本前提,是推动合作共建的内源动力。

(2)建设行动精准:为合作解决核心问题并协调部门利益,体育部门与横向部门会联合成文建设方案、协商服务内容,使项目建设目标愈发清晰明确。

(3)建设向度强调服务融合:与横向部门的互通协作为社区体育服务的融合

发展提供了先决条件,在建设行动中,各部门围绕现实问题,从各自专业角度和服务专长出发,往往可以形成具有融合特色的创新服务内容。

横向协同模式的优点在于打破了传统社区事业发展中各部门独立为政的僵化局面,体育部门在体制内部与横向部门达成合作共识,从而促进功能独立的部门在行动上联合划一,通过充分利用各部门的行政性资源与差异性专长,为智慧社区健身中心的服务建设提供了融合、创新的工作思路。该模式的典型案例为上海市长者运动健康之家,此项目由上海市民政局、上海市体育局联合共建,针对上海市的健康老龄化问题推出了基于智慧化、适老化设施的运动康养融合服务。围绕项目试点建设,上海市体育局联合上海市民政局共同提供了资金扶持、规范制定及政策支持等各项保障措施。

9.1.3　内外协同模式：政企深度合作，加快全民覆盖

内外协同模式是基于合作契约的协同关系,由体育部门与市场企业高度配合、发挥各自之优,共同推进项目建设的行动方式(图9-3)。此模式的特征表现为以下几点。

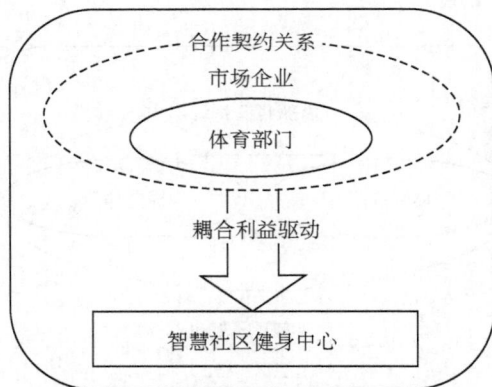

图 9-3　内外协同型智慧社区健身中心建设模式

（1）依靠耦合利益驱动:追求市场利益的企业端与寻求绩效认同的政府端,在社区体育智慧化发展中出现了耦合利益,这构成了政企双方合作、内外协同建设的动力前提。

（2）建设行动高效:依靠政府与社区的行政交涉,拥有官方背书的企业可以打破社区建设的准入壁垒,从而专注于项目的执行建设,这有利于提升智慧社区健身中心的建设速率。

（3）建设向度强调广泛普及:普及推广是政府、企业推进项目建设的共同目标与行动结果,在合作中,企业往往通过追求建设数量来谋求更多的经济利益,而基

于合作关系所形成的成本优势,也为政府广泛推动项目建设创造了有利条件。

内外协同模式是我国体育场馆建设运营的一种常见模式,依托于政府端的行政性资源与企业端的专业化服务,能有效发挥政、企双方的互补性优势,在精简建设成本的基础上可实现快速覆盖全民。此模式的典型案例是湖南长沙的零距离智能健身房,该项目已被纳入长沙市重点民生实事项目,由长沙市体育局负责投资、招标,小区居委会提供闲置空地,市场企业承接项目的设计、建设及运维工作。该项目在普及建设和低价推广上已有突出进展,截至 2021 年年底,长沙市已建成并交付使用的智慧社区健身中心已有 230 个,在城市社区覆盖率达到 30.3%。

9.1.4　网格协同模式：平台共建共享，资源统筹集成

网格协同模式是基于区域共生的协同关系,在既定的社区网格内,由体育部门监督管理,企业、学校、街道社区、居民等多元主体参与、协同配合,利用数字体育平台实现要素联通、资源共享与服务集成的建设行动方式(图 9-4)。此模式的特点表现为以下几点。

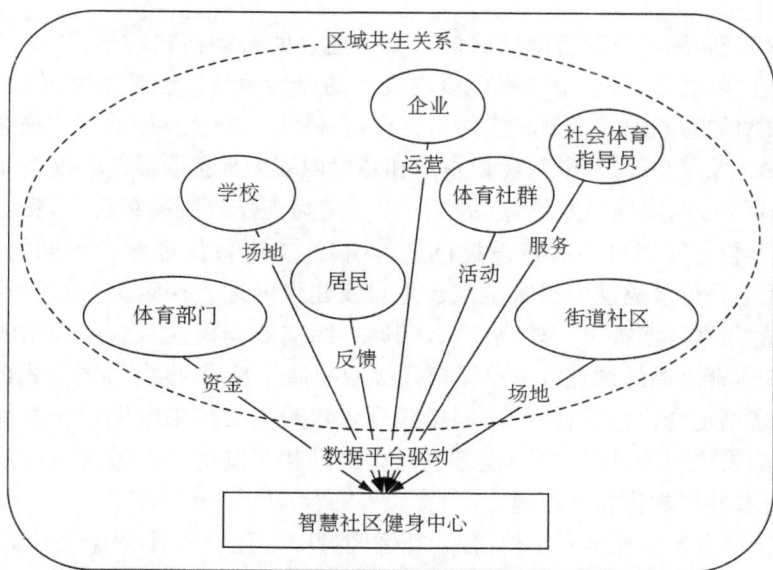

图 9-4　网格协同型智慧社区健身中心建设模式

（1）依靠创新技术驱动：创新技术为社区网格平台的搭建与运行提供了重要基础,借助互联网技术支持,网格内服务主体、资金、场地等资源要素能实现相通相连,并汇聚于应用系统与线下场馆。

（2）建设行动智能：各主体的建设行动多发生于线上服务平台,其中监管主体

利用信息平台进行宏观监控,运营主体通过应用系统完成服务管理,服务主体使用移动平台实现服务查询与预约。

(3)建设向度强调资源整合:该模式在保证网格间相对独立的前提下,强调网格内部的要素整合,在建设行动中注重对场地设施、服务主体等资源要素进行吸纳、整合,并以此为基础实现多源、异态的智慧体育服务内容。

网格协同模式是地方政府自主探索的服务创新模式,其特色在于发挥了互联网技术的联结功能,以虚拟社区空间为载体完成对社区体育多主体、多资源、多服务的高效集成。该模式的案例原型是嘉兴"社区运动家"智慧体育社区项目,嘉兴市遵循"上下联动互促、社会共建共享"的工作思路,联合市场企业在智慧化物理场域的基础上,研发了"社区运动家"数字体育平台系统。借助该平台,网格内各主体均能参与社区体育服务建设,政府体育部门可以对社区体育服务的供需情况形成精准监督;社区居民可以进行需求表达与服务反馈;平台管理者可以整合联通周边学校、企业的开放性体育设施,构筑社区体育资源网络。

9.1.5 建设模式的共性特征

上文梳理归纳了我国智慧社区健身中心建设的行动模式,并分析了各模式在协同基础、内驱动力、行动特征和建设向度上的差异表现。但严格意义上,界限清晰、差异鲜明的理想模式类型其实并不存在,各模式在观念或行动上往往会存在一定类似情况,尤其在建设环境、建设主体和建设内容上具备明显的共性特征。

(1)建设行动依赖制度环境:制度可以界定为工作规则的组合[6],良好的制度规则将为智慧社区健身中心建设提供规范引导,能有效保证建设预期的稳定性。实际上,无论是行政驱动的国家试点还是自发建设的地方探索都对智慧社区健身中心建设的制度环境提出了较高要求。其中,纵向协同模式对制度规则的依赖性最强,国家体育总局的试点方案是该模式成型的催化要素;横向协同模式依靠跨域合作制度来划定合作范围;内外协同模式则依赖政策文件来激发市场主体活力或约束企业的投机行为;网格协同模式也需要借助相关制度来打通区域内部的合作壁垒,为资源共享提供畅通渠道。

(2)建设主体呈现多元结构:智慧社区健身中心建设兼具公益性与复杂性,在建设中既需要体育部门发挥引领作用,也离不开多方主体的协同性参与,因而各建设模式均采用了政府主导、多主体协同的推进思路,形成了以体育部门为核心,居民、企业、街道社区等多元主体协同参与的行动者网络。各行动者在寻求自身利益的同时,均直接或间接、有意或无意地对智慧社区健身中心产生了建设性作用。其中,体育部门是监督主导者,全程统筹社区健身中心智慧化转型;企业是项目运营者,承接工程建设与服务运维;居民是服务参与者,参与需求表达与服务反馈;街道社区是协助建设者,负责配合工作执行。

(3)以服务建设为核心内容:服务提升是全民健身智慧化的基本目标,构成了智慧社区健身中心建设的核心内容,突出服务建设并对其优化创新已成为各模式的行动共识。纵向协同模式作为成型较早的实践方式,重点对传统社区健身中心的服务场景和锻炼设施完成智慧化升级;内外协同模式依靠体育部门与横向部门合作的价格优势,有效精简成本,突出了服务的惠民属性;横向协同模式从社会现实问题着手,通过发挥部门联合效能,推出了创新融合服务;网格协同模式利用智慧体育平台完成了社区体育资源的整合与再输出,提升了服务供给的整体效率。

基于上述,本文认为我国智慧社区健身中心建设的实质是在一定制度环境保障下,政府、企业、居民及社区等多元建设主体协同配合,共同推进社区体育服务智慧化建设的行动过程。其中,制度规划是智慧社区健身中心建设的重要环境;体育部门(政府主体)、企业(市场主体)、街道社区(社区主体)及居民(居民主体)是智慧社区健身中心的建设主体;服务建设是智慧社区健身中心项目的核心内容。由此,本研究构建了我国智慧社区健身中心建设行动的分析框架(图 9-5),将以制度环境、建设主体和服务建设为切入点,对我国智慧社区健身中心建设中的关键问题展开进一步分析。

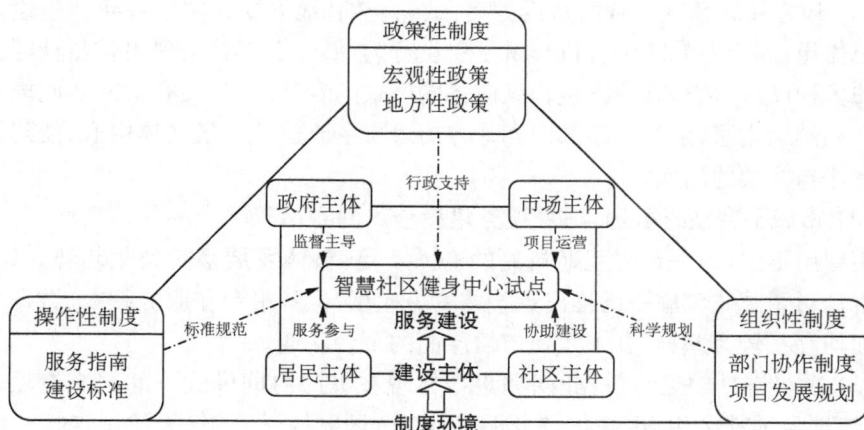

图 9-5　我国智慧社区健身中心建设行动的分析框架

9.2　我国智慧社区健身中心建设的关键问题

9.2.1　制度环境有待健全

9.2.1.1　政策性制度有限,建设缺乏行政支持

在我国"行政主导"的体制生态下,推进社区全民健身智慧化转型,落实智慧社

区健身中心的建设工程,需要利用政策性制度对建设行动形成激励与保障。从激励角度来看,宏观性政策能生成智慧化转型的政策引导环境,促进地方政府开展建设行动;从保障角度来看,地方性政策能为建设工程提供具体的财物投资与行政支持。但目前,政策性制度所产生的行政推力不足,智慧社区健身中心建设缺乏良性政策环境。在国家层面,系统性政策支持体系尚未成型。国家体育总局仅在2018 年颁布了《智慧社区健身中心建设试点工作方案》,但后续并未出台相关配套性政策。在地方层面,专项性政策支持不充足。在各试点地区,仅上海市推出了《长者运动健康之家建设导则》,用于规范社区健身中心的多功能升级改造,江苏、湖南等地在规划性文件中提出"要促进与落实智慧社区健身中心的试点建设",而其余省市均未出台专项政策给予响应。此外,从全局的政策导向来看,依旧默认我国智慧社区健身中心建设走的是"政府包办"路线,即由政府全程扮演主导角色,为非营利性组织、市场企业等多元主体提供的准入或激励政策较为不足。

9.2.1.2 组织性制度失准,建设缺乏科学规划

我国智慧社区健身中心建设的组织性制度失准,集中体现为中层规划的科学性不足,使项目建设缺乏合理目标。具体而言:

(1)地方缺乏精准一致的建设方案:试点初期,地方缺乏精准一致的建设方案与实施构想,因而容易产生盲目与重复建设行为,如上海市就呈现出智慧社区健身中心的多种试点形态,其中既包含纵向协同模式的专项试点,又有横向协同模式的长者运动健康之家,还有民政部门和地方街道自主改造的社区文体中心,使建设呈现出乱序与冗杂的局面。

(2)市域平台缺乏联通:随着地方建设全民健身信息平台的热情高涨,各类系统应用层出不穷,但平台间互通机制的嵌入不足,整体发展呈割裂化趋势。例如,浙江省针对智慧体育服务已推出近十款官方应用,但各平台在服务板块、数据采集等方面均存在较大差异,并未实现市域层面的平台联通。

(3)项目选址缺乏考量:此问题集中体现在纵向协同模式下的国家专项试点社区,该项目的郊区化、边缘化特征明显。7 个国家级试点,仅天津试点接近中心城区,其余试点皆位于城郊、乡镇地带。然而,无论是从项目建设的社会收益上考虑,还是从应用试点的示范效果上考量,偏远地区都不应成为智慧社区体育试点的首选。

9.2.1.3 操作性制度缺失,建设缺乏标准规范

智慧社区健身中心建设的操作性制度缺失,主要表现为用于规范项目建设、指导项目执行的标准化文本存在缺位。在国家标准层面,智慧体育领域的标准建设滞后明显。从纵向发展来看,体育领域的标准建设滞后于智慧体育的现实需求,截至 2022 年 7 月,全国标准信息公共服务平台显示:我国体育领域现行的国家标准

共计 101 项,但多为一般性的运动器械与场所标准,并未涉及智慧体育领域;从横向比较来看,智慧体育的标准化建设远落后于其他行业,如智慧城市领域的国家标准数量已达 32 项,其标准体系涵盖了社区、校园、医疗等多个细分指标。在团体标准层面,智慧体育领域的现行标准失衡。目前可供智慧社区健身中心建设参考的团体指标共有三项,分别是《二代室外健身器材通用要求》《智慧化健身场所技术规范》《智能固定式健身器材技术规范》。不难发现,上述标准均为"硬件技术型"标准,而"服务管理型"标准明显缺乏,标准建设呈现出失衡局面。更重要的是,团体标准作为一种市场开发型标准,其开放程度较低、质量参差不齐,在优先级上也远低于国家和行业标准,不足以作为智慧社区健身中心的推广建设的可靠参考。

9.2.2　建设主体陷入困局

9.2.2.1　政府端:间接参与引发管理监督缺位

政府作为社区公共体育服务的核心供给者与管理者,在智慧社区健身中心的全周期建设中发挥着不可或缺的主导作用,可以说政府的参与程度决定着智慧社区健身中心的建设水平。受制于资源、技术等客观因素影响,政府体育部门对建设工作通常采取间接式参与方式,而这极易造成管理缺位问题。

(1) 在投资建设中参与,在服务运营中缺位:从调研情况来看,政府部门"重建设、轻管理"的现象十分普遍。地方政府的工作重心集中在如何完成上级的政绩任务,以及如何将项目风险与责任移交给市场代理方,往往主动规避了自身在智慧社区体育中的服务供给责任。尤其在纵向协同模式中,政府作为主要投资方,比较重视项目的服务委托和工程建设进度,但在项目投入运营后,政府的参与度和关注度都出现明显下降。

(2) 在指标治理中参与,在质量监督中缺位:在智慧社区健身中心的项目委托中,政府对指标治理的有效性依然抱有完美想象。仍然希望设立绩效考核指标,对代理方的服务行为形成有力约束,如通过设立开放时长标准、规定服务人次下限等。然而,此类方式更多强调服务的绩效目标而非质量目标、注重结果导向而非过程导向,难以规避代理方的道德风险和投机行为。追求收益最大化的企业主体可以利用合约的"制度性"漏洞和不对称的信息优势,实行有损服务质量的"节省服务成本策略"。

9.2.2.2　市场端:受托企业难以实现自主盈利

目前,智慧社区健身中心经营受托方的收入来源主要为政府补贴与服务收费。其中,政府补贴可分为定额补助和绩效补助两种形式,如湖州市试点采取直接发放补助;而温州市则是通过评定服务星级来发放绩效奖励。无论采取何种方式,政府补贴已成为受托企业的主要收入。但反观服务收费,作为智慧社区健身中心的自主盈利点,还远未达到正常的盈收规模,企业难以实现独立生存。从调研情况来看,企业的盈利困局可归结为两大原因。

第一,政府的限价举措打击了企业的营销积极性。为确保智慧社区健身中心的公益性定位,政府会出台相关文件对运营收费进行限价规范。例如,浙江省明文规定"运营单位的收费标准一般不高于500元/年、100元/月、10元/次"。对于收费性课程,也规定指出其价格不能超出市场价的1/3。面对较低的服务收益,追求利润最大化的市场运营方大多已摒弃推销策略,如实地考察的多家智慧社区健身中心均未设有专职销售岗位。

第二,居民的有限需求决定了较低的会员渗透率。从实际情况来看,我国居民参与智慧健身的需求水平仍然有限,社区居民即使面对价格低廉的智慧健身服务,办理会员比例仍然较低。例如,嘉兴市塘汇街道某社区,其所属的"社区运动家"智慧体育社区开业近一年,会员渗透率尚不足6%。可以看出,受到政府限价与民众需求的双重影响,智慧社区健身中心运营企业的自主盈利水平尚处低位。

9.2.2.3 社区端:多重约束造成执行涉入不足

智慧社区健身中心是社区服务建设与空间建设的所属内容,理应由社区参与管辖,但实际建设中,社区常因"多重约束"而涉入不足。其问题表现为以下几点。

(1) 本位思想严重,涉入意识欠缺:社区工作者与街道办事处之间多为劳动合同关系,其工作意识主要集中于上级的考核要求和行政任务。智慧社区健身中心建设任务的优先级和紧迫性很难长期吸引社区工作的注意,因此多数试点社区在完成运营交接后,便主动忽略了自身的服务供给作用。

(2) 专职人员缺乏,涉入能力有限:基层社区事务繁忙,数量有限、专业错位的人力资源难以顾全智慧社区健身中心的管理工作。例如,上海市某试点街道的体育科室仅配有1名体育专业人员,这显然无力为项目建设提供有效管理。另外,基层工作岗位变动频繁,社区缺乏专人专岗来长期管理建设工作,这也与智慧社区健身中心建设的长期性、连贯性形成了矛盾。

(3) 扮演辅助角色,涉入权限不足:第三方运营服务的购买主体多集中于市区级政府、体育部门层面,而社区多扮演配合上级的辅助性角色,在智慧社区健身中心投资、建设、管理等过程中的涉入权限不足。尤其在招标与评估等方面,社区常面临话语失声与权限不足,这也使其对受托方的软性约束力降低,进而加剧了自身的涉入困境。

9.2.2.4 居民端:老年人群面临双向数据鸿沟

数字鸿沟是指不同社会群体由于对信息、网络技术的拥有程度、应用程度及创新能力的差别而造成的信息落差[7]。此类问题集中体现在社区老年人群中,一方面,智慧化的健身场景让数字素养不高的老年人群陷入被动"数据鸿沟",即老年人群体因受互联网知识、技能等条件限制而难以正常参与智慧健身活动。中老年人互联网研究报告指出,老年人在数字设备的学习使用中存在困难,77%的老年人认为自己需要在别人的帮助下使用数字设备[8]。实地调研也发现,部分智慧社区健身中心仍需要配备专人来指导老年人使用智能器械。另一方面,性能过度化的场地设施让需求不高的老年人群形成了主动"数据鸿沟",即智慧社区健身中心的智能器械超出了老年人群体的现实需求,反而引起老年人产生数字排斥行为。这使得老年人对智慧健身的接纳程度远不及年轻群体,以嘉兴市长水街道某智慧体育健身房为例:其老年人群仅占到锻炼参与总人数的 4.82%,而青年群体为82.15%。在服务智慧化与人口老龄化快速发展的双重背景下,社区居民因数字能力的差异而形成了数字鸿沟,进而导致社区智慧体育服务中出现不平等现象。可以说,数字鸿沟已成为智慧社区健身中心服务建设中难以逾越的关键障碍。

9.2.3　服务建设存在局限

9.2.3.1　服务框架落后,限制服务建设维度

智慧社区健身中心在服务建设中正面临服务框架落后问题。一方面社区公共体育服务正沿着智能化的发展方向持续推进;另一方面,既往的服务理念、服务内容及服务供给场景均存在明显的"路径依赖"。这种持续渐进的智慧化趋势同当下不匹配的社区服务供给模式之间的交互作用,成为智慧社区健身中心建设初期特有的服务供给"悖论"。例如,在服务内容上,配套性服务尚未推出。相较之传统社区体育设施,二代健身路径与智能健身房的智能程度已显著提升,但智能运动场景也对锻炼者的智慧素养提出了一定要求,然而与之配套的素养提升服务却未见推出。又如,在服务理念上,普惠性理念有待更新。智慧社区健身中心的公益定位决定了其服务性质的福利性与普惠性,但带有传统理念的市场主体在嵌入运营时却消减了智慧体育服务的普惠属性。实地考察发现,多数企业仍在沿用传统健身市场的营销理念,即主推培训课程和服务中青年群体,部分企业甚至会限制老年人办理会员业务。再如,在服务场景上,虚拟化场景创建不足。体育场景并非物理空间的运动场所,而是从消费者视角重新定义的运动场域[9]。在新冠疫情防控常态化时期,社区居民线上健身的需求日益攀升,健身空间和数据传输的智能化发展已为社区体育服务的线上化供给提供了可行路径。但从各试点情况来看,智慧社区健身中心的线上场景建设不足,目前仅嘉兴"社区运动家"有效实现了智慧社区体育服务线上、线下的双场景建设。

9.2.3.2　专业人才紧缺,构成服务建设短板

促进社区体育服务智慧化转型,是智慧社区健身中心服务建设的核心目标,需要依托人、财、物等全方位资源。从要素结构角度来看,我国智慧体育人才的有限

性构成了智慧社区健身中心服务建设的资源短板。各项报告指出,我国人才(供给)水平难以满足智慧体育的发展需求。2022 年,艾瑞咨询发布的《中国人力资源数字化研究报告》指出:"在数字化转型中,我国兼具管理能力与数字化能力的复合型人才缺乏,难以发挥转型后的数字化系统价值[10]。"在智慧体育领域,经营管理型人才、技术研究型人才和具备较强综合能力的复合型人才同样缺乏[11]。从服务实践角度来看,传统型人才的胜任力难以引领智慧体育服务的进阶发展。当前,智慧社区健身中心较重视服务模式创新,复合型服务层出不穷。但实际供给中,健身中心的服务人员仍以传统教练为主,在数量和质量上都很难满足体育服务智慧化、复合化的转型需求。调研发现,多数智慧社区健身中心仅配备了 1~2 名专业指导员,且基本为普通体育院校学生,智慧型与复合型体育人才明显不足。人力资源缺乏是我国智慧体育快速发展过程中难以避免的阶段性难题,其原因可能在于智慧体育人才的需求增速加快,而相应的人力资源培育机制还尚未形成。

9.2.3.3 数据利用低效,影响服务建设质量

智慧体育时代,数据作为社区体育服务创新的基本要素,深刻影响着智慧体育服务的科学性与有效性,对数据资源的开发利用程度,已成为衡量社区体育服务智慧化的水平重要依据。但目前,智慧社区健身中心各主体的数据利用情况并不理想,数据利用水平有待全面提升。在个人层面,表现为社区居民的数据利用意识不强。据采访得知,部分居民会因"程序烦琐",而拒绝在户外智能健身设备上登录账户。即使在高频使用的体质监测服务中,居民也仅关注血压、体重等基础健康数据,而对其他体质数据的使用态度较为淡漠。在企业层面,表现为市场主体的数据利用方向偏离。目前国内智慧体育场馆发展趋势主要集中在加强场馆管理层面[12]。同样,智慧社区健身中心运营方对数据的利用更多集中于管理效能提升而非服务质量提升,注重运营"降本"而非服务"赋能"。在社区层面,表现为横向单位的数据协同利用不足。部门之间数据信息不共享和上下流程业务对接失效的信息孤岛现象,是造成公共服务智慧化供给效率低的重要原因[13]。在智慧社区健身中心的信息服务建设中,既没有在同社区信息服务平台产生互动互联,也没有在同社区的智慧社区、智慧医疗等横向单位形成数据联通,信息孤岛的问题较为突出。

9.3 我国智慧社区健身中心建设的路径优化

9.3.1 健全制度规划环境

9.3.1.1 强化政策工具,改良项目发展环境

公共服务智慧化供给的逻辑起点是政府通过出台公共政策对公共服务的制度设计和项目规划发挥导向性作用[14]。

（1）建设政策支持体系，通过国家体育总局与各省、市、县（区）级地方政府、体育部门共同构建支持智慧社区健身中心发展的政策工具矩阵。在有序推进现有试点稳定发展的同时，加快建设系统的政策支持体系。各省、市、县（区）级地方政府应在《智慧社区健身中心建设试点工作方案》的基础上，进一步出台符合地方实际的配套政策和实施细则，根据各地社区居民真实的智慧体育需求，提供更合理、更系统的支持政策与服务体系。

（2）联合多部门发文，智慧社区健身中心是智慧社区、智慧城市在体育服务领域的创新实践，理应并入民政部、城建部等非体育部门的发展规划和建设方略之中。现行的《智慧社区建设指南》中还尚未提及智慧社区体育相关内容，可在日后的政策文件修订中，发挥横向协同模式效用，联合多部门共同发文，通过整合部门职能，形成行政合力共同实现智慧社区健身中心的建设目标。

（3）制定迎合市场、社会主体的激励政策。囿于我国智慧社区健身中心的公益性质，市场、社会主体投入建设的积极性还未被充分激活。可从政策角度着手，出台针对多元建设主体的激励性和诱致性政策，如通过给予税收优惠、资金补贴等手段，引导非政府主体参与智慧社区健身中心的投资建设。

9.3.1.2　完善规划设计，明确项目建设方案

首先，应统筹规划设计，在响应国家体育总局整体建设目标的前提下，由省、市级地方政府、体育部门负责统筹区域智慧社区健身中心的发展布局与内容设计。可以结合地方发展特色与需求水平，制定符合整体目标的建设方案，如上海市针对地方的老龄化问题，在智慧社区健身中心的改造建设中，融入了养老与康复元素。其次，要强化平台互联，开发独立的应用平台既增加了财政负担，也容易形成平台壁垒。今后应从省级层面规范好平台建设内容，形成相对一致的应用或数据口径，为平台间的互动互联奠定前提基础，同时应在后续的平台建设中统一步调，在注重地域特色、民众偏好的基础上，打破地域和部门之间的协作壁垒，协同开发与设计全民健身应用平台。最后，需协调项目选址，智慧社区健身中心的项目建设可分为旧址改造和新址新建两大主要类型，在改造传统社区文体中心的过程中，要注意原有的用地规划，尤其是公共服务用地和商业用地的兼容性问题，应及时将用地需求融入城市最新的整体规划与详细编制。在新建项目时，选址既要考虑建设成本，也要兼顾周围居民的需求状况，不能仅仅选择在未开发地区，而要从提升区域发展活力的角度确定场馆的选址[15]。

9.3.1.3　加快标准建设，规范项目执行依据

加快智慧体育标准化建设，是规范和促进智慧社区健身中心发展的必由之路。为此，我们首先要完善智慧体育的整体标准结构。针对我国智慧体育标准建设的失衡局面，我们要在理念上明确服务是智慧体育发展的主要落脚点，应将标准研发

的重心向服务和管理方向适度倾斜,现阶段可着重开发智慧体育服务开展所需的管理规范和服务指南,为智慧社区健身中心的服务建设提供参考依据。其次应注重地方标准开发,无论是从地方政府建设智慧社区健身中心的资源禀赋出发,还是基于对各地居民体育需求水平差距的考量,地方标准都应成为智慧体育标准体系建设的重要内容。在当下的试点阶段,各省、市级政府应主动探索、总结地方智慧社区健身中心建设过程中的规范问题与标准需求,并在此基础上积极制定符合地方社区体育发展水平和发展特色的标准体系。最后要加快标准升级,为了提高标准的认可度与权威性,一方面可由国家体育总局牵头,联合智慧体育的头部企业、重点单位来协同开发行业目前所需的高质量标准;另一方面应根据试点建设中产生的实践经验为智慧体育标准建设提供反馈,并对现行标准进行修订与升级,努力将其建设成为国家或行业标准。

9.3.2 破除建设主体困局

9.3.2.1 政府端:优化监督管理方式

首先,要调整政府部门的管理重心,参与智慧社区健身中心的长期管理工作。政府一方面要在思想上意识到自身是智慧体育服务的首要供给者,应该积极参与服务供给过程并学习和积累相关经验,为后期的管理决策提供现实依据;另一方面可成立服务管理部门,通过准政府部门机构代替政府行使服务管理的行政职能,将所有的社区服务项目都纳入统一的管理网络。这样既能帮助自身从繁杂的管理工作中脱身,又能实际参与智慧社区体育服务的运营工作。其次,要利用数字技术赋能服务监管,完善智慧社区健身服务的评估体系。数字技术与治理理念的融合是数字治理的最高境界[16],合理利用现代信息技术,是提高政府项目监管水平的发展方向。目前,大多数智慧社区健身中心已嵌入了全民健身信息管理系统,但市、区级层面的健身信息平台建设仍需要重点加强。另外,可考虑在智慧社区健身中心的服务管理中应用区块链技术。例如,2018 年墨西哥政府在"哈克 MX"的项目试点中,将智能合约技术应用于政府购买服务,有效实现了多中心联合治理,在降低交易成本的基础上提高了服务的监督与评估水平。

9.3.2.2 企业端:加强健身服务渗透

企业运营方盈利困局的形成原因在于社区智慧体育服务的供给决策较多受制于政治制度而非市场制度。对此,企业应自主求变,利用信息技术开发多样化、多层次的服务项目。企业运营方在完成政府绩效目标的前提下,可以适当拓展服务经营范围,开辟更多的收益渠道。例如,上海市祝桥镇施湾社区智慧社区健身中心,在保证智慧社区体育服务有效供给的基础上,充分盘活了社区中心的场地资源,推出了瑜伽、游泳、篮球等市场化程度较高的运动项目培训。其次,社区应协助企业,展开服务宣传。社区和受托运营方在服务居民的行动目标上趋于一致,但尚未形成服务合力。企业应摆脱孤立经营的发展状态,要积极联合社区居委会、社会体育组织等多方力量。通过在社区范围内开展服务宣传、社会动员,来帮助提升智慧社区健身中心的知名度,激发社区居民参与锻炼的积极性。最后,政府应继续修订委托合同,持续优化企业绩效目标。在此过程中,政府既要通过约束手段来规避受托企业在服务中的机会主义行为,又要结合企业营收的实际情况,协商树立切实可行的绩效目标来提高企业的服务积极性。例如,在设立服务人次下限目标的基础上,可额外设立会员渗透率、会员续费率等多维指标来帮助激发市场主体的运营活力。

9.3.2.3　社区端:积极参与协同治理

在社区政策执行过程中,上级政府控制的实现程度,将直接影响行动者的策略选择[17]。由此,想要社区在健身中心建设中完成由"消极旁观者"向"积极行动者"的角色转变,势必离不开政府部门的监督激励。在政策制定上,政府部门应在社区政策的具体细则和考核指标中,突出智慧社区健身中心建设工作的重要性。例如,借助强制性、诱致性等政策手段引导社区工作者积极参与智慧体育服务工作。在管理权限上,提高社区管理权力,政府应牵头构建智慧社区健身中心各建设者的合作关系,尤其要突出社区工作者的"第三方角色"地位,强化其治理功能。通过形成政府投资、社区管理、企业服务、民众参与的多元主体建设格局,促进多元主体对智慧社区健身中心进行共建、共管、共治。在岗位设置上,增设专职管理岗位。经济条件允许的社区应设立体育专职岗位,用于对接社区和智慧社区健身中心的各项工作,并对服务建设开展嵌入式管理。

9.3.2.4　居民端:增进老龄数据包容

促进数据包容是解决老年人数据鸿沟的主要手段。针对老年人群体在智慧社区健身中心参与锻炼的数据鸿沟问题,可考虑从设施改造和服务优化两方面出发。在器械上,要促进适老化改造。2020 年 11 月 24 日国务院办公厅印发《关于切实解决老年人运用智能技术困难的实施方案》提出:"便利老年人文体活动,包括提高文体场所服务适老化程度、丰富老年人参加文体活动的智能化渠道[18]。"器械生产商应避免技术过度化,要充分了解老年人对智慧器械的需求程度,从产品设计上着手,来解决老年人群使用健身器械的操作难题。例如,可生产专供老年人群体锻炼的适老化器材,或者在健身器材中嵌入功能单一、操作简单的"老年人模式"。在服务上,要加强亲老化建设。智慧社区健身中心可通过为老年人群体设立轻量化健身专区、举办智慧助老专项活动等措施,来提高老年人参与智慧健身的幸福感和满意度。同时在智慧健身的服务定价上可推出老年人群体的专项优惠政策,在为老年人提供健身指导时也要注意给予人文关怀。此外,对于老年人口多、老龄化程度高的社区,可以参照上海市的"长者运动健康之家",建设体养融合主题的智慧社区健身中心。

9.3.3 消解服务建设难题

9.3.3.1 升级服务供给模式,迎合转型发展需求

在互联网和大数据发展成熟的前提下,社区公共体育服务智能化的供给模式将替代现有的落后供给模式[19]。在模式更替过程中,首先,要更新服务理念,迎合居民实际需求。服务生产者要充分认识到智慧社区健身中心定位的公益性、设施的智能性及服务对象的多元性,并基于这一认识对传统健身房的服务理念进行适度扬弃。例如,在服务对象上,在人口老龄化不断加剧的现实背景下,智慧社区健身中心作为政府工程,应积极承担起智慧养老、智慧助老的责任,为老年人提供专项服务,不应过于考虑营收成本而将其拒之门外。其次,要强调服务内容升级,推出专项智慧服务。依托于智能的器械与场地,社区健身中心一方面可开展专门性的智慧体育宣传活动,通过向附近居民科普智慧体育锻炼的功能与形式,来提升群众对智慧体育服务的认知水平。另一方面,智慧社区健身中心可以开展公益性的智慧体育服务体验活动,如设立"培训日"或"体验日",让居民免费体验智慧健身器械,并推出配套课程为居民提供指导。最后,要开发网络空间,探索虚拟场景互动。在保留传统运动空间的基础上,智慧社区健身中心可拓展开发网络服务,如提供社区范围内的体育社交、线上教学、数字档案等线上服务项目,实现社区体育服务供给形式线上化和空间虚拟化的实践探索。

9.3.3.2 加快专业人才培养,补齐服务资源短板

智慧社区健身中心专业人力资源不足,是我国智慧体育发展处于初级阶段的基本表征,需要通过健全智慧体育人才培养机制、加快人力资源培养来纾解这一发展困境。一方面应从人才培育出发,可通过校企合作,建立智慧体育人才培养体系。高校长期扮演着人才培养的主要角色,在体育人才培养上具有丰富的实践与理论经验。因此,在前期可由体育院校承担智慧体育人才培养的基础性工作,针对人才市场的实际需求,制定并执行与之匹配的培养方案。后期可与体育社会企业合作,由企业承担后续体育人才的实践培养任务,经过实践操练与社会学习,使传统型体育人才逐步向转智慧型体育人才发生转变。另一方面要注重人才激励,可采取政社联动,提高智慧体育人才福利待遇。社区一直是我国体育领域的人才洼地,对高质量体育人才的吸引力相对有限。针对这一问题,地方政府应加大对社区体育人才的支持力度,为我国智慧体育人才流入社区提供行政性帮扶,如出台相关人才引入政策等。基层社区也应提高对体育人才的重视程度,可以在社区设立专职管理岗位,为智慧社区健身中心的服务建设提供专业化助力。

9.3.3.3　提高数据利用水平,提升服务供给效能

提高智慧社区健身中心的数据利用水平,首先,要提升居民的数据价值认知,促进数据采集。居民群众对健身数据的采集意愿较低,主要是由于他们对数据背后的价值认识尚未成型,还未将其与自身利益形成紧密关联。因此,智慧社区健身中心的管理人员应积极开展数据普及教育,努力提升居民的健身数据管理观念,帮助居民意识到数据是数智时代的新型资产形式。其次,要纠正企业的数据利用方向,优化数据管理。要提高运营企业的智慧服务意识和能力,利用数字管理、云计算等技术精准分析居民的智慧健身需求,提高社区体育服务供给的精确度。应将数据"取之于民、用之于民",可以根据居民的锻炼行为偏好对服务内容进行适度调整,还可以依据个人健身数据为居民建立运动健康数字档案、提供定制化运动健身方案等。最后要实现社区服务的跨域性合作,优化数据关联。把尚未关联的数据链接到一起,可以解决海量、异构、异源的数据所带来的困扰,更大程度地发挥数据价值[20]。社区应树立全局思维,协助完成智慧社区内各类社区服务内容的数据互联,牵头打通智慧医疗、智慧家居及智慧养老等服务模块的数据壁垒,帮助形成完整的智慧社区服务生态系统。

9.4　结语

在快速推进全民健身公共服务智慧化转型的时代背景下,总结各地智慧社区健身中心试点工作的实践经验与建设模式,深入分析各类建设案例中的现实难题,有助于加快转型,提升转型质量。有研究认为,我国智慧社区健身中心的建设经验可提炼为纵向协同、横向协同、内外协同和网格协同4类模式,在建设工作中,制度规划环境、建设主体行动以及服务建设内容是促进社区健身中心智慧化建设的关键要素。在我国社区体育智慧化转型的探索阶段,想要快速提升智慧社区健身中心的建设水平,不同地区应参照适宜的建设模式,并围绕制度环境、建设主体及服务建设3方面进行重点优化。

参考文献

[1] 体育总局办公厅.体育总局办公厅关于印发智慧社区健身中心建设试点工作方案的通知[EB/OL].(2018-6-19)[2022-12-17].http://www.sport.gov.cn/n316/n336/c863082/content.html.

[2] 傅钢强,刘东锋.我国体育场馆智慧化转型升级:基本内涵、逻辑演进、关键要素和模式探究

［J］.体育学刊,2021,28(1):79-84.

［3］张强,王家宏.新时代我国智慧体育场馆运营管理研究［J］.武汉体育学院学报,2021,55(11):62-69.

［4］付紫硕,陈元欣.国外智慧体育场馆建设经验及启示［J］.体育文化导刊,2020(10):40-46.

［5］李刚,黄海燕.体育场馆智慧化转型域外经验与启示［J］.体育文化导刊,2022(5):8-13.

［6］埃莉诺·奥斯特罗姆.公共事物的治理之道:集体行动制度的逻辑［M］.余逊达,陈旭东,译.上海:上海译文出版社,2012.

［7］傅钢强,魏歆媚,刘东锋.人工智能赋能体育场馆智慧化转型的基本表征、应用价值及深化路径［J］.体育学研究,2021,35(4):20-28.

［8］中国社会科学院社会学研究所,腾讯社会研究中心,中国社会科学院国情调查与大数据研究中心.中老年互联网生活研究报告［EB/OL］.(2018-3-26)［2022-12-7］.http://www.199it.com/archives/701688.html.

［9］鲍明晓.论场景时代的体育产业［J］.上海体育学院学报,2021,45(7):1-7.

［10］艾瑞咨询.2022年中国人力资源数字化研究报告［EB/OL］.(2022-7-12)［2022-12-7］.http://www.199it.com/archives/1463143.html.

［11］韩潇.智慧体育［M］.北京:清华大学出版社,2019.

［12］张强.智慧体育场馆建设与应用研究［D］.苏州:苏州大学,2020.

［13］李国青,李毅.我国智慧社区建设的困境与出路［J］.广州大学学报(社会科学版),2015,14(12):67-71.

［14］王法硕,王翔.大数据时代公共服务智慧化供给研究:以"科普中国＋百度"战略合作为例［J］.情报杂志,2016,35(8):179-184,191.

［15］陈元欣,陈磊,李京宇,等.体育场馆促进城市更新的效应:美国策略与本土启示［J］.上海体育学院学报,2021,45(2):78-89.

［16］黄建伟,刘军.欧美数字治理的发展及其对中国的启示［J］.中国行政管理,2019(6):36-41.

［17］王佃利,唐菁阳.约束性程度、损失嵌入性与社区政策执行模式［J］.深圳大学学报(人文社会科学版),2019,36(6):100-109.

［18］国务院办公厅印发《关于切实解决老年人运用智能技术困难的实施方案》［EB/OL］.(2020-11-24)［2022-12-7］.http://www.gov.cn/zhengce/content/2020-11/24/content_5563804.htm.

［19］鲁丽.大数据时代社区体育发展研究［J］.体育文化导刊,2019(8):48-53.

［20］马捷,蒲泓宇,张云开,等.基于关联数据的政府智慧服务框架与信息协同机制［J］.情报理论与实践,2018,41(11):20-26.

第10章

区块链嵌入全民健身公共服务创新探索

陈佳琦，韩松

2019 年 10 月 24 日，中共中央政治局就区块链技术发展现状和趋势进行第十八集体学习，中共中央总书记习近平在主持学习时强调，要探索"区块链＋"在民生领域的运用，为人民群众提供更加智能、更加便捷、更加优质的公共服务[1]。全民健身公共服务是由政府提供的满足社会公众参与体育活动需要的基本公共体育服务，推进全民健身公共服务体系建设是国家基本公共体育服务制度安排的全部内容[2]。推动区块链技术与全民健身公共服务深度融合，充分运用区块链技术和信息化手段加快补齐全民健身公共服务短板，着力提高供给效率、精准触达公众需求、破解供需错位难点，对于促进我国体育治理体系和治理能力现代化、增强人们体育参与积极性和全民健康意识具有重大意义。

区块链作为由多方共同维护，使用密码学保证传输和访问安全，能够实现数据一致存储、难以篡改、防止抵赖的分布式账本技术，被视为继大型机、个人电脑、互联网、移动/社交网络之后计算范式的第 5 次颠覆式创新[3]，是未来发展数字经济、构建新型信任体系不可或缺的关键技术之一。近年来，我国在电子存证、跨境支付、资产管理、供应链金融、产品溯源、版权保护、身份认证等方面的区块链技术应用研究和商业项目呈现指数式爆发增长态势，针对公共服务领域的相关应用也从 2018 年开始集中落地，主要聚焦于电子政务、发票管理、便民服务、社会公益等民生场景。2019 年 3 月，上海市静安区体育局在国内率先推出首个基于区块链技术的全民健身公益配送服务项目，广受社会各界好评，而后许多地方政府体育部门也相继加入践行"区块链＋全民健身公共服务"创新探索的行列。

目前，区块链技术应用于体育领域的研究刚刚起步，探讨内容涉及体育大数据开发、体育知识产权保护、体育商业运营和应用场景等主题：宋昱通过分析体育领域应用区块链技术的可行性与实施方略，提出体育大数据集成与传播方式创新的具体路径[4]；周强等从跨境交易和知识产权保护的视角分析区块链技术推进体育产业创新发展的前景、挑战和对策，并进一步解读体育产业区块链技术应用的逻辑、应用场景和风险规避策略[5,6]；张怀印等提出区块链技术可以为体育标志提供创作主体、创作时间的存在证明，避免产权纠纷[7]；黄道名等从政府、企业、技术、人才的维度分析了体育产业区块链技术应用的场景选择和实现路径[8]；杨麟等阐释了体育领域应用区块链技术的运营手段与保障策略[9]；陈颀等探讨了区块链技术在体育用品制造业融资模式中的应用[10]。鉴于此，本文在上述研究基础之上，根据目前我国"区块链＋全民健身公共服务"的创新实践对其应用优势及探索进行深入分析，以期为推动公共体育服务体系高质量发展提供参考。

10.1 当前我国全民健身公共服务存在不足

从 1995 年国务院最早颁布实施的《全民健身计划纲要》到如今《全民健身计划（2016—2020 年）》的逐步落实，我国的全面健身公共服务体系建设取得重大进展，我国开始迈入全民健身蓬勃发展新时代。但是与人民群众全面快速增长的基本公共体育服务需求相比，仍有一定的差距。

10.1.1 全民建设公共服务产品信息不对称

公共体育场地设施是开展全民健身活动的基础保障，公共体育信息的传递和共享对于提高全民健身公共服务质量有重要意义。然而体育信息服务、体育指导培训服务、群众性体育赛事服务、国民体质测试服务等全民健身公共服务核心产品的公众需求表达不清、政府供给不足、供需不匹配等信息不对称问题仍然存在[11]。与第五次全国体育场地普查相比，《第六次全国体育场地普查数据公报》显示，人均场地面积增加 0.43 m²，每万人拥有体育场地数量增加 5.87 个[12]。虽然数据在上涨，但场地实际利用情况不容乐观。公共体育场馆高峰时段人流密度大和空闲时段利用率低的矛盾长期并存。场馆免费开放带来的客流量高峰造成健身环境拥挤，影响了固定用户的服务体验和满意度；增加了企业运营负担，部分企业只能通过牺牲服务质量、抬高收费项目价格来弥补免费开放成本[13]。

10.1.2 全民健身公共服务管理运行不完善

全民健身绩效评价既是对政府体育部门提供的公共服务的质量进行评估，又是衡量体育治理能力的重要参考。在 29 项全国性公共体育服务相关的现行政策中，制定政策时向公众公开征集意见的仅有 3 项，占比仅为 10.34%，说明在国家级公共体育服务政策决策主体中群众的话语权较低，这在一定程度上影响了群众对公共体育服务诉求的表达,使得政策从决策层面就存在难以满足群众公共体育服务需求的困境[14]。尽管近年来的监督体系不断完善,但仍缺少自下而上、便捷可靠的意见信息反馈渠道,导致接受公共体育服务的群体在建设全民健身公共服务体系过程中参与度低,使提供公共服务的政府体育部门或非营利组织无法精准满足公民需求。企业对公共体育服务现状、需求缺乏主动调研,公众沟通的渠道和需求反馈机制尚未有效建立,需求识别和预测能力差;第三方评估"形式重于实质",缺乏独立性和专业性,公众满意度调查不全面、不规范[13]。

10.1.3　全民健身公共服务资源配置不透明

全民健身公共服务资源配置直接关系到公共服务的供给质量和政策实施效率。然而,政府部门对全民健身公共服务的补贴资金的来源及去向是否了如指掌,体育惠民补贴政策是否落到实处,群众是否真正享受到了优惠,仍存在着很大的不透明性。为支持和鼓励大型体育场馆运营管理改革创新,积极向社会免费或低收费开放,中央财政下达 2018 年公共体育场馆向社会免费或低收费开放补助资金9.3 亿元,统筹用于大型体育场馆向社会免费或低收费开展基本公共体育服务项目所需支出[15]。对于分配到各个省份补助资金的具体数额,没有平台公开说明资金的详细去向,在政府官方网站上也只能查到个别省份的拨款情况,诸如此类国家补贴资金信息的公开透明程度低且数据极为分散。

10.1.4　公民个人数据隐私保护不够

如今手机、运动手环、便携检测仪等智能设备随时随地都在产生大量数据。当前存在的主要矛盾是公民的运动习惯、健康指标等数据的普遍泄漏造成公民对于各类信息收集渠道的不信任。2018 年 3 月,美国功能性运动品牌安德玛旗下饮食和营养管理应用程序及网站遭遇大规模的数据泄露,多达 1.5 亿用户的信息被盗[16]。众多线上线下企业通过各种业务平台搜集和管理个人数据,如社交通信软件、搜索引擎、浏览器、输入法等对用户信息资料、个人习惯、操作信息的采集,导致个人数据分散其中,从而带来个人数据的存储碎片化和管理复杂化,进而形成个人信息孤岛,甚至一些业务平台成为"数据黑盒",用户的个人隐私和收益更难以保障[17]。

10.2　区块链应用于全民健身公共服务的优势

区块链的本质是一个透明、可追溯、不易篡改的分布式账本数据库,其在设计上普遍采用了较为成熟的密码学算法[18],以实现安全保障。作为一项新兴技术,区块链独有的核心特点已经为众多领域提供了解决问题的新思路,利用区块链的共识机制、数据存证、可追溯性、匿名性等技术优势,可以针对性地解决目前全民健身公共服务的痛点问题。

10.2.1　共识机制有助于全民健身公共服务产品信息公开

全民健身公共服务应以人民群众的体育需求为导向,在需求发生变化时做到及时响应和调整。目前存在全民健身公共服务产品信息不对称、供求信息分散的问题,导致体育场馆开放时长、竞训活动等信息闭塞,难以提高场馆的利用率,各体育部门之间的信息传输渠道过少,信息存储相对独立,无法对民众的体育需求做到积极回应。区块链技术能够使位于全球范围内不同地区的节点在非信任的环境下建立起有效的共识机制,它不需要参与方的信用背书,而是通过相互信任的算法创造信用、产生信任和达成共识[19]。通过分布式账本技术实现底层数据库之间的互联互通,由体育场馆运营方、体育赛事组织者等将场馆的开放时间、条件,赛事活动的主题、规模,健身指导的场地、级别等相关信息及时记录上链,系统各节点共同存储数据、同步维护更新,提高全民健身公共服务产品信息公开程度。全民健身公共服务提供方将产品信息资源整合不但满足了服务需求方的需要,而且可以利用平台大数据避开受众健身时段,根据不同需求优化场馆资源配置,提升场馆利用率,同时解决基于传输控制协议/网际协议(transmission control protocd/internet protocol,TCP/IP)协议的传统互联网容易出现的数据孤岛问题。

Athlier(埃斯力)是由阿根廷足球名宿埃尔南‐克雷斯波发起成立的体育区块链服务提供商,旨在提供一个开源的、基于区块链多中心化、分布式特点的算法分叉的体育行业多链网络开放服务平台,为体育行业所有商业参与者提供应用开发服务和商业变现场景,为用户提供 IP 资产交易、虚拟游戏、体育票务、公益众筹等诸多应用服务,打造新型体育 IP 经济[20]。北京、广州、重庆等地也利用区块链技术开发了政务服务平台并将其应用于电子政务领域,其可简化办事流程从而实现业务的一窗联办,提升政务人员的工作效率和政府政策兑现业务处理效率。

10.2.2　数据存证有助于全民健身公共服务管理运行真实完善

全民健身公共服务管理运行的绩效评价过程或监督反馈过程需要被服务者提供完整可靠的数据信息,才能让政府了解民情、掌握大众对全民健身公共服务最迫切的需求。然而以往高度中心化的管理方式赋予数据管理员增加、删除、修改等多项权限,导致数据的真实有效性无法保证。借助区块链技术数据存证特点保证信息的完整性,即数据一旦记录上链后,查看或调取时不会被访问者修改或篡改,不会由于系统原因或第三方的操作干扰而受到破坏。对于政府机构,评价反馈信息的安全和存储至关重要,对全民健身公共服务的评价或反馈数据经系统上传后不会有二次修改记录的机会,大大增强了这些数据的真实可用性和社会价值,为政府新一轮政策的制定提供有力数据支撑。区块链技术体系中没有中心化管理模式,不需要政府或其他组织提供信用背书,使政府或公共服务组织的监管变得更加便捷、监管治理体系更加完善,公民有机会从被动接受服务的被服务者转变为可以积极推进全民健身公共服务体系绩效评估工作的主动参与者。

Guardtime 公司于 2015 年创建了无钥签名设施(keyless signature infrastructure, KSI)系统。该系统被爱沙尼亚政府应用于政务管理领域,可以验证政府数据库中所记录的个人信息的完整性,利用区块链技术避免了特权用户背地里篡改政府网络中所记录信息的风险,有效保证高敏感数据的可靠性与完整性[21]。Bitnation(比特国)同样是爱沙尼亚政府于 2015 年应用于公证服务领域的一个项目,旨在为难民提供区块链身份的去中心化管理,利用区块链公开公证的可复制性与不可更改性,使公证服务信息更可靠并具有说服力[21]。目前欧盟地区已经投入使用的税收管理系统和国内北京、深圳、杭州等地上线的电子票据平台,均利用区块链技术增强了各环节数据信息的真实可靠程度。

10.2.3　可追溯性有助于全民健身公共服务资源配置透明化

在推进全民健身政策落地过程中,各地政府投入专项财政资金被挪用或是打折扣的情况屡见不鲜,政府拨款的去向与应用成效既是群众关心监督的问题,也是政府绩效考评的重要指标之一。借助区块链技术的可追溯性特征将补贴资金的流向加盖时间戳后记录上链,从技术手段杜绝了有人为牟取私利任意篡改官方记录的可能,确保数据的稳定性与真实性,实现公共服务资源配置的公开透明。不可篡改的时间戳功能将每笔拨款详情按时间顺序排列并记录在链上,保证资金的来源及去向随时可调取以作为证据,链上发生的每笔交易都受到各节点的实时监控,追踪记录政府补贴拨款是否按计划发放到各组织单位,该项拨款又是否达到预期成效满足了大众健身需求。政府帮扶资金溯源的实现使全民健身公共服务的资源配置更加透明,增强了数据安全与官民互信,推动政府与公民之间合作秩序的良性发展。

北京暴风新影科技有限公司(简称"暴风新影")通过 BFC 区块链底层技术实现对壹分体育平台上的积分兑换以及支付进行记录和追溯[22]。从链闻网发布的资料看,国外还有众多项目充分利用区块链技术的可追溯性特征将区块链技术应用于体育博彩、体育票务领域,如 ConsenSys 在体育纪念品拍卖方面、AlphaWallet 在欧洲杯门票方面、Chiliz 在电子竞技方面及体育博彩平台等的应用。

10.2.4　匿名性有助于保护个人数据隐私

全民健身需要动员全民参与其中,但如今传统互联网模式下数据可以被无限复制导致数据产权模糊,用户个人健康与运动行为习惯等数据被肆意采集利用,数据隐私问题不被重视。区块链的匿名性特征采用密码学算法,对用户身份信息、记录上链的运动健康数据等进行信息隐藏。依据哈希算法的原理,数据所有者在写入数据时要在区块头前加盖时间戳,标识数据的时间顺序,并用私钥对数据加密存储,数据使用者和监管机构用相应的公钥访问数据库,解密并读取数据,保证区块链数据的隐私性和安全性[23]。

西班牙政府在 2014 年就开发了 AgoraVoting 并将其应用于投票选举。AgoraVoting 是一款免费投票的软件即服务(software as a service,SaaS)软件,其将传统耗时且存在作弊风险的投票方式电子化。投票人的每个投票环节都受到加密保护,以保证每一张选票都是匿名且不可识别的[21]。BetProtocol 是于 2019 年诞生的体育游戏及竞猜平台,利用区块链技术的匿名性解决该行业的特定问题,包括不公平的赔率、庄家优势、大量清洗交易、虚假交易量、规避合规性等[24]。还有部分体育领域应用平台以推动全民健身、激励用户主动参与体育锻炼为目的,通过运动手环、运动手表等智能设备对用户的运动健身数据进行收集,用户可以将运动消耗的卡路里作为货币进行消费,整个过程利用区块链技术保护数据隐私、防止信息泄露。

10.3 全民健身公共服务区块链应用的创新探索

2019 年 3 月起,上海市静安区体育局利用体育补贴资金引入区块链系统,推出"静安体育公益配送"微信小程序,助力全民健身政策落地。该体育公益配送项目主要通过分发给群众配送券的形式实现,在指定时间内使用配送券即可享受优惠减免,券面上的金额可以直接抵扣该体育场馆的消费。"静安体育公益配送"平台引入的区块链技术用于解决公益配送环节中的信用问题,保证配送资金的安全性、透明性。通过区块链特有的数据不可篡改、过程可追溯的技术优势将配送券的生成、发放、领取、使用等数据信息,全部在区块链各节点上进行分布式加密存储,任何参与者都无法单方面修改数据内容,从技术上杜绝配送券重复使用、数据造假、不正当交易等舞弊行为[25]。该体育公益配送项目,为群众带来优惠福利的同时也激发了市民主动参与体育锻炼的积极性,刺激体育场馆消费人群数量的增长,为社会经营性健身场所带来持续可观收益,达到社会效益与经济效益相统一的效果。静安体育公益配送项目的成功落地经验值得借鉴,但是能够充分发挥区块链技术优势,有效利用体育产业大数据助力体育资源信息整合,释放公共体育服务能量,改变现有生产方式的成熟区块链应用仍未出现,因而提出运动健康数据银行的探索性理念。

10.3.1　运动健康数据银行之构想

区块链的主要特征是打造数据存储、传输、交易过程的安全可信环境,以提高数据集成效率并增强数据传输的保密性和安全度,在数据日益成为核心资产的时代迫切需要该技术的植入,推动包括体育大数据在内的数据信息技术的革新和应用。运动时间银行以运动时间积分作为流通媒介,将区块链技术与健身运动相融合的创新应用,涵盖私人健身教练的课程预约及场地资源分配、体育用品购买、专业从业咨询和业内资源高吻合度匹配等,都可以在大数据的支撑下变得更加智能和精准[26]。运动健康数据银行会在区块链上记录存储用户的运动数据、身体指标、就诊记录等相关信息,被授权的用户拥有查看或调取这些数据的权限,这些信息不再是简单地分别存储在各独立机构内。区块链技术为跨地区、跨部门和跨层级的数据交换和信息共享提供了可能,任何一方都可以通过智能合约交易授权后从区块链网络上获取到完整性与真实性有保障的数据信息,省去多方交涉环节以提高业务效率。

10.3.1.1　运动健康数据银行的定义

运动健康数据银行是基于银行管理用户资产的运营模式,引入区块链技术对运动健康数据进行管理,目的是明确用户运动健康数据的所有权、使用权,保护好用户数据的隐私权、收益权,实现运动健康数据的资产化管理,并开展数据查询、管理、交易、增值等服务。简而言之,用户的运动健康数据类比银行模式进行管理和运营,既方便各类数据的集中管理调用,又可以实现运动健康数据的增值和有序流通,给数据所有者带来一定收益。运动时间银行与运动健康数据银行的比较如表10-1 所示。与运动时间银行相比,运动健康数据银行的适用范围更广,服务对象不仅局限于健身房,可以是所有对运动健康数据有需求的用户。

表 10-1　运动时间银行与运动健康数据银行的比较

运动时间银行	运动健康数据银行
(1) 基于"区块链时间"成熟的商业化应用治理体系	(1) 基于银行管理用户资产的运营模式,引入区块链技术
(2) 解决健身行业经营成本高、收入来源单一的痛点,实现供需精准对接	(2) 对记录上链的所有运动健康数据进行整合分析与评价处理,便于其高效利用
(3) 商业化模式经营,拉动健身行业精准消费	(3) 与政府部门、运动协会等非营利组织合作,提供公共服务
(4) 以"运动时间积分"作为流通媒介	(4) 智能合约技术保障交易进行,交易条件由用户自拟

10.3.1.2　运动健康数据银行的形式化描述

运动健康数据银行是一个 6 元组$\{u, p, t, bs, ms, os\}$。其中:

（1）$u = \{u_0, u_1, \cdots, u_n\}$

u 表示用户的非空有限集，是记录数据上链的操作人员，也是数据交易方。

（2）$p = \{p_0, p_1, \cdots, P_n\}$

p 表示银行中数据产品的非空有限集，数据产品是对数据经过分析、统计、利用评价之后的数据集合，以便于进行交易等业务。可以是单独的个人数据信息，也可以是多个用户数据融合后的结果。

（3）$t = \{t_0, t_1, \cdots, t_n\}$

t 表示银行内数据产品交易的有限集。数据产品交易即银行内每一笔交易记录，交易可能涉及多个用户与多个产品。

（4）$bs = \{bs_0, bs_1, \cdots, bs_n\}$

bs 表示运动健康数据银行中区块链基础服务的非空有限集，主要包括身份标识服务、数据存证服务、数据加密服务、数字签名服务、共识服务等。

（5）$ms = \{ms_0, ms_1, \cdots, ms_n\}$

ms 表示运动健康数据管理服务的非空有限集，主要包括数据存储服务、数据分析服务、数据表示服务。

（6）$os = \{os_0, os_1, \cdots, os_n\}$

os 表示数据查询、交易等服务的非空有限集，主要包括数据查询服务、数据交易服务、数据收益服务、数据权限管理服务、数据监护服务等。

10.3.1.3 运动健康数据银行的架构

运动健康数据银行主要由基础服务、运动健康数据采集、运动健康数据管理、数据查询与交易业务、用户五大模块组成，如图 10-1 所示。其中，用户既是运动健康数据的提供者也是银行服务的享有者，运动健康数据采集、运动健康数据管理、数据查询与交易业务都是建立在用户记录数据上链的基础之上。

（1）基础服务：结合区块链技术特点和底层数据库，为运动健康数据采集、管理、查询、交易等业务提供基础服务。主要包括：①对用户身份进行标识认证；②利用时间戳实现数据存证；③对存储信息生成密钥实现数据加密，便于数据的发送和接收；④生成不可伪造、不可抵赖的数字签名；⑤保证各节点状态一致的共识服务等。

（2）运动健康数据采集：借助区块链的技术特征，从多渠道、多终端采集各类数据。用户首先需要进行身份验证，新用户需要注册之后才能够提出请求将数据上传。上传数据过程中需要上传者确定数据访问权限，限制特定用户的数据读取权限，为明晰数据版权及数据后续去向奠定基础。

（3）运动健康数据管理：采集到的运动健康数据在通过审核并进行处理之后，存储到运动健康数据银行中。包含数据分布式存储、预测分析、利用评价、服务管

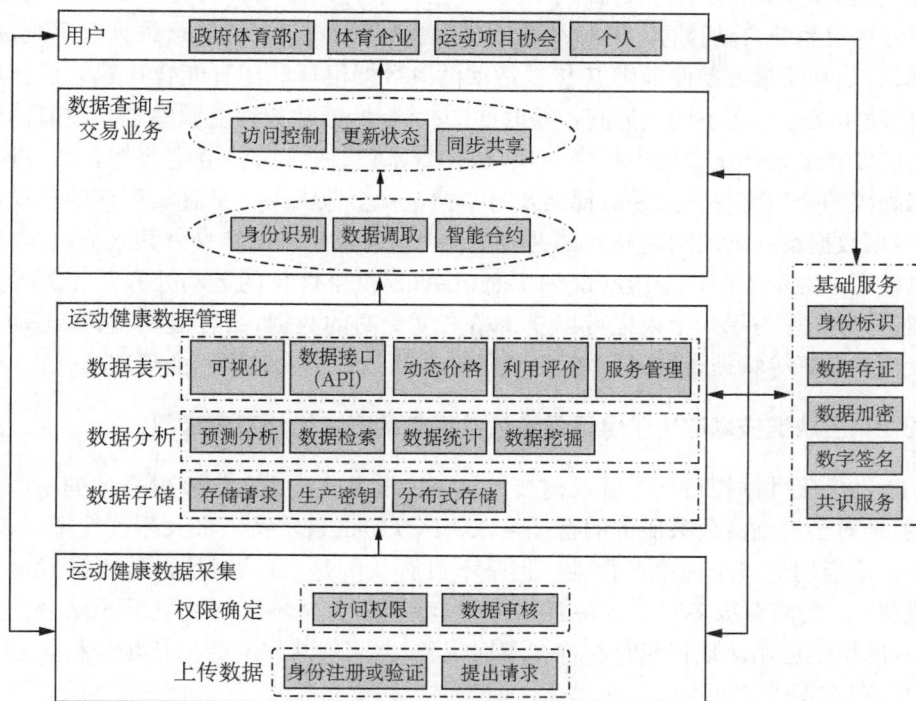

图 10-1　运动健康数据银行架构

理等环节,这一系列环节方便数据调取与使用,为下一步数据查询与交易业务的开展提供便利。

(4) 数据查询与交易业务:业务范围包括访问控制、更新状态、同步共享、身份识别、数据调取、智能合约等。通过智能合约的拟定与执行,提供自定义的访问控制策略,只有满足特定属性(或级别)的账户才能读取(或写入)数据,也只有交易双方可见交易细节[27]。每个节点发生的数据调取、交易都能保证状态一致且同步更新。

(5) 用户:不仅是基础服务和数据查询与交易业务的享有者,也是服务的提供者,是基础服务和运动健康数据采集模块的数据来源。

在传统互联网模式中,信息可以被任意复制传播,很难实现产权界定。运动健康数据银行引入区块链技术最大特征即摆脱中心化模式,为每条数据信息打上时间戳以便溯源,解决数据确权问题,为之后数据间交易流通打下坚实基础。Bernstein 研究将智能合约的使用纳入体育产业,在传统体育合同中引入区块链技术使之成为智能合约来彻底改变常见的商业惯例程序[28]。智能合约是一套以数字形式定义的承诺,承诺控制着数字资产,包含了合约参与者约定的权利和义务,并由计算机系统自动执行。与传统合约(如法律合约)相比,智能合约具有客观、成本低、自动判断触发条件等优点[29]。运动健康数据银行利用智能合约建立信任环境,自动实现信息在不同主体间传播时的产权流动,推动数据资源整合。政府体育部门可以在运动健康数据银行中与用户、体育部门、医疗机构拟定智能合约,进行数据确权的合理交易。交易后便能及时掌握全社会范围内大量真实可信的运动数据,根据数据反映出的问题来制定更加贴合大众需求的全民健身公共服务政策;医疗机构通过对个人用户健康状况的实时追踪,提供个性化的运动处方及相关诊疗方案;体育企业与用户个人也可以获得精准度更高的数据,结合健康指标、运动习惯及运动偏好等特征,帮助用户获取更加专业高效的个人健康服务管理模式。

10.3.2　区块链技术应用于全民健身公共服务的潜在挑战及突破口

运动健康数据银行作为区块链技术与全民健身公共服务深度融合的创新应用探索,针对全民健身公共服务的特征可以将区块链的技术特点最大限度发挥出来,具有一定应用优势与理论可行性。但是不可否认的是,目前区块链技术的发展并不成熟[30],仍然有很多问题有待解决[31,32],特别是在与不同行业领域相结合的过程中,区块链应用落地仍然存在许多掣肘现象,在实现其技术通用化场景植入的过程中还存在不少挑战[33]。

10.3.2.1　制度层面

区块链在体育行业的应用不仅是技术上的提升,更是一场生产关系上的变革。传统社会严格建立在以政府为中心的等级化结构中,政府拥有最高权威,需要对社会整体负责,但是当政府被"嵌入"区块链的分布式结构中后,政府权威同无数个体、企业一样被"削平"。区块链技术融入全民健身公共服务之中的新模式淡化了政府一贯的权威角色,政府是否能够接受这样的新型关系并找到新的路径更好发挥其职能作用是一大挑战。

新技术的加入使政府部门权威被弱化的情况下,需要重新定位其职能,积极推动政府治理和行政流程的改造,以应对职能消解、权威弱化等挑战[30]。政府体育部门需要紧跟区块链发展态势,结合技术特点探索提供全民健身公共服务的新模式。同时要保障遵循全民健身公共服务中的均等化原则,以人民为中心提供服务,就要建立更加完善的全民健身公共服务评价监督机制,推动多元主体参与反馈、协同共治局面的形成。

10.3.2.2　技术层面

虽然现在设立了国家或省级区块链技术研发中心,但缺乏体育区块链核心技术及其成长的生态环境[5]。一方面,区块链要求系统内每个节点保存一份数据备份,这对于日益增长的海量数据存储来说是极为困难的[3]。当前各级体育部门与学校、社会体育组织、医疗机构之间需要信息互通以实现"数据多跑路,公民少跑腿"的目标,这一目标的实现大大增加了系统的数据处理量。另一方面,虽然区块链系统的安全系数较高,但是技术的安全性都是相对的,存储在区块链上的个人或组织的运动健康数据涉及大量隐私状况,系统一旦出现安全漏洞将造成一连串的数据信息泄露。这些数据既需要公开共享又要保护其安全,具体该如何平衡共享数据与隐私保护两者的关系也需要进一步研究。

首先,国家应给予体育公共服务领域更多补助资金以推进区块链技术在该领域的专项研发,如研发统一的技术标准对不同来源的运动数据进行加工、筛选与整合,切实促进数据流通及交易,保障庞大运动数据的隐私与安全。其次,体育企业应主动寻求区块链公司合作,加大技术研发与创新力度。非营利组织发挥自身社会影响力优势,加强区块链与全民健身融合信息的宣传普及力度,以满足公民全民健身公共服务需求为目标,寻求大众能够接受区块链技术创新的契合点,引导更多社会力量加入。

10.3.2.3　市场层面

纵观全球,区块链技术发展势头迅猛,相关应用、专利、产品、融资等数量都在增长,然而真正从事区块链技术研究的专业人才缺口巨大,现有人员已远不能满足行业需求。若想区块链精准应用于全民健身公共服务领域,不仅需要在岗人员掌握区块链技术的专业知识,还需要求对公共体育服务及政策、体育产业发展、经济金融等领域知识有所涉及,可见复合型人才匮乏也是面临的挑战之一。

人才培养能够为技术发展提供支撑,国家应鼓励更多高校开设区块链相关课程,培养专业性技术人才,为攻克区块链的技术难题做准备;体育专业学生也要主动学习区块链相关知识以弥补复合型人才缺口,需要清楚技术优势与特点才能助力体育公共服务领域和区块链的进一步融合。同时还要从多渠道加强对全民健身公共服务人员和全民健身指导人才的培养、管理,为大众提供更加专业的针对性健身指导做准备,优化公共体育服务质量。

10.4　结语

区块链技术作为一项具有划时代意义的技术革新,其具备的独特技术优势为各领域难题的解决打开了新思路,它所带来的影响已经远超出技术层面。区块链的技术优势能够针对性地解决当前全民健身公共服务存在的痛点问题,综合分析国内外应用案例后提出运动健康数据银行的创新理念,目的是明确运动健康数据所有权,以便实现数据的交易流通与资产化管理。同时,区块链应用于全民健身公共服务在制度、技术、市场层面面临的诸多挑战不可忽视,政府要全面深入了解区块链技术,以人民体育需求为导向进一步推进"区块链 + 全民健身公共服务"的创新应用探索,提供群众满意的公共体育服务,助力全民健身战略的顺利实施[34]。

参考文献

［1］中国信通院.区块链白皮书(2019 年)[EB/OL].(2019-11-8)[2020-3-20].http://www. caict.ac.cn/kxyj/qwfb/bps/201911/t20191108_269109.htm.

［2］王莉,孟亚峥,黄亚玲,等.全民健身公共服务体系构成与标准化研究[J].北京体育大学学报,2015,38(3):1-7.

［3］袁勇,王飞跃.区块链技术发展现状与展望[J].自动化学报,2016,42(4):481-494.

［4］宋昱.基于区块链的体育大数据集成与传播创新研究[J].成都体育学院学报,2018,44(6):61-67.

［5］周强,杨双燕,周超群.区块链技术驱动体育产业创新发展研究[J].体育文化导刊,2018(12):82-86.

［6］厝强,杨双燕,周超群.体育产业领域中区块链技术应用的逻辑及其风险规避[J].体育学研究,2020,3(1):33-41.

［7］张怀印,张仙.区块链技术与体育标志的保护[J].山东科技大学学报(社会科学版),2019,21(5):45-51.

［8］黄道名,郭孟林,杨群茹.体育产业区块链技术的应用选择与实现路径[J].体育科学,2019,39(8):22-28.

［9］杨麟,阿英嘎."区块链 + 体育"的应用场域及其运营保障[J].体育学研究,2020,3(1):27-32.

［10］陈颖,刘波.基于区块链技术的我国体育用品制造企业融资模式创新研究[J].体育学研究,2020,3(1):12-20.

［11］丁青.我国公共体育信息服务的发展现状与对策研究[D].苏州:苏州大学,2014.

［12］国家体育总局,教育部,铁道部,等.第六次全国体育场地普查数据公报[EB/OL].(2014-12-26)[2020-3-26].http://www.sport.gov.cn/n16/n1077/n1467/n3895927/n4119307/7153937.html.

［13］方雪默.公共体育场馆经营权改革后公共体育服务供给现存问题及对策[G]//第十一届全国体育科学大会论文摘要汇编.北京:中国体育科学学会,2019:7065-7067.

［14］李屹松.政策协同视角下公共体育服务政策优化路径研究[J].北京体育大学学报,2019,42(7):74-84.

［15］中华人民共和国财政部网站.中央财政下达 2018 年公共体育场馆向社会免费或低收费开放补助资金 9.3 亿元[EB/OL].(2018-5-2)[2020-3-20].http://www.gov.cn/xinwen/2018-05/02/content_5287418.htm.

［16］数安时代.数据泄露延伸到运动界,安德玛 1.5 亿用户数据泄露［EB/OL］.(2018-4-2)［2020-3-20］.http://dy.163.com/v2/article/detail/DED41L8P0511L2E2.html.

［17］郭兵,李强,段旭良,等.个人数据银行:一种基于银行架构的个人大数据资产管理与增值服务的新模式［J］.计算机学报,2017,40(1):126-143.

［18］MERKLE R C. Protocols forpublic key cryptosystems［C］//IEEE symposium on security and privacy. New York:IEEE Computer Society,1980:122-133.

［19］张锐.基于区块链的传统金融变革与创新［J］.国际金融,2016(9):24-31.

［20］金色财经.知名投资人韩大为投资 Athlier 埃斯力看好区块链推动体育产业升级［EB/OL］.(2018-3-26)［2020-3-26］.https://www.jinse.com/bitcoin/218775.html.

［21］CSDN.区块链在公共服务领域的应用案例［EB/OL］.(2018-9-21)［2020-3-26］.https://blog.csdn.net/xiaohuanglv/article/details/89032891.

［22］暴风新影与壹分体育合作体育服务平台首次引入区块链［J］.中国有线电视,2018(3):325.

［23］戚学祥.区块链技术在政府数据治理中的应用:优势、挑战与对策［J］.北京理工大学学报(社会科学版),2018,20(5):105-111.

［24］链闻.体育＋区块链［EB/OL］.(2019-11-23)［2020-3-26］.https://www.chainnews.com/search/news/?q=体育＋区块链.

［25］黄竞竞.静安在全市首创"静安体育公益配送"服务［EB/OL］.(2019-3-8)［2020-3-26］.http://www.jingan.gov.cn/xwzx/002001/20190308/d52dcb4b-bfd6-422a-a303-6982d4ff7011.html.

［26］经济日报."运动时间银行"开张你会登门储蓄吗?［EB/OL］.(2019-11-2)［2020-3-26］.https://baijiahao.baidu.com/s?id=1649071792703747963&wfr=spider&for=pc.

［27］王秀利,江晓舟,李洋.应用区块链的数据访问控制与共享模型［J］.软件学报,2019,30(6):1661-1669.

［28］BERNSTEIN J. Smart contract integration in professionalsports management:the imminence of athlete representation［J］.DePaul Journal of Sports Law, 2018,14(1):88-105.

［29］赵金旭,孟天广.技术赋能:区块链如何重塑治理结构与模式［J］.当代世界与社会主义,2019(3):187-194.

［30］LI W T,SFORZIN A,FEDOROV S,et al. Towards scalable and private industrial blockchains［C］//ACM workshop on blockchain.New York:ACM,2017:9-14.

［31］EYAL I,SIRER E G. Majority is notenough:bitcoin mining is vulnerable［C］//Proceedings of 18th international conference on financial cryptography and data security. Berlin:Springer,2014:436-454.

［32］LEWENBERG Y,SOMPOLINSKY Y,ZOHAR A. Inclusiveblockchain protocols［J］.Financial Cryptography and Data Security,2015,8975:528547.

［33］EYAL L,GENCER A E,SIRER E G,et al.Bitcoin—NG:A scalable blockchain protocol［C］//Proceedings of the 13th USENIX conference on networked systems design and implementation. Berkeley:USENIX Association,2016:45-59.

［34］张毅,肖聪利,宁晓静.区块链技术对政府治理创新的影响［J］.电子政务,2016(12):11-17.

第 **11** 章

数字技术赋能全民健身公共服务精准化供给的逻辑、现实困境与实施路径

米雪，卢文云

　　进入新时代以来，人民群众对全民健身公共服务的需求更加强烈，健身需求的个性化、多样化和差异化愈加明显，全民健身公共服务粗放式供给与人民日益增长的健身需求之间的不相适应问题日益凸显。如何基于人民群众的需求，实现全民健身公共服务供给从粗放式向精准化转变是当下亟待解决的问题。随着数字中国和智慧社会战略推进，数字技术在公共服务中的应用也愈加重要。发挥数字技术的作用，赋能全民健身公共服务精准化供给，是"十四五"时期全民健身工作的题中之义。

　　目前，我国学界关于数字技术与全民健身公共服务的相关研究主要集中于体育场馆智慧化建设[1,2]、全民健身信息平台建设[3-5]、个人健身的数字化应用[6,7]、互联网－健身[8,9]等方面，鲜有从供给侧角度出发系统地梳理数字技术与全民健身公共服务供给融合的研究成果。本文基于已有研究，遵循资料收集的三角验证原则，采用观察法、深度访谈和二手资料法收集和分析相关材料。①观察法，前往数字化发展水平处于引领阶段的上海市和浙江省[10]，观察和实地感受全民健身"六个身边"公共服务数字化建设情况，形成参与式观察。②深度访谈，对相关领域的业界专家、政府部门基层工作人员和学界专家进行半结构化访谈，以了解数字技术赋能全民健身公共服务精准化供给的实践经验。③二手资料法，基于国内新闻报道文本、相关学术研究文献，形成二手文字资料。探讨数字技术赋能全民健身公共服务精准化供给的逻辑、困境与路径等问题，以期为"十四五"时期数字技术赋能构建更高水平的全民健身公共服务体系提供理论借鉴。

11.1　数字技术赋能全民健身公共服务精准化供给的逻辑

11.1.1　数字技术赋能全民健身公共服务精准化供给的基本内涵

数字技术赋能可以拆解为"数字技术"和"赋能"两个关键概念。从 20 世纪的信息通信技术(information and communication technology，ICT)，发展至 21 世纪初被世界公认的由社交媒体(social media)、移动通信(mobile communication)和云计算(cloud computing)组成的"SoMoClo"技术[11]，再至当今大数据、云计算、人工智能、5G、物联网、区块链、AR、VR 等多种技术组合，数字技术拥有百年发展历程[12]。目前，"数字技术"不再是抽象名词，而被广泛应用到社会生活方方面面，成为公共服务的赋能工具。"赋能"概念最早出现在心理学领域，意为通过言语、行为等赋予个人"正能量"，以激发其处理生活难题的能力。随后，"赋能"被引入管理学、社会学等多种学科，管理学领域学者将其界定为"通过专业干预，赋予个人或组织能力，使得个体或组织对客观环境与条件拥有更强的控制能力，进而实现组织结构优化和升级的过程"[13]；也有社会学领域学者认为，赋能是通过对个人和政府赋予识别自身需求和问题的能力，动员其自主性和积极性，实现社会资源配置最大化[14]。深究不同学科关于"赋能"的内涵，它们都彰显了"激发和赋予主体能力，促使其达至目标"的本质[15]。因此，数字技术赋能全民健身公共服务精准化供给可以理解为通过大数据、云计算、人工智能、5G、物联网、区块链、AR、VR 等多种数字技术的单一或组合应用，优化全民健身公共服务供给能力，使其达到精准化供给目标的过程。

11.1.2　数字技术赋能全民健身公共服务精准化供给的理论逻辑

自 20 世纪 90 年代以来，数字技术的迅猛发展给学界对公共服务领域研究带来全新思考。作为回应数字时代公共服务转向问题的新兴理论工具，数字治理理论主张重新整合、基于需求的整体主义和数字化变革，可作为揭示"数字技术赋能全民健身公共服务精准化供给"内在逻辑的理论基础。其中，"重新整合"意为打破不同供给主体碎片化关系，促进多元主体走向协同，提高供给决策的精准性；"基于需求的整体主义"在于简化政府与公民在供给与需求方面的关系，实现公共服务从政府到居民的"端到端"对接，提高供给与需求的匹配度；"数字化变革"主要指提供基于产品的数字化场景应用，"赋能"围绕供给对象个体进行精准化供给[16]。以数字治理理论为基础，从重新整合、基于需求的整体主义和数字化变革 3 个方面，分析数字技术赋能全民健身公共服务精准化供给的理论逻辑(图 11-1)。

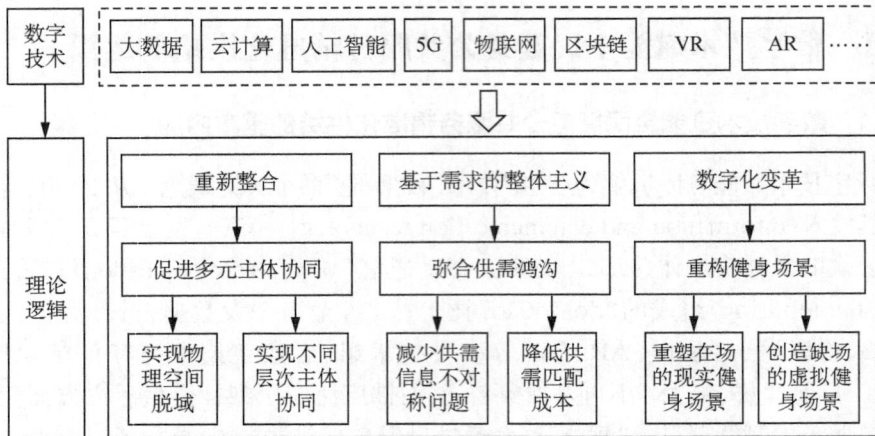

图 11-1　数字技术赋能全民健身公共服务精准化供给的理论逻辑

11.1.2.1　重新整合：促进多元主体协同

11.1.2.1.1　打破主体协同的时空限制，实现物理空间脱域

以往由于技术水平限制，内部数据资料仅能保存于一隅而难以共享，主体之间往往需要集聚在一个固定物理场所通过面对面交流的方式进行决策，一旦离开这一固定场域，协同即瓦解，导致供给主体之间形式"协同"而实质"碎片"。数字技术为促进跨时间、跨地域的主体协同提供了可能。

一是，物联网技术保障数据资料来源的精准性。利用基于射频识别、传感器和全球定位系统综合应用的物联网技术，对全民健身场地设施进行高精度识别和全天候追踪，将物联网中每个全民健身场地设施端点信息汇聚，并把数据实时、准确地上传至数据中心，这为协同决策提供了跨时空、全样本的精准数据。

二是，基于 5G 技术的即时通信工具保障使主体间可以随时随地精准沟通。5G 技术扫除了 4G 移动通信的盲点，面向地理空间广泛覆盖，这使得决策专家在任何时间、任何地点都能够随时开会讨论，减少专家因地理距离或在线信号问题而缺席的情况，增强不同主体间的精准沟通与交流。

三是，区块链技术确保决策数据实现脱域化精准共享。区块链使用兼顾信息公开和保密的密钥，保护数据隐私不被泄露的同时可确保对于享有知情权的主体开放，该加密技术难以被篡改，确保决策数据在不同决策情景下对跨地区、跨部门和跨组织机构主体共享的同时不对外公开。

11.1.2.1.2　打破固有组织边界，实现不同层级主体协同

主体之间的信息互通与共享是多元主体协同的必要前提。传统科层制组织在行政管理上尽显优势，但针对全民健身公共服务多元供给主体协同的情景却存在缺陷,自上而下的行政命令难以解决跨部门、跨组织之间的横向信息共享与沟通问题,因受到利益壁垒和权限边界意识的影响,往往出现多元主体间沟通不畅、职责划分不清和相互推诿的情况。数字技术为赋能不同层级的沟通提供了可能。

一是,赋能政府内部的纵向协同。政府内部的数字化办公平台打破上下级信息壁垒,不仅保留科层制上下级分工的特点,允许公务员根据自身权限级别及时访问数据库;也具备扁平化的操作优势,允许不同层级的公务员同步使用平台模块办公,这就保障了在不破坏科层制组织结构基础上完成纵向的合作任务[17]。

二是,赋能政府内部的横向协同。横向部门之间由于缺乏自上而下的权威推动力,就某一议题如何厘清责任和监督进程一直是协同的关键难点。区块链技术作为一个开放、分布和公开的系统,其以数据难更改和记录可追溯的特点为明晰部门职责、有效监督工作进度提供了技术支撑,解决了横向部门为推卸责任而"踢皮球"和"造假账"的难题。

三是,赋能政府、社会和市场主体的多向协同。作为关键性生产要素,数据要素的跨界流动是多元供给主体协同的关键所在。鉴于社会组织的公益性,难以有财力、物力支持其进行多源异构数据收集工作;随着可穿戴设备和社交媒体的普及,居民不再是数据被动的享用者,而成为主动生产者,政府和企业成为数据的主要采集者。数据要素通过免费或有偿的流通方式实现在"居民→政府""政府→企业""政府→社会组织""居民→企业""企业→政府""企业→社会组织"之间的共享[18],实现多元主体从全民健身公共服务的供给问题感知、任务识别、协调处置到结果反馈的业务流程再造。

11.1.2.2　基于需求的整体主义:弥合供需鸿沟

11.1.2.2.1　以平台为中心,减少供需信息不对称问题

全民健身公共服务精准化供给的核心环节在于匹配供需。长期以来,由于缺乏获取居民健身行为特征数据、场地设施使用信息、非物质性健身服务信息的技术手段和全样本收集渠道,供给主体难以了解居民个体对全民健身公共服务的所需、急需和特需所在,"一刀切"式供给方式造成的供需错配现象明显[19]。作为供需数据的媒介,全民健身信息服务平台通过技术后台、数据中台和应用前台的集成,为减少供需信息不对称问题提供了可能。

一是,技术后台保障需求端数据的感知与获取。通过居民可穿戴设备、基于健身场地设施的物联网传感器、智能图像捕捉装置、摄像头等,采集健身场地设施、居民健身行为特征的全样本数据,进而通过 5G 移动通信、GPS 卫星定位和云计算等技术长距离传输数据,形成全民健身公共服务时空数据库。

二是,数据中台保障数据的分析与处理。数据中台通过对多源异构数据进行集成、标识、清洗、提纯和分类存储,形成对数据的统一访问、统一调度和全链路监

控,使得全民健身公共服务信息实现从"数据源"流向"数据湖",进而将信息应用于数据报表、数据大屏等可视化数据服务。

三是,应用前台对接供需用户端口。基于底座技术和中台数据的支持,应用前台是同居民、政府、企业、社会组织等使用者直接交互的界面,通过网页、App和小程序3种端口,实现全民健身公共服务供给信息与居民实时需求的对接,让供给主体更加准确地了解居民健身需求,居民也能够及时找到精确的服务信息。

11.1.2.2.2 提高供给效率,降低供需匹配成本

传统全民健身公共服务供给更加倚重"人力",尤其是在需求识别和供给效果调查环节,普遍采用人工调查的方式进行,加之科层的压力型任务传导机制,工作层层下传,导致供给效率低下,供需匹配的人力成本较高,且工作流程化和形式化问题严重[20]。当前,数字技术应用于供需匹配过程,提高供给效率和降低供需匹配成本。具体而言,主要体现在以下两个方面:

一是,大数据提高供需匹配效率、降低供需匹配成本。首先,依托应用于物联网和可穿戴设备的射频识别技术,全民健身公共服务需求信息和供给现状可通过海量、多源异构数据从需求侧向供给端直接传达,省去自上而下科层制工作带来的阻碍,相较于之前人工工作方式,供给效率显著提高;其次,大数据具有可存储性和可复制性的优势,当一个供给主体完成调查后,在技术接口统一的情况下,数据能够流通于其他供给主体,避免对需求方的重复性调查,降低供需匹配成本。

二是,云计算技术提高供需匹配效率、降低供需匹配成本。首先,供给主体若面临"远程办公"的问题,云计算融合算法、算力和算据可为远程办公提供技术支持,无论工作人员身处何处,只要接入互联网即可专业化处理海量数据,提高全民健身公共服务供给主体的工作效率;其次,全民健身公共服务供需精准匹配,需要数字基础设施、数字平台和数字软件服务的支持,无论对于政府还是企业主体来说,这都需要在开发、运营和维护等方面花费较高成本。云计算通过"数字基础设施即服务""数字平台即服务""数字软件即服务"的3种服务模式,可以向供给主体提供私有云、公有云和混合云的计量租赁,大幅度降低供给主体在硬件、软件上的开发、运营和维护成本。

11.1.2.3 数字化变革:重构健身场景

在前数字化时期,全民健身公共服务供给是基于物理场地设施,提供健身指导、赛事活动等非物质性服务的过程,所营造的健身场景是依附于物理空间的限制性场景。随着数字技术发展进入快车道,健身场景已不再是局限于空间的概念。空间、技术和媒介的交织为居民建构了基于在场或缺场的数字化场景[21]。具体而言:一是,重塑在场的现实健身场景。在体育场馆、体育公园、健身步道等特定的物理健身空间,通过使用二代健身器材、智能手机、可穿戴设备和智能应用App/小程

序,再辅以人工智能的跨媒体感知计算对在场的声音、图像、环境等多维信息进行高动态、全维度、多模式场景感知,构成了"人—场地—器材"交互的数字化健身场景。二是,创造缺场的虚拟健身场景。媒介、数据、设备、传感器和定位系统共同构成的"场景五力",破除了物理地点和健身行为的传统联系,使得现实场景的有形边界减弱,健身场景从"物理空间"走向卡斯特尔所言的"流动空间",居民可以随时随地围绕"人—社交媒体—数据",构建数字身份"临场"而实然身体"缺场"的虚拟数字化健身场景(图 11-2)。

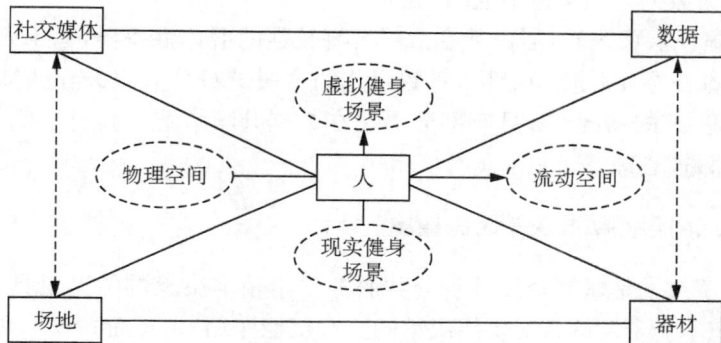

图 11-2　数字化健身场景

11.2　数字技术赋能全民健身公共服务精准化供给的现实困境

利用数字技术提高全民健身公共服务精准化供给能力,已成为数字化发展水平领先地区全民健身最重要、最紧迫的任务之一。理论上,数字技术的应用为我国全民健身公共服务精准化供给提供了有力保障,能够促进多元主体协同、弥合供需鸿沟、重构健身场景。但在畅想数字技术所带来的理想图景时,也需要面对数字技术赋能全民健身公共服务精准化供给实践中所面临的现实困境。以爱德华兹·戴明(Edwards Deming)提出的经典"PDCA 循环"[22]为分析框架,参考已有研究对全民健身公共服务精准化供给具体表现的拆解[23,24],归纳当前数字技术赋能全民健身公共服务精准化供给的现实困境。

11.2.1　居民需求的精准识别通道不畅

随着数字政府建设进程加快,政府部门组织结构扁平化、服务下沉化转型,居民需求表达渠道增多,但仍存在全民健身公共服务需求精准识别通道不畅的问题。

(1)从政府层面来看,通过打通医疗、体育、交通等上级部门的数据,能够实现针对居民个人行为数据分析以获取居民健身偏好画像。然而,如此情境下数据获取的过程不仅涉及自上而下的科层制度规范,还关系到横向不同部门的职责条框,需要自上而下行政审批和各部门协调,其中牵涉到的复杂流程致使部门间数据融通成为难题。

(2)从市场层面来看,当前,数据已经成为重要的竞争资源,在多重市场竞争的压力下,企业对自身数据资源实施精密控制,不同企业收集和分析大量相同的居民健身行为数据,企业间不仅难以联合协同推进,甚至存在"数据垄断"现象,造成居民健身行为数据识别渠道不通畅的困境。

(3)从居民层面来看,居民数字素养具有较强的群体性差异,老年人和农村弱势群体普遍缺少数字化使用经历,对数字化的全民健身公共服务在认知和使用上出现"数字鸿沟"的情况[25];且有部分居民在数据共享意愿上具有一定的警惕性,存在"数据邻避"心理[26]。

11.2.2　供给内容的精准决策阻碍重重

虽然数字技术是赋能全民健身公共服务供给精准决策的关键工具,然而在实践中,数字技术仍未发挥其对供给决策的应有赋能作用,主要面临以下两个方面的阻碍。

(1)数据接口标准有待统一,碎片化数据难以支持精准化供给决策。在实际调研时发现,数据接口标准问题是当下亟待解决的首要现实难题。一直以来,地方政府对于全民健身数字化建设工作处于前期探索阶段,各自采用当地企业所研发的数据接口标准,甚至一个城市的不同区域存在多种数据接口技术标准的现象。直到2020年7月,国家体育总局才推出《体育场馆信息化管理服务系统技术规范》和《全民健身信息服务平台数据接口规范》两项规范,然而"规范"尚不是"标准",难以强制性规定全民健身数据接口技术实现标准化,国家级数据接口技术标准的缺失造成不同地区、不同机构的数据兼容问题明显,"数据孤岛"现象严重。

(2)基于个人健身行为数据的决策模式尚未广泛落地。虽然当前我国各级全民健身信息服务平台已基本建成,然而多地的平台尚处于场馆基本信息查询的"1.0"阶段;如何基于区块链技术构建"运动银行",使全民健身信息服务平台达到居民运动身份实时认证、个人运动成就每日更新、运动银行积分以及全省(市)场馆"一码通行"等功能"2.0"阶段,进而通过个人数据提供精准化供给决策支持,是仍然值得探讨的问题。

11.2.3　供给过程的精准管理尚未广泛落地

尽管数字技术的赋能作用已然得到上述理论验证,但基于前沿技术的精准化管理仍未广泛落地至全民健身应用场景。主要体现在以下 3 个方面。

（1）动态大数据分析技术有待广泛落地，尚未实现覆盖全场景、全流程的实时精准化管理。数据具有时间价值性，其价值随着时间的流逝而消失[27]。虽然多数地方政府在国家的倡导下已展开全民健身公共服务数据收集和分析工作，但当前大部分全民健身场地仅停留在扫二维码出入的层面，全民健身公共服务的数据形式多以静态原始存量数据为主，而对于入场后个人的健身行为数据尚未形成流程化的数据获取和实时分析，动态数据捕获的技术稳定性、动态数据实时分析能力和数据互操作技术水平有待进一步提高。

（2）人工智能人体行为识别技术有待广泛落地，难以形成基于个人的精准化健身指导。当前，人工智能人体行为识别技术主要应用于悦动圈、POPFit 等市场主体，尚未广泛应用于大众健身房、社区运动健康中心等公益性健身场地；且该技术目前只能实现对有大幅度肢体活动的健身给予指导，而对于小肌肉群的健身指导仍具备技术困难。

（3）数字体育企业分布不均，中西部地区的全民健身场地尚需要与数字体育企业合作，形成全流程精准管理服务。国内数字体育企业大都分布在北京、上海、深圳、南京、杭州等一线及新一线城市，导致全民健身数字化在我国地区间发展不平衡。根据 2021 年分别成立的中国数字体育产教融合联盟和中国体育用品业联合会数字体育发展工作委员会的首届企业成员名单显示，25 家数字体育企业中，北京 12 家（占比 48%）、上海 6 家（24%），其余企业分布在深圳、南京和杭州。

11.2.4　供给效果的精准评价有待优化

线下全民健身场地设施使用与线上平台效果评价的结合是全民健身公共服务供给效果精准评价的基础保障。然而在实际调研中发现，数字技术对全民健身公共服务供给效果精准评价的赋能作用尚未广泛覆盖。主要体现在以下两点。

（1）线上平台的服务效果评价功能尚未广泛应用。当前大多线上平台仅用于场地查询和预约，而未设置全民健身公共服务的精准化评价功能界面，导致居民陷入“反馈无门”的困境，供给主体无法获取居民在服务体验过程中的真实体验，难以达到服务质量精准改进的效果。

（2）线下场地设施“维修二维码”失效情况严重。贴于健身器材上的维修二维码是器材报修的重要渠道，然而在实地走访和居民访谈中发现，一些器材由于年久磨损和人为破坏，二维码损害至手机无法识别的程度；除此之外，由于健身器材提供商的技术原因，一些二维码即使未遭到破坏，手机扫码仍显示“无法识别”，上述情况导致破损器材无法及时地、精准地上报，更难以实现用户对器材使用情况的精准评价。

11.3 数字技术赋能全民健身公共服务精准化供给的实施路径

从数字技术赋能全民健身公共服务精准化供给的理论逻辑和现实困境出发，以需求精准识别、供给内容精准决策、供给过程精准管理、供给效果精准评价 4 个方面为目标，提出推进数字技术赋能全民健身公共服务精准化供给的实施路径。

11.3.1 推进数字技术赋能全民健身公共服务需求精准识别

"坚持以人民中心，是新时代坚持和发展中国特色社会主义的基本方略"[28]。在"人民至上"的高水平全民健身公共服务体系建设背景下，全民健身公共服务供给强调以人民需求为出发点，着眼于人民群众健身需求的变化，落脚于人民健身需求的满足。由此可见，推进数字技术赋能全民健身公共服务需求精准识别是实现全民健身公共服务精准化供给的基本前提。

利用数字技术解决"需求的精准识别通道不畅"问题的首要关键在于"数据通道"，即数据能否精准、通畅地由需求侧传达至供给侧。打通需求侧和供给侧的数据壁垒，实现全民健身公共服务需求精准识别，要从推动数据接口标准建设、拓宽居民需求表达渠道和建立个体需求调查模式 3 个方面推进。

11.3.1.1 推动数据接口标准建设

统一数据接口标准是数据融通和数据共享的前提条件[29]。针对全民健身公共服务数据在政府、市场和居民层面皆面临的分散化、碎片化和难以互通的现象，建立国家级数据接口标准是将需求侧的碎片数据"统起来"、静态数据"动起来"，进而将需求侧数据畅通地流向供给侧，是全民健身公共服务需求识别方的关键所在。迫切需要国家体育总局牵头，积极引导全国体育用品标准化技术委员会联合高校、研究院所、协会组织、行业龙头企业多方参与对全国通用数据技术接口标准的研究和制定，并逐步完善相关地方标准、行业标准、团体标准和企业标准，实现个体健身行为、体育场馆等核心数据资源的识别、共享和有效利用。

11.3.1.2 拓宽居民需求表达渠道

居民需求表达是一种话语信息传递机制，需求者的诉求信息能否以高效率、高保真的形式地传递至供给侧是衡量全民健身公共服务需求是否被精准识别的重要标准[30]。提高需求识别的精准度，需要发挥数字技术的赋能作用，将全民健身公共服务需求识别渠道从政协提案、民主生活会等传统渠道扩宽至城市政务服务端口和全民健身信息服务平台等数字化平台，使得体育社会组织、政府基层管理者、社区服务者、社会体育指导员、志愿者、普通居民等不同主体能够直接、精准地表达利益诉求。例如，上海市体育局官方网站设置了政务公开、征集调查和在线互动等多个民意征集板块,浙江省嘉兴市"社区运动家"信息服务平台界面设置了问卷调查、报事反馈等功能板块,为居民表达健身需求提供了便捷、公开的数字化渠道。

11.3.1.3　建立个体需求调查模式

相对于基于群体抽样的传统粗放式调查模式而言,需求精准识别最关键的特征是运用数字技术瞄准居民个体展开需求调查。鼓励政府和企业将政务服务和体育场馆运营数据接入全民健身信息服务平台后台管理端口,直接以居民个人为瞄准单位,挖掘居民健身偏好、行为轨迹、服务评价和健康状况等数据,形成科学的居民健身信息数据库,结合本地现有的全民健身公共服务资源,对不同健身场地设施、健身指导和活动赛事等服务的需求总量进行预判。目前,国家体育总局群众体育司指导建设的国家全民健身信息服务平台已有上万个健身场地设施的开放服务信息,实现了单个健身场地的每日客流量实时统计。在地方实践中,安徽省将"安康码"、安徽省体育中心场馆系统和全民健身信息服务平台的 3 个端口打通,采用"安康码"人证合一扫码入场的方式,实现政府对居民健身行为、健康档案和场地运营数据的整合,解决居民健身需求识别偏差问题。

11.3.2　推进数字技术赋能全民健身公共服务供给内容精准决策

供给内容直接关系到全民健身公共服务的供给效果,进而影响全民健身公共服务体系的质量高低。因此,在精准识别居民需求信息后,利用数字技术对服务内容因地制宜、因势利导的精准决策,实现全民健身公共服务精准化供给,是解决长期以来粗放式决策而造成的供需不平衡问题的关键所在。

在智慧城市建设和全民健身公共服务供给深度融合的背景下,发挥数据在资源配置中的重要作用[31],依托数字化平台及服务系统,智能化形成"可视化决策信息",是全民健身公共服务供给内容精准决策的重要体现[32]。

11.3.2.1　建立全民健身服务数字化平台

数字化平台作为同时接入供给侧和需求侧的公共服务供给要素,是将需求侧信息精准递送至供给侧,且能够根据数据需求得出供给决策可视化结论的重要工具。因此,需要建立全民健身服务数字化平台,通过"点对点"供需对接机制,在精准识别人民群众健身需求的基础上,根据居民个性化的具体需求,制定精准化的供给方案。例如,上海市建立了覆盖各个街镇的"你点我送"基层健身服务配送平台,由居民提出个性化健身需求,通过数据分析与算法匹配,再由配送服务单位配置的社会体育指导员将服务送进社区、学校和写字楼,实现不同区域、不同群体的健身需求与服务供给内容相对接。

11.3.2.2 将全民健身公共服务数据接入城市政务服务平台

精准供给依赖于供给主体对需求者期待性需求的综合感知和预判[33]，决策者对需求者的了解越全面、越透彻，相应的供给决策则越精准。因此，需要通过物联网技术、地理信息系统技术和智能建筑模型技术的组合应用，将全民健身公共服务数据接入城市政务服务平台，实现居民个人身份信息、健身行为数据和全民健身场馆数据互融互通，实现居民运动身份"一键认证"、全民健身公共服务"一网统管"、全民健身场馆"一码通行"，分层次、分模块地呈现健身场地设施分布、场地人流量变动和居民健身行为实时数据，确保供给主体能够精准预判居民需求变动、精确预估服务供给规模和预见服务供给效果。例如，浙江省杭州市依托"运动码"，将健身场地设施、赛事活动、体质监测、健身指导等全民健身公共服务资源融为一体，接入杭州城市大脑平台，通过数字孪生系统实现对全民健身公共服务供给实现精准监测，所形成的数据用于对健身服务供给规模、类型进行科学预判。

11.3.3 推进数字技术赋能全民健身公共服务供给过程精准管理

供给过程的精准管理是转变传统供给方式、实现全民健身公共服务精准化供给的核心环节，主要任务是对全民健身公共服务的提供全过程进行监管，确保实际的供给内容与供给目标一致，保障服务要素的供给效率和供给质量。传统依靠场地管理人员的人为监管模式仅能够满足场地秩序维护、人员安全管控的管理需求，而数字技术的应用为全民健身公共服务供给过程精准管理提供了可能。

全民健身公共服务供给过程精准管理是对于场地设施的物质性服务和非物质性服务的全程管理。利用数字技术手段解决全民健身公共服务"管不精"的问题，关键在于解决场地设施管理服务、科学健身指导服务和赛事活动的精准管理。

11.3.3.1 搭建全民健身场地数字化管理系统

全民健身场地数字化管理系统是实现场地设施精准管理的关键工具，其基本流程是，居民通过扫描二维码的方式进入场地，使得场地设施使用系统与用户端相连接，系统可随时查看场地设施使用情况；同时，数据中台对居民健身行为数据进行实时记录，一旦突发危急情况可通过系统及时反馈。因此，需要鼓励全民健身场地与数字体育企业积极合作，引入数字化管理系统，以实现全民健身场地设施服务供给过程精准管理。例如，上海市深源体育中心、杭州市阿里体育中心等体育场馆通过数字化管理系统的应用，从场馆预订、居民入场、场地实时使用、居民离场全过程监管，实现服务过程的精准管理。

11.3.3.2 推进人工智能人体行为识别技术在科学健身指导服务的应用落地

基于人工智能人体行为识别的科学健身指导是在专业数字化运动处方库基础上构建的数字化科学健身指导体系，通过人工智能识别设备、动作比对技术实现对个体的精准化健身指导。鼓励地方体育局、学校或街道办牵头,在学校、社区运动健康中心、百姓健身房等场地,购买安装人工智能的健身指导设备或专业健身视频监控设备,对人体运动行为进行实时教学与分析,在实时比对科学健身行为方案库后,以数字化教学的方式对健身者的运动行为动作展开纠正指导。例如,深圳市福田区在多所学校安装智能体育学生数据分析与教学应用设备,采用数字化指导系统对学生健身行为进行人工智能教学。

11.3.3.3　利用全民健身信息服务平台赋能全民健身赛事活动的精准管理

传统的全民健身赛事活动通常通过社区、学校或社会体育组织发布公告的形式召集参赛者,比赛结束通过人工统计数据后,统一上报至主办方,此种赛事管理形式不仅费时、费力,且管理流程烦冗,难免出现错报、漏报的现象;而全民健身信息服务平台的自动化管理流程实现了居民和主办方的直接对接,不仅解决了在宣传、报名过程中的信息不对称问题,并且保障了在报名、参赛、评比过程中数据的精准管理。因此,要以全民健身信息服务平台为核心场域,打造"云赛事"和"云活动"功能模块,实现对赛事活动展开线上报名、比赛、评比的全过程精准管理。例如,2022 年 4 月由国家体育总局举办的"全民健身线上运动会",依托咪咕、抖音、悦动圈、Keep、哔哩哔哩等社交媒体平台,提供体能、跳绳、太极拳、线上跑、骑行等多种云赛事活动,实现线上报名、赛中直播及赛后的在线投票评比、颁奖等全流程数字化精准管理。

11.3.4　推进数字技术赋能全民健身公共服务供给效果精准评价

新时代,我国全民健身公共服务供给从前期"量的增长"阶段迈入"质的提升"阶段,工作重心从过去的"有没有"向"好不好"转型升级。从全民健身公共服务需求识别到供给决策、供给过程管理,再到效果评价,形成一个完整的供给闭环。供给效果的精准评价是衡量全民健身公共服务"好不好"的重要手段,是针对全民健身公共服务精准化供给主体工作成果的检验。

对全民健身公共服务供给情况的评价,不仅依赖于供给侧的全民健身场地设施服务和非物质性服务情况,还能够从需求侧的居民健身参与情况上体现。针对"供给效果的精准评价有待优化"的现实问题,推进数字技术的落地应用,围绕全民健身场地设施服务、非物质性服务和居民健身参与情况,通过分层、分类评价数据的长期收集,促进供给效果评价精准化。

11.3.4.1　推进全民健身场地设施服务精准评价

基于场地的数字化管理服务平台是收集场地设施服务数据、实时监管场地设施动态、连接场地用户和供给方的重要渠道。随着物联网、人工智能等数字技术的成熟应用,推进户外健身场地的一代健身器材"贴芯片"翻新或采购安装二代健身器材,在基于器材的物联网传感器联通基础上,搭建全民健身场地的数字化管理服务平台,使得每个器材均接入"云端",促进场地设施实时维护、居民使用感受真实反馈。例如,南京市溧水体育公园通过场地管理 App 将场地设施与服务使用打通,实现设施及时维修、服务质量智能反馈等功能。

11.3.4.2　推进非物质性健身服务精准评价

由于缺乏居民对服务供给的评价渠道,传统非物质性健身服务评价滞后且形式化现象较为常见。全民健身信息服务平台设置赛事活动、健身指导、体质监测等服务评价功能,能够打通居民和服务供给方的连接壁垒,实现透明化、及时性和真实性的评价反馈。这就需要各地体育部门牵头,将赛事活动、健身指导、体质监测等非物质性服务功能模块接入全民健身信息服务平台,畅通服务参与者对服务效果评价渠道。例如,浙江省嘉兴市"社区运动家"和上海市"来沪动"全民健身信息服务平台,界面设置了居民点评、意见反馈功能,实现了居民对服务的实时评价与反馈。

11.3.4.3　推进对居民健身参与情况的精准评价

居民的健身参与情况是反映服务供给效果的直接体现。通过全民健身信息服务平台对居民运动情况的数据记录,对居民参与全民健身公共服务的情况进行监测,评估全民健身公共服务供给瞄准是否能够达到目标要求。例如,浙江省湖州市政府采用区块链技术率先研发了"个人运动成就系统",不同于浙江省其他城市的普通"运动码",湖州市"运动码"能够实时显示居民每日健身情况,并采用不同颜色标注,对居民每日健身数据的收集和分析,实现对居民健身参与情况的精确评估。

11.4　结语

数字时代,数字技术的应用是赋能全民健身公共服务精准化供给的重要途径。数字技术通过促进多元主体协同、弥合供需鸿沟、重构健身场景赋能全民健身公共服务精准化供给。当前,我国数字技术赋能全民健身公共服务精准化供给面临居民需求的精准识别通道不畅、供给内容的精准决策阻碍重重、供给过程的精准管理尚未广泛落地、供给效果的精准评价有待优化的困境。基于此,围绕需求精准识别、供给内容精准决策、供给过程精准管理、供给效果精准评价 4 个方面目标,提出推进数字技术赋能全民健身公共服务精准化供给的实施路径,以期为助力构建更高水平的全民健身公共服务体系提供理论借鉴。

参考文献

［1］张强,王家宏.新时代我国智慧体育场馆运营管理研究[J].武汉体育学院学报,2021,55(11):62-69.

［2］傅钢强,魏歆媚,刘东锋.人工智能赋能体育场馆智慧化转型的基本表征、应用价值及深化路径[J].体育学研究,2021,35(4):20-28.

［3］刘建武,钟丽萍,张凤彪.健身服务业线上线下融合发展的机遇、机理与路径[J].体育文化导刊,2021(9):86-92,104.

［4］王志文,沈克印.我国全民健身公共服务的整体性治理研究[J].沈阳体育学院学报,2017,36(4):19-24.

［5］王茹,李文华,贾树利,等.构建基于体质评定的健康评价体系和信息服务平台[J].北京体育大学学报,2008,31(9):1233-1236.

［6］常峥,孙塑闻.生存在媒介之间的"人/技联合体":基于都市青年智能可穿戴设备使用情况的实证研究[J].新闻界,2021(12):95-104.

［7］王健.自我、权力与规训:可穿戴设备的社会学解析:以青年跑者为例[J].中国青年研究,2019(12):5-12.

［8］吴宾,姚蕾,仇军,等.互构、共变与融合:5G 时代"移动互联+全民健身"的演进脉络及发展前瞻[J].武汉体育学院学报,2021,55(4):28-37.

［9］冯俊翔,郑家鲲,周铭扬,等."互联网"助力全民健身研究[J].体育文化导刊,2021(3):35-41.

［10］清华大学数据治理研究中心.2020 数字政府发展指数报告[R].北京:清华大学数字治理研究中心,2020:1-8.

［11］MARC JACOB. Aberdeen group to announce global SoMoClo research and education program at mobile world congress.[EB/OL].(2012-2-1)[2023-11-20]. https://www.globalsecuritymag.fr/Aberdeen-Group-to-Announce-Global,20120227,28637.html.

［12］IMRAN F, SHAHZAD K, BUTT A, et al. Digital transformation of industrial organizations:toward an integrated framework[J]. Journal of Change Management, 2021, 21(4):451-479.

［13］PERKINS D H, ZIMMERMAN M A. Empowerment theory, research, and application [J]. American Journal of Community Psychology, 1995, 23(5):569-579.

［14］HUDON C, TRIBBLE S C, BRAVO G, et al. Enablement in health care context:a concept analysis[J]. Journal of Evaluation in Clinical Practice, 2011, 17(1):143-149.

［15］郁建兴,樊靓.数字技术赋能社会治理及其限度:以杭州城市大脑为分析对象[J].经济社会体制比较,2022(1):117-126.

［16］DUNLEAVY P, MARGETTS H, BASTOW S, et al. New public management is dead:long live digital-era governance[J]. Journal of Public Administration Research & Theory, 2006, 16(3):467-494.

[17] 曾渝,黄璜.数字化协同治理模式探究[J].中国行政管理,2021(12):58-66.

[18] 张会平,马太平.城市全面数字化转型中数据要素跨界流动:四种模式、推进逻辑与创新路径[J].电子政务,2022(5):56-68.

[19] 樊炳有,潘辰鸥,高静.新时代我国公共体育服务供给治理转型研究[J].体育科学,2021,41(2):23-38.

[20] 蒋宏宇,敬龙军,刘伟.基于需求导向的公共体育服务精准供给研究[J].西安体育学院学报,2019,36(6):665-671.

[21] 约书亚·梅罗维茨.消失的地域:电子媒介对社会行为的影响[M].北京:清华大学出版社,2002:25-34.

[22] 李瑞丹.创新过程 PDCA 循环运用初探[J].标准科学,2009(5):71-73.

[23] 徐增阳,张磊.公共服务精准化:城市社区治理机制创新[J].华中师范大学学报(人文社会科学版),2019,58(4):19-27.

[24] 何继新,李原乐."互联网+"背景下城市社区公共服务精准化供给探析[J].广州大学学报(社会科学版),2016,15(8):64-68.

[25] 梅杰.技术适配城市:数字转型中的主体压迫与伦理困境[J].社会科学文摘,2021(9):37-39.

[26] 杨青峰,李晓华.数字经济的技术经济范式结构、制约因素及发展策略[J].湖北大学学报(哲学社会科学版),2021,48(1):126-136.

[27] 李磊,马韶君,代亚轩.从数据融合走向智慧协同:城市群公共服务治理困境与回应[J].上海行政学院学报,2020,21(4):47-54.

[28] 刘家凯.全面贯彻落实以人民为中心的发展思想[J].广西社会科学,2018(6):35-39.

[29] 张弛.数据中台在应对突发公共事件中的核心价值研究[J].华中科技大学学报(社会科学版),2021,35(1):77-84.

[30] 刘奕,李晓娜.数字时代我国社区智慧养老模式比较与优化路径研究[J].电子政务,2022(5):112-124.

[31] 戚聿东,刘欢欢.数字经济下数据的生产要素属性及其市场化配置机制研究[J].经济纵横,2020(11):63-76.

[32] 何继新,暴禹.区块链驱动社区公共服务供给治理创新:系统重构、实践图景及风险纾解[J].学习与实践,2021(6):78-90.

[33] 刘尚希,苏京春.供给侧结构性改革、新动能与供求新平衡[J].中共中央党校学报,2018,22(2):110-118.

第 12 章

当代竞技运动训练的数字化转型

胡海旭，杨国庆

当今世界，"数字化"是赋能提质增效的新引擎在国际国内、各行各业已达成共识。2019 年初，华为公司发布《行业数字化转型方法论白皮书（2019）》；2020 年下半年，美国工业互联网联盟首次发布《工业数字化转型白皮书》；2020 年上半年，国家发展改革委发布《数字化转型伙伴行动倡议》，推行"上云用数赋智"服务并打造数字化生态共同体；2020 年底，上海市委、市政府发布《关于全面推进上海城市数字化转型的意见》，把数字化转型作为"十四五"经济社会发展主攻方向之一[1]。数字化时代已然开启，数字化转型已经成为重要的时代特征。

体育承载着国家强盛、民族振兴的梦想，关乎人民幸福、民族未来。在以奥运会为代表的国际赛场上为国争光则是党和人民赋予中国竞技体育参与国际竞争的神圣使命。竞技运动成绩是为国争光能力的显性指标，是把竞技体育发展得更好、更快、更高、更强的一个重要的结果性展现，优异的运动成绩源于科学合理有效的竞技运动训练活动积累。事实上，进入东京奥运会周期之后，运动训练已经全面迈向数字时代，以奥运会为核心的世界竞技运动正在发生日新月异的变化，科学训练实践的发展对训练理论的创新提出了巨大挑战。当前，运动训练中可穿戴设备、传感器、高速摄像机、多功能运动测试等新技术广泛应用，计算无处不在、数据无处不在、网络无处不在、软件无处不在，这些都为运动训练的数字化转型奠定了坚实基础。

奥林匹克竞技文化厚植于 1168 年的古代奥运会土壤中，加上现代夏季奥运会 128 年的强势延续与复兴，近 1 300 年的竞技训练理论与方法由西方主导。当前，全球运动训练数字化转型方兴未艾，我国应抓住难得的"机会窗"，在群雄逐鹿的较量中集中国家力量加速推进数字化转型的研究与开发，释放运动训练数字化智能化所蕴含的巨大能量，创新驱动并提炼竞技体育中科学训练与成功参赛制胜秘诀，创造数字时代竞技运动训练科学理论的学术体系，为提升我国竞技体育国际竞争力、加快建设体育强国提供理论支撑。

12.1　数字化与数字化转型

新科技革命的核心是数字革命,数字革命的本质是以数字为基础和结构重新定义一切,是一种决策革命和工具革命。由此,人们的决策从过去的依靠经验决策演变成为依靠大数据和算法的数字决策。全球新冠疫情催生的"线上"模式更是社会数字化转型的加速器。

12.1.1　数字化及其发展阶段

数字化是指某个领域的各个方面或某种产品的各个环节都采用数字信息处理技术,数字化概念主要来自经济领域,它先后经历了 3 个阶段:数字化转换(digitization)、数字化升级(digitalization)、数字化转型(digital transformation)[2]。

第一,数字化转换是将数据从物理实体转变为数字信息的一种方式,主要是针对"基于纸张的"简单数据的信息化管理措施,本质不同在于将信息以"0-1"的二进制数字化形式进行读写、存储和传递。可见,数字化转换代表的数字化不改变事物本身,而是改变事物的存在或存储形式、使之能够被计算机处理。因此,数字化转换的内涵是"信息数字化",如将纸质文件扫描为电子文件、将相片存储为电子格式、将一个或一组数据建立数据表或数据库。

第二,数字化升级是利用数字技术改变组织形式、业务流程,进而倍增了工作协同效率和资源利用效率。因此,数字化升级的内涵是"流程数字化",如将 PDF 存档文件从个人计算机(personal computer,PC)的硬盘驱动器传输到云中管理、电子支付、慕课等。

第三,数字化转型完全超越了数字化转换、数字化升级,进一步触及核心业务,包括组织活动、流程、业务模式和员工能力的重新定义,是开发数字化技术和支持能力以新建一种业务和新的竞争力,其内涵是"业务数字化"。

可见,三者是层层递进关系。就目的而言,数字化转换是把事情做到更好、数字化升级是做更好的事情、数字化转型是做完全不同的事情[3]。

12.1.2　数字化转型及其技术路径

数字化转型是数字化的过程及其后续影响,突出了组织使用技术通过新的和不同的方式来开展业务[4]。在工业和制造业领域,数字化转型着重体现在数字化、网络化和智能化转变[5],而数字化、网络化、智能化也正是新一轮科技革命的突出特征[6]。具体技术路径是实现数字化、网络化,最终升级智能化。

第一,数字化即前文所指的转换、升级和转型 3 个层次,更倾向于"做什么"的具体抓手方面,因此在经济领域需要诸多环节和技术协同参与,形成产业链和商业生态圈。在制造业等技术应用领域,更倾向于数字化转型与智能化升级的融合创新,"数字化的发展趋势是社会的全面数据化,数据化的核心内涵是对信息技术革命与经济社会活动交融生成的大数据的深刻认识与深层利用[7]",智能化正是认识和利用的关键技术。

第二,网络化即物联网技术,是作为信息化的公共基础设施。物联网通过各种信息传感器、射频识别技术、全球定位系统、红外感应器、激光扫描器等各种装置与技术,实时采集声、光、热、电、力、化学、生物、位置等各种需要的信息,从而通过各类可能的网络接入,实现物与物、物与人的广泛连接,实现对物品和过程的智能化感知、识别和管理。其基本特征是整体感知、可靠传输和智能处理。物联网技术是数字化转型的基石[8]。

第三,智能化是使对象具备灵敏准确的感知功能、正确的思维与判断功能、自适应的学习功能、行之有效的执行功能等[9],智能化反映信息产品的质量属性。数字化在具体应用的层次和水平上最终体现为智能化升级,发展趋势是新一代人工智能。这也是工业革命 4.0 不同于之前工业革命的变革性特征。机器学习之深度学习是新一代人工智能技术的卓越代表,随着各类信息技术的综合发展、脑科学与认知科学等的创新突破,智能化终将呈现出对事实计算与价值判断相融合的"又快、又准、又好"的智慧化[10]。

12.2　数字化转型引领竞技运动训练变革

运动训练的核心是训练负荷,其中一个难点是训练负荷的长期设计、实施和科学把控,数字化转型显然在这个方面有独特作用。近年来,国际运动训练理论界在训练负荷[11-13]、运动疲劳与损伤[14-16]等方面的数字化训练研究上取得了不少优秀成果。为明确运动训练数字化转型方向,本文将其定义为,通过新一代数字技术的创新应用,构建一个全感知、全联接、全过程、全要素、全智能的运动训练数字世界,进而反馈优化运动训练实践,对传统管理模式、训练模式、保障模式进行创新和重塑,获得更广泛的成功参赛优势。

12.2.1　数字化转型推动先进技术赋能运动训练范式加速革新

竞技训练活动是一个复杂的系统工程,其复杂性在于其实践过程涵盖了"人类社会、物理世界、信息空间"[6]的三元,而数据是融合三元的纽带。在竞技体育强国中,以大数据驱动为核心的测试评估与预测,以及模型对标驱动的反馈机制渗透到运动训练的方方面面。就国内而言,根据大数据挖掘的体能(也称生物动作能力)短板是专项运动表现障碍的痛点和弱点,精准补短、恶补短板是提升专项运动表现的核心工作。

由于数字化转型把运动训练实践(物理世界)实时映射到数字世界,利用数据、算力、算法对复杂训练问题中的诸多要素和过程进行状态描述、原因分析、结果预测、科学决策,保证最小化运动损伤和最优化训练适应,为科学、实时、有效、个性化地组织训练提供了更大可能。简言之,数字化训练是这样一种模式:从训练实践采集数据,到识别训练过程信息,再到计算提取求解实践问题的知识,再到制定训练决策。由此,基于计算整合实现对运动训练实践的认知和操控。

当前在国际上,以人工智能为引领的运动训练模式逐渐得到计算科学、信息科学等专业学者们的青睐。例如,López-Matencio P 等[17]通过各类传感器采集越野跑运动员的心率、环境温度、地形坡度等数据,采用 K 最邻近算法实时识别和监控训练强度,个性化训练靶心率识别率达 80%;Mata F 等[18]通过智能手机及其 GPS技术收集库珀 12 min 跑、20 m 折返跑、营养问卷、每天摄入热量、体重指数等数据,采用朴素贝叶斯算法智能化生成运动营养方案(有效性 86%)和运动训练方案(有效性 82%);Chu W C 等[19]汇集了多种传感器采集的运动学、心电、肌电数据,智能鞋采集的生理信号及摄像数据,采用卷积神经网络算法成功预测了训练疲劳和动作姿势中的风险因素。据统计,采用当前应用较好的人工智能技术机器学习,其“预测器”预测准确性可达到 70%～99%,这可以极大地弥补现有主观观察中的认知偏差。随着数字化转型应用的不断发展,人机融合效应也将会持续叠加放大,不仅赋能训练与竞赛、运动员与教练团队,还会促进各自形成双螺旋持续互动,从而大幅提升全要素的运动训练效率。如果体能是奥运会的入场券,那么计算智能就是其增值券。个性化精准力量训练的数字化训练模式构架见图 12-1,利用深度学习进行个性化精准力量训练的具体流程见图 12-2。

12.2.2　数字化转型提升新基建机遇下运动训练的智能化水平

传统基建指的是物理世界的、国家主导的大规模投资性基础设施,如建设矿井、公路、铁路、桥梁、农田水利等,俗称“铁公基”;新基建是以新发展理念为引领,以技术创新为驱动,以信息网络为基础,面向高质量发展需要,提供数字转型、智能升级、融合创新等服务的基础设施体系。因此,新基建主要面向数字世界,是各行各业实现数字化转型、构建数字智能化通行空间的“高速公路”。2020 年,中国电子信息产业发展研究院预计,到 2025 年,新基建直接投资将达 10 万亿元左右,带动投资累计或超 17 万亿元。

图 12-1　个性化精准力量训练的数字化训练模式构架[20]

用于运动质量评估的动作捕捉(运动学)数据[21]、用于急性训练负荷反应和全身适应水平的睾酮测定[22,23]、功能性近红外光谱(fNIRS)肌肉氧合[24]、用于(实时)量化肌腱硬度的超声剪切波弹性成像(SWE)[25,26]、用于量化压力中心(CoP)和支撑负荷的智能鞋垫、用于测量地面反作用力的测力板[27]、用于测量肌肉激活的 EMG[28](更准确地说是肌电活动[29]),基于汗液的生化传感,基于氨和乳酸水平检测代谢和神经肌肉疲劳[30],昼夜节律性的核心体温[31]和用于训练准备的肌肉温度测量,基于主观感知的主观体感知评级(RPE)记录、来自脑电图(EEG)[32]和血流动力学(如 fNIRS)综合评估大脑活动的认知与脑神经性负荷[33]

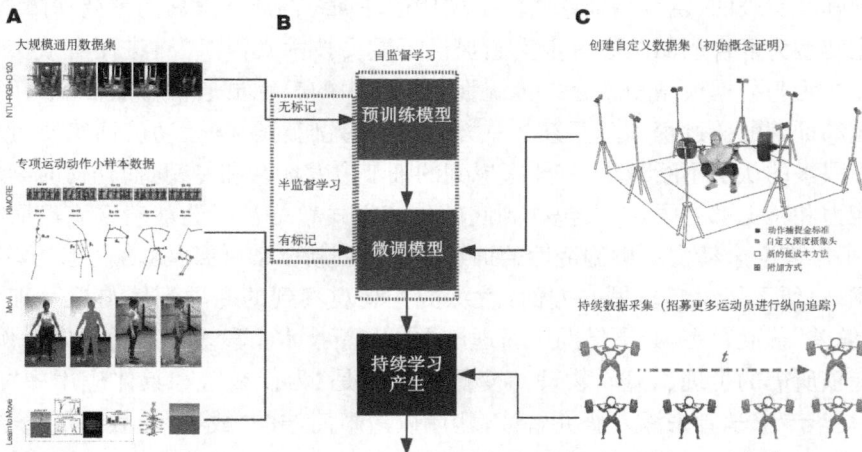

图 12-2　利用深度学习进行个性化精准力量训练具体流程[20]

基于深度学习重新利用大规模数据集(如 NTU-RGB-D 120[34])开发个性化精准力量训练的流程。A. 大规模通用数据集 NTU-RGB-D 120,包含日常活动的骨架运动数据,可用作初始模型训练。B. 使用最新的自监督学习方法,该方法可以更好地学习通用功能[35],仅需要较小的特定领域数据集(如 KIMORE[36]、MoVi[37]、Learn to Move[38])进行网络调整来完成目标任务。半监督学习是指可以利用"未标记"的通用数据集。物理治疗数据集如 KIMORE[36],可通过自监督方法[39]快速开发物理治疗运动评估模型。由于没有可用的开源力量训练数据集,使用具有不同质量水平的多个摄像头捕获运动学数据,例如(C)采用多个视图减少了自遮挡和关节位置的不确定性,且不同质量摄像头可以较好地模拟低分辨率的动作。获得初始数据集后,还可以不断获取更多运动员的新数据,以持续改进模型并验证其性能在新基建背景下,作为数字经济转型升级的推动力和新一轮科技竞赛的制高点之一,近年来人工智能被提升到国家战略高度。毋庸置疑,人工智能也将为运动训练数字化转型和智能运动训练升级提供强劲支撑[40],抓住人工智能赋能新基建的机遇,形成创新驱动的运动训练模式,成为提升竞技体育国际竞争力的新动能[41]。以奥运会为服务目标的运动训练活动素来都是新技术应用的试验场,注定成为推动人工智能与 5G、云计算、大数据、物联网等领域深度融合的绝佳应用场景。例如,5G 将大幅提升远程控制中心的实时训练监控、现场分析反馈、虚实结合训练的数据传输速度;物联网通过物与物、物与人的泛在连接,实现对运动员机体、训练环境、任务约束和训练过程的智能化感知、诊断和调控。物联网带来的"万物上云"和"物"的数字化、5G 远程所需的数字化等,都将创造前所未有的数据量,数据维度、价值密度也会愈发丰富,进而带动大数据计算、存储、分析和利用的新技术发展,运动训练智能化水平也会更新升级。基如此,良好体育科技生态必将促进工业和学术研究之间更紧密的联系。以运动训练为载体将经济学和工程学结合起来,有望开展运动训练的更多跨学科、整体性研究,又或可进一步形成多学科专家、政府、企业、社会组织乃至公众等多方利益相关者共同参与的组织建制。

12.2.3 数字化转型促进多学科多机制复合型训练团队裂变升级

国际经验表明,复合型训练团队是现代运动训练高质量发展的重要保障[42-44],数字化转型为复合型团队进一步实施提供了重要技术支撑[45,46],进而有效实现群智交互行为与数据模型相结合。传统训练方式中的教练员通常身兼多职,几乎要关照运动训练的全过程和全要素。一方面,随着人们对影响运动员训练质量和运动表现因素的认识不断深化,需要考虑到的细节愈发庞杂和专精,而任何时期教练员的能力和精力都有限,一人包办到底的传统方式教练员只会被琐事淹没而身心俱疲,很难有空余精力从事创造性的训练工作。创新驱动(创新驱动就是全要素生产率驱动)便无从谈起。另一方面,教练员主观观察到的专项训练与比赛细节的"认知偏差"普遍存在,必须借助于新理论方法与新技术手段才能提质增效。例如,对于专项所需的生理、心理、物理等变量的机制是"为什么",和具体应用中"怎么做"应交给专家学者来深入研究解读,然后以清晰简洁的"故事"让教练员领会"是什么"即可。因此,想要摆脱现有的问题陷阱,亟须借助于团队协作、全员协同,以及平台与生态助力,最终为教练员呈现信息高度浓缩的数字化与可视化结果,供其决策参考。进而,从传统"个体经验决策"转向"群智交互的智能辅助决策"新模式。

由于团队成员所关注的学科、机制、变量和话语体系各不相同,交流共识渠道受阻会干扰团队向心力,造成片面认识。数字化智能分析平台则可以将分布式的多元、多重、多机制的影响训练的因素信息以数据的形式进行统一整合,计算优化,创造新价值。例如,运用机器学习算法对数据进行回归、分类、聚类、关联分析、降维等,进而将训练样本学习获得的知识推广到未见样本,进行个性化预测或判别,而且,深度学习、强化学习的应用也越来越成功。打造复合型训练团队平台,建立起标准化的行业规范与流程,实现数据驱动、软件定义、平台支撑、智能主导、价值共创的数字化智能化训练变革,有望充分调动运动员、教练员、科研人员、管理人员的积极性,虽然各自关注侧重点不同,但最终都以数字化形式聚集到运动训练"靶点"问题上,将全面的主动运动训练干预与实时的自动适应状态感知相结合,形成多元化、个性化训练裂变效应。值得一提的是,只有相互信任、相互成就,才能构建一个共生、利他的复合型训练生态系统,最终形成创新驱动的、富于自我进化生命力的复合型训练团队。复合型训练团队进化的未来或是提供链接全球最优质的、个性化的训练服务资源的高端数字平台。

12.2.4　数字化转型实现整合分期模式下运动训练实践方法创新

运动训练学是科学也是工程。因此,我们不仅要关注科学理论的部分,也应关注技术应用的部分,而只有将概念转化为现实,一项新技术才真正诞生。如果没有理论支撑,技术应用难以形成量变到质变的提升;如果没有技术应用,理论研究也无法与实践对接来检验优劣和创新完善。整合分期模式是近年来国际运动训练科学界萌生的一个新方向,杨国庆研究员在系统研究和完善创新后于 2020 年在国内首次提出整合分期模式[43],并将其界定为"根据'应激理论'原理和'体系'工程方法,将原本零散而明显割裂的诸要素,如生物动作能力、训练负荷、运动心理、运动营养等,通过数字化交叉、渗透、融合,形成更加动态、开放、自适应的一体化分期模式。其精髓是去单个要素最优化,重视各要素的权衡与平衡过程,以'涌现'新特性"。

整合分期将影响运动训练的时间因素和空间因素纳入一个理论框架下,视训练过程为一个由大量相互作用、相互依赖的单元构成的整体系统甚至"体系"。在指导训练时,除了力量、耐力、速度等生物动作能力的功能性训练之外,还将心理可预见性、可控性能力及其训练,以及"赛练未至,营养先行"的主动积极适应与恢复等时间序贯因素(考虑之前的训练与适应状况)予以考察,以期构建因果与时序信息相结合的运动训练理论模式。该模式契合了当代运动训练融合创新和精准个性化调控的时代趋势,有望成为引领运动训练数字化转型的重要理论先导。

事实上,数字化转型与人工智能技术恰是能实现整合分期模式下运动训练实践方法创新利器。传统统计学依赖的一些强假设(如独立同分布假设、低维假设等)根本无法适用于目前这种多源异质的真实数据[47],然而,在大数据时代,一旦将反映不同时空特性的信息数据化后,利用数据驱动及数据分析方法,并与教练员知识和实践行为反馈相结合,即可形成数据驱动下归纳、知识指导中演绎、训练实践探索中顿悟的人机融合新模式,进而利用涌现数据、先验知识和行为交互去"发现过去的科学研究方法发现不了的新模式、新知识甚至新规律"[48]。正因有数字化智能化技术的快速发展,整合分期模式才得以在长时段的历史时间和大范围的要素空间、在理解时下复杂的影响人体适应要素与解释其分期形成之间建立关联,为全局性理解、解释和数字化优化运动员训练提供策略[43],实现全过程、全要素创新驱动的训练范式变革。

12.2.5 数字化转型创造运动训练数字孪生黑科技先决条件

根据 CB 洞察(CB Insights)的数据,到 2025 年,全球数字孪生市场规模预计将达到 360 亿美元,随着更多新的医疗健康应用案例的出现,该技术或迎来重大发展机遇。数字孪生(digital twin)是在人工智能基础上发展而来的,尤其近十年来机器学习的普及应用[49]。数字孪生理念是 2002 年美国国家航空航天局(National Aeronautics and Space Administration,NASA)在解决火箭发射安全问题中提出的。此后,其首先在工业领域推广应用[50]。2019 年,《自然》呼吁"智造"更多的数字孪生[51]。数字孪生可界定为,利用数字技术对物体、系统、流程的信息进行实时映射,完成虚拟仿真的过程。特点是"面向对象"和"面向过程",分别阐释了数字孪生的"全频域""全要素"应用要求与"全时域""全流程"的应用方式[52]。它由一个或多个相互依赖的阶段提供支持,包括传感器选择、数据采集、数据分析、模型训练、执行器程序和结果评估迭代[53]。目前,数字孪生在产品设计、产品制造、工程建设等工业或工程领域(工业数字孪生)应用较多。

近期,数字孪生技术开始由工业领域逐渐向健康医学[54-59]、营养学[60]等人体中研究拓展,即"人类数字孪生"。因此,在 2018 年其也被重新定义为"对有生命或无生命实体的数字复制"[61]。人们试图通过人体宏观到微观的多尺度数据在计算机上运行出人体的每一个生理过程、器官活动,乃至整个人体的独特的分子状态、生物化学状态、生理状态等蓝图,进而虚拟创建一个相似元素和动态特性的数字人体,以对其结构和功能执行实时优化和动态监测。当前所知,在人体工程学与生物力学上,"AnyBody Modeling System"就是这样一个近乎数字孪生的高级数字仿真软件,该系统可模拟计算出人体与其环境的协同工作状态:①各参与运动的肌肉力量;②运动关节摩擦力和力矩;③人体新陈代谢与能量消耗;④肌腱的弹性能;⑤拮抗肌肉作用。在生理模型应用上,如数字心脏[62,63]、数字气道系统[64]、数字动脉[65]也已经进入临床实践阶段,以数字孪生体优化试验后,挑选更具个性化、精准化的医疗手段;在精准营养干预上,深度融合遗传与纵向代谢组学、免疫组学、行为和肠道微生物参数,以及生物临床变量打造"数字孪生体"来指导个性化营养,已被学者们积极跟进(图 12-3)[66]。

众所周知,合理训练负荷方案可以促进运动员的良好训练适应、提升运动表现。反之,其也会引发运动损伤或适应不良反应。如果能事先筛选最佳方案,则可以促使训练变得更高效、更安全,进而大大提高运动训练效率和成才率,因而数字孪生必将成为主宰运动训练未来的高科技。值得期待的是,在运动医学领域,数字化医疗临床实践的成功案例也已逐步兴起,应用技术诸如移动应用、可穿戴设备、智能设备、智能机器、远程医疗、人工智能、大数据、系统互操作性、VR、AR[67],它们为推动运动训练"数字孪生"技术的研发提供了铺垫。数字化赛道枪声已经响起,而竞速争先的引擎在于加速数字化转型。

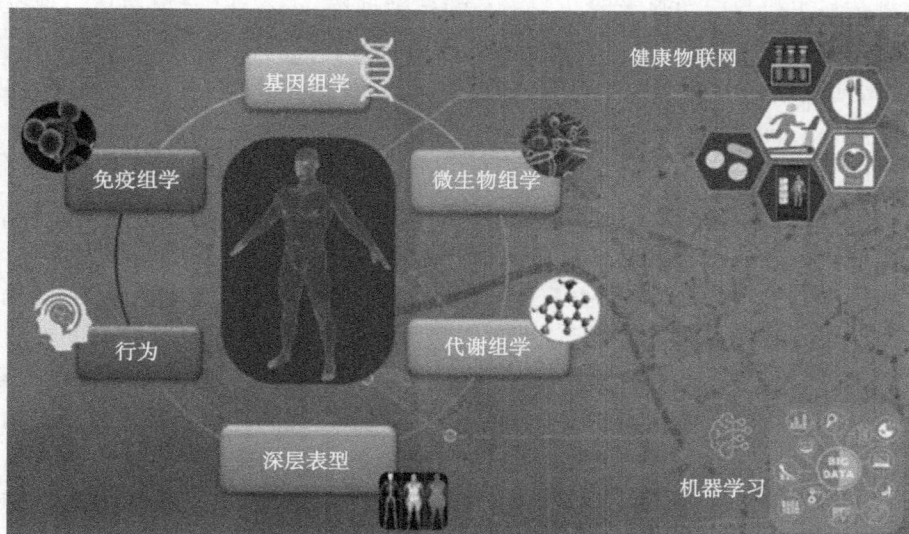

图 12-3　个性化营养管理的数字孪生框架[68]

12.3　数字化转型推动竞技运动训练重塑

运动训练数字化转型基于新一代数字技术的创新应用,在数字世界构建训练实践的全过程、全要素运行框架和体系。进而,助力运动训练模式从局部向全局、从单极向系统、从静态向动态、从低级向高级的跃升,为更快速、更准确、更实时地理解、预测、优化、控制运动训练过程注入了新动能,并推动其重塑。

12.3.1　破解训练影响因素时空复杂谜团

随着竞技激烈程度的日趋白热化,运动训练也越来越呈现为一个多因素(基因、生理、心理、物理、营养等其他环境等）影响，多阶段（青少年过渡成年的启动期、成长期、夺冠期，训练分期的积累、转化、实现、过渡，以及参赛备战的调整、启动、兴奋、高峰等）特征，多结局（无效、超量恢复与适应、疲劳、过度训练、运动损伤等）效应的实践活动，并且训练效应因瞬息万变的赛场很难完全兑换为预期比赛表现，其复杂性不言而喻。

为有效控制运动训练过程，必须借助于数字化转型整合与训练相关的不同学科、不同领域的科学知识、理论方法与组织模式，以围绕运动训练实践需求形成多元异质的功能性交流网络和综合性解决方案。由此，也说明在竞技体育的舞台上，永远会有明星教练，但任何明星教练要想取得成功，特别是要想取得持续成功，将越来越依托于他背后的强大团队。当今的运动训练，正在从"专项技战术教练员'个体'包打天下、统管一切训练要素和训练过程"的传统训练方式，向"专项化、个性化、精细化、数字化、可视化、集约化训练所需求的教练员'团队'分工统筹、流水线作业"等一系列产业化工业模式转变。在传统训练方式中，教练员"个体"受教育、认知、经历、能力和精力等因素的限制，无法满足当代运动训练的多元化需求，因此，必须有分工明确、缺一不可的专业化教练团队的支持。未来的明星教练员，不是专项技战术教练员历史形成的权威和强势造就的明星教练员，而将是一个杰出团队中的领袖，更形容地说他是一个交响乐队的指挥家。正如前文所言，当代运动训练已经逐步从单一要素、简单系统向多元要素、复杂巨系统及体系的方向发展，这种发展模式的改变是一场颠覆性的革命，我们必须认清使命、大胆创新探索，即使探索的过程中有疼痛，这也是"分娩的疼痛"，是幸福的疼痛和代表着新生的疼痛。因此，提升运动员竞技表现是一个复杂系统工程，这要求我们在探求新发展模式时，将核心工作从"要素驱动"向"创新驱动"转变，数字化赋能就是实现这个转变的最重要的手段和关键技术。

12.3.2　化解训练个性化的因材施训难题

当代运动训练的主要矛盾已经转化为"产业化工业化系统训练模式"与个体运动员的"数字化智能化个性化训练需求"之间的矛盾。这也就是说：训练模式是一个系统工程；是整合全过程与全要素的大工厂，而不再是小作坊；是多个主体之间的协作信任与一致行动的区块链，而不再是实体店。训练需求则因人而异，是点对点的和数字化的精准施策。例如，当前存在一个典型现象，阻碍运动员专项运动表现提高的瓶颈，从表面上看，是运动员专项技术的问题。但从本质上看，其主要矛盾则是支持运动员专项技战术所需的身体条件、身体结构、身体成分、身体素质等一系列身体能力的问题。没有身体能力的保障，再先进的技战术也会在实战中大打折扣，而若要彻底解决身体能力问题，根本办法在于破解从实战出发的体能训练的有效化、物理治疗与参赛能力的高效化难题,这些都需要采用个性化的因材施训来诊断评估和训练干预。因此,运动训练数字化转型通过整体思维进行精准训练已成为推动新时期个性化训练提质增效的新动能。

图 12-4 模式中整合了运动训练中的运动学(动作捕捉和姿势估计)、动力学(作用力)、肌电活动、肌肉形态及其黏弹性、过度训练监测(心率变异性)、肌肉温度及其昼夜节律、脑成像、生化生物标志物、主观体力感知等数据,该系统模型在全过程中实时监测并兼顾到了个体之间和个体内部的差异,为个性化精准训练建立了具体实施框架,并提出了基于深度学习算法实现该框架的数字化、智能化训练方案流程。该模式是应对训练复杂性、推进个性化训练的创新应用。

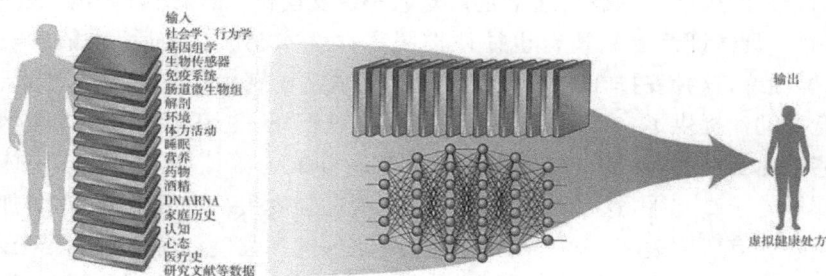

输入
社会学、行为学
基因组学
生物传感器
免疫系统
肠道微生物组
解剖
环境
体力活动
睡眠
营养
药物
酒精
DNA/RNA
家庭历史
认知
心态
医疗史
研究文献等数据

输出

虚拟健康处方

图 12-4　基于多元(源)数据输入和算法的数字虚拟医疗教练模型

12.3.3　消除体能训练与专项技战术分置

长期以来,为了便于认识运动训练的构成要素,国内外不少学者都采用分析的方法将训练内容划分为体能训练、技术训练、战术训练等,尤其是以苏联、民主德国为参考发展而来的运动训练理论与方法,与"科学"的分科研究类似,其优点是利于学者们在开展理论研究时锚定"靶点",逐层深入。在我国,采用将体能训练与专项技战术训练"分置"的认知方式指导训练实践的做法也习以为常。

然而,运动训练实践却凸显"从实战需要出发","分置"的训练方式往往将体能和技术战术安排于静止的"结构性真空"中,忽视了动态的"功能性实战"要求。大量竞技实践和科学研究证明,貌似技术动作简单的周期动作竞速项目其实对技术动作具有极高要求。以耐力和力量素质为主导的项目,对技术动作同样有极高的要求,正是由于动作简单,运动员每一次周期重复动作的微细差异,在多次周期性动作重复中(百次千次万次)被累加成巨大的差别,最终决定了竞技的胜负。这种动作技术微细差异说明专项技术动作的有效性与经济性无比重要,精湛完美的技术动作可以弥补力量、速度和耐力等体能不足。技术动作是体能高效率发挥和经济性运用的前提,是决定运动员专项运动素质整合最大化的最重要和最直接的因素。也正是由于项目动作简单,在一锤定音的非周期性动作的体能主导类项目比赛中、在有限的几轮比赛中,其专项技术动作的有效性显得极为重要。这说明,精湛完美的技术动作决定其专项体能或专项运动素质的最大化表现。理论研究与实践应用采用不同的思路,根据特定需要,应有所侧重,但倾向于应用的运动训练最终目标应恪守"从实战的'功能性'出发"。因而学者们提出"功能训练是竞技体育的核心、人体运动本质是动作"[69,70]。通过前文论述可知,数字化转型已成为链接全过程、全要素的新途径,可消除体能训练与专项技战术分置的弊病。

12.3.4 拆掉体能训练与预防、康复、适应与恢复的隔断墙

长期以来的运动训练逻辑通常是,"先造一台发动机,然后进行调试,最后完成奔跑冲刺"。具体训练计划执行也往往按照高强度体能训练之后,再依次安排技术、战术等训练,这种安排在某种程度上为运动员在比赛中更好地发挥技术、高质量完成竞技动作提供了一定保障。但是,大多数情况下,也因此导致在技战术训练或者适应性比赛期间,运动员的体成分和生物动作能力等体能不再像集中体能训练阶段那样处于高水平,这极大地削弱了其承受高强度负荷训练的能力,增加了运动损伤风险。有研究表明,只在赛季初进行一系列的高强度训练安排,会导致运动员的体能水平在赛季末显著下降。正如消除体能与技术、战术的训练分置,体能训练与伤病预防也不容分开:训练需要预防伤病,预防也是训练。

对于参加奥运会级别运动会的精英运动员,挑战体能极限依然是突破自我、提升竞技能力的有效途径。打破运动员固有的机体内稳态,促使产生更高水平内稳态适应,这一过程中往往也会因为训练负荷相关的应激源施加超常而导致稳态失衡,运动伤病可能随之发生。对于精英运动员而言,触发最佳适应能力的合理临界值尤为必要,是一项高深的科学与艺术。从训练应激与恢复适应的全过程视角来看,轻微的过度训练反应是运动员机体需要恢复的正常生理反应,是在触发临界负荷状态时的一种典型适应过程。否则,长期处于临界线之下训练,虽然绝对健康,却丧失了训练效应。因此,体能训练过程中和结束后,应将机体内稳态范围之内的恢复再生与破坏内稳态引发过度训练综合征的康复训练,视作训练有机融合的必要环节。及时发现和预见机体适应的临界值,让"生病"的运动员先调整休息一下再重返训练场,才会在赛道上跑出最佳成绩。因此,训练需要再生恢复,再生恢复也是训练;训练需要康复,康复也是训练。通过数字化转型有望拆掉体能训练和预防、康复、适应与恢复的隔断墙,实现各自实时、动态互融互通。

12.3.5 恶补训练与测试割裂遗漏的短板

不管古希腊奥运会和现代奥运会中的艺术手段和科技力量如何变革,有组织

的运动训练实践始终是提高运动成绩的最合理、最有效的途径。运动训练因此也是竞技体育的核心组成部分。因此,精准高效的"扶贫"体能训练是支撑专项运动表现的核心。前文分析可知:当代体能训练已经超越了传统身体素质训练的范畴,左翼延伸到运动损伤预防与康复;右翼延伸到专项技战术训练之中。在如此多要素影响、全过程扰动的复杂系统中精准洞悉运动项目制胜的主要矛盾及其主要方面尤为关键。

《孙子兵法·谋攻》篇曰:"知彼知己,百战不殆;不知彼而知己,一胜一负;不知彼不知己,每战必殆。"传统意义而言,"知己知彼"主要基于教练员主观观察和经验判断。然而,有研究表明[71],教练的主观观察不但不够可靠,而且不够准确。在比赛期间,足球教练只能回忆起 30% 的关键制胜因素,更糟糕的是,在所能回忆起来的内容中,可能有 45% 是错的。即使已经事先知晓赛后将会被问及哪些问题,教练还是会答错。此外,有研究还表明[72],在同时询问老教练和新教练两个常规动作的技术区别时,老教练提供的错误信息竟然更多。教练观察运动员的表现,与目击证人目睹犯罪现场时的情况类似。两者都容易因为意识唤醒、认知偏差和注意力不集中而出现错误[73]。可见,认知偏差会妨碍大脑的正常思考,从而导致运动训练从业者无法做出完全正确的决定,这些证据或许可以从侧面说明我国大多数优秀运动员的成功经验往往难以传承并固化为成功模式。不仅如此,加上传统的将运动训练与测试割裂现象普遍,并且测试过程与运动员训练、比赛现场脱节。这种局限于实验室的"真空测试"与"从实战出发"的运动训练宗旨相悖而往往效果不佳,且会进一步加深教练员和运动员对运动测试干扰体能训练的误解。因此,亟须基于数字化转型的客观训练数据,同时瞄准比赛运动表现开展测试对训练进行精确反馈与评估,消除臆测、主观和认知偏差,发掘客观合理的运动制胜之道。

12.4　我国竞技运动训练数字化转型的应对与展望

数字化转型浪潮滚滚而来,主动迎击是最好选择。然而,国内各行业的数字化能力建设整体尚处于初级阶段,转型过程中存在诸如数字化理解不统一、定位与路径不清、缺乏借鉴做法等多方面阻碍和问题[74]。在国际范围内的运动训练领域更是方兴未艾,虽充满挑战但更是机遇。因而,敢于"揭榜"而主动出击,方可开辟新通道,抢占此先机。

12.4.1　与时俱进,拥抱运动训练新观念、新模式

人类认识运动训练活动与其所处的社会与科学背景密切相关。数千年来,运动训练的后继者们主要在运动训练理论解释范式(方法论,求解理论机制与技术方

法)上有所进展而趋向"科学",在历时 1168 年的古代奥运会期间就已提出了相对较完备的运动训练本体论体系(组织运动训练需要考虑哪些因素)[75,76]。就解释范式演进而言,20 世纪中后期以来逐渐形成了当代运动训练解释范式:先后经历了 20 世纪 50 年代以汉斯·塞里(Hans Selye)的应激理论为基石的生理学模型,20 世纪 60 年代至 21 世纪初集成生理学、物理学、数学和计算机科学发展而来的计算模型[77]。基于吉姆·格雷(Jim Gray)提出的第四范式[78]可知,运动训练解释范式同样遵循着"实验观测、理论推演、计算仿真,到数据驱动的科学研究范式(第四范式)"。本文数字化转型就是数据驱动科学发现方法论的具体实现。

"时代创造着技术,技术同时也创造着时代。而组合是新技术的潜在来源[79]"。有研究指出[80],"19 世纪到 20 世纪早期主要采用的训练方法是'技术动作重复训练法'(田径教练采取与工厂主管相同的观念看待人的运作能力,即提高熟练工艺而非拓展人的工作能力[81])、20 世纪早期到 20 世纪 60 年代主要采用的训练方法是'能量代谢训练法'(如法特莱克法、间歇训练法、重复训练法、马拉松训练法)、1960 年之后逐渐重视'体能与动作兼顾训练法'(如抗阻训练法、快速伸缩训练法、核心稳定性、核心力量训练法、功能训练法等)"。我们可进一步将其简化为,技术工艺时期、能量代谢时期、体能训练时期、功能动作训练时期,再到数字化训练时代;同样,我们也发现运动训练分期理论也经历了少周期分期时期、多周期板块时期,再到整合分期时期。整合分期与数字化训练又同处于当前的社会与科学大背景下的数字化智能化时代。

值得一提的是,数字化转型的作用不仅体现在竞技能力增长和运动表现提升上,更多体现在管理模式、训练模式、保障模式的改变,特别是人们思想观念和认知方式的改变上,未来竞技运动的竞争制胜将是"体能制胜 + 计算整合制胜"。数字化转型与智能化升级本质上是改善训练方案、提高精准个性化训练效率的优化技术。进而,使得运动训练与比赛的各个环节在信息共享方面进一步优化,提高训练与参赛的累积与释放产出效率。此外,我们也应认识到,训练方法既可以是"'实'的物质性的"(如力量训练、有氧训练),又可以是"'虚'的非物质性的"(如一种数字化智能算法训练),其目的都是完成竞技能力增长和运动表现提升。以"虚"促"实"、"虚实"结合将为运动训练革新注入新动能。

12.4.2 明确数字化训练导向并加速步伐跟进

变化是这个时代的主要特征,数字化转型就是在变化中创新。长期以来,运动训练遵循的主要模式、方法范式都是"物质性的",对于"非物质性的"数字化训练相对陌生,这也恰恰符合其具有典型的非消耗性、非竞争性、非排他性和"正外部"性特征,即未被现有运动训练所体现的额外效益。但是,也不能太在意这种额外收益的即刻统计数字,而是首先要更多地、逐步地体现训练过程中控制的数字化改进、训练方案设计的数字化丰富、训练质量优化的明显改善、训练管理决策的数字化更新,进而习惯用数据说话、用数据决策、用数据管理、用数据创新,由此不断累积和形成数字资产或能量。明确了数字化转型将给运动训练模式、理念导向和训练效率提供新的可能性。在此基础上,具体做法可以参考如下:

借鉴美国《工业数字化转型白皮书》[8],认为开展运动训练数字化转型的实施步骤可分 6 步:①了解所处行业的领军者正在做的工作。研究当前世界范围内的同一行业中领军者的做法,做一个快速跟随者可以降低风险和跟上节奏。②研究类似行业的相关发展。数字化转型的方法与解决方案在不同行业之间可能没有太大差别,如华为的《行业数字化转型方法论白皮书》等,提炼出一份从所有行业的成熟做法中汲取的现成清单。③确定合适的关键使用案例。例如,皮划艇数字化训练分析案例,让使用者根据学到的经验教训以及对于案例的研究,提出自己的训练团队管理解决方案。④推断出与指向的运动训练最相关的数字转型技术。例如,将传统训练的数字化升级需要借助于可穿戴设备、环境传感器、器械传感器、物联网技术、边缘计算等,以高效寻求合作方;而将数字化技术与训练相结合,除了上述技术之外,还需要 AR、VR、MR 等技术。⑤确定主要合作伙伴。提供应用场景框架,并以生态方式构建数字化系统,寻求多类型团队、公司和厂商协同联动、优势互补,在平台化架构下根据系统所需的能力分层和角色分工,发现合作资源、建立合作关系、推动合作落地、保持合作发展。⑥实施数字化转型计划。按照前期准备逐步落实数字化转型。

需要注意的是,政府主导较适于追赶,不适应创新驱动发展。创新基于市场导向,由企业家精神铸就,创新驱动应以竞争政策为主[82]。数字化转型应形成政府引导、市场主导、全社会共同参与的格局。

12.4.3　培养适应运动训练数字化时代的人才

多种类型人才培养是推动我国竞技体育从"人口红利"大国向"人才红利"强国迈进的基石。就数字化转型而言,"线上有数据,线下有人才"必须形成对接配位,才能真正点燃数字化训练中未被充分挖掘的计算制胜的强大引擎。线下培养所需人才可参照如下 3 个类别。

一是具备数字化素养的教练员和运动员。他们构成运动训练主体,是形成新时代运动训练数字文化的关键。借鉴欧洲"数字教育行动计划"面向全体公民数字化能力的框架的 5 个维度[83],教练员和运动员等运动训练从业者同样需要如下素养方可适应数字化转型所需,即"运动训练中的信息和数字素养、数字化交流与协作素养、数字训练内容与优化素养、数字安全意识素养,以及数字化训练问题解决素养"。

二是具备数字化能力运动训练科技服务人才,本文暂指称运动训练数据工程师(包括体育数据分析师、数据架构师)。他们是推行数字化转型的破题者,数字化转型是复杂系统性工程,其中破题的关键在于强大的数据工程师储备[83]。同样,借鉴欧洲爱迪生数字科学能力框架(CF-DS)[84],认为运动训练数据工程师应具备运动训练数据分析、数据科学工程、数据管理、研究方法与项目管理、需求分析等能力,能够胜任从整个运动训练数据生命周期(原始数据收集、信息准备、分析、可视化和访问)中完成信息到知识的萃取。

三是具备一专多能的运动表现管理人才,或称作运动表现总监,他们是有效执行数字化转型的桥梁。所谓一专多能是指在某运动专项上具有的深入的训练理论与方法、丰富的训练实践经验,同时对相关广泛的运动训练学科领域有足够的了解,最好也能熟悉数据分析能力(数据库、数据分析、可视化技术)和知晓执行数据分析任务的特定技术(R 语言、Python 等),以便掌握运动训练规律之间的联系,从而建设性地参与跨学科团队工作,适应快速变化的运动训练实践需求。简言之,懂专业、会战略、擅长沟通和人际关系,这种具备复合能力的人才是成功的关键。

12.4.4 加快推进运动训练学科的数字化转型

应对数字化转型的教育教学,一方面需要大量从事数据科学的专门人才开展数据科学前沿领域研究探索,以及迎接不同行业数字化转型所需的数据工程实践人才。截止到 2020 年 3 月,先后共有五批次、六百余所高校获批"数据科学与大数据技术"专业,再加上"大数据管理与应用""大数据技术与应用"等专业建设,将为我国数字化转型与科技人力资源开发提供重要支撑[85]。与此同时,我们也迫切需要对不同行业或专业领域的业务需求、领域知识、应用场景进行数字化理解和转换,形成可供数据科学领域广泛交流的数字化思维、数字化问题、数字化资源。

因此,另一方面,运动训练学科数字化转型须迎头赶上。如果没有数字化,就不可能利用计算和网络进行处理和传播,在信息化时代就会被边缘化,不可能有好的发展。不仅论文、学术报告、实验结果和数据需要数字化,学科的理论体系、研究方法、实验仪器、科研装备和计量、检测手段等都需要建立在数字化的基础上,使学科研究得以在数字空间、网络空间加速进行[86]。

由此,在课程建设上,一是注重运动训练理论教学方式和研究方法的数字化转型,研究建立数字化运动训练专业的培养方案,涉及能力、知识体系、课程设置等,任务是提升学生从数据、信息、知识到价值创造的全链条数字素养和能力。二是突出运动训练实践需求驱动的实用型人才培养方法。实施"课堂教师教学 + 课外训练队实习"相结合。课堂可以整合跨校、跨地域、跨学科、跨专业,以及线上线下的优质教育教学资源。课外重在加强教学的实践性,可跟随运动训练一线从业者观摩交流研讨,萃取有价值的经验,挖掘运动训练实践中痛点,梳理问题解决流程,为提高训练效率找到支撑点。或者,可聘请教练员、运动员等一线人员进课堂开展实例研讨,就存在的典型问题设计一个可行性数字化解决方案,再行实施检验。其目的是形成实例分析、实境训练、实战检验的"三实"教学模式,培养学生实战能力、创新解题能力和跨界整合能力。最终构建一套"数字环境、训练实践、应用创新"全链条人才培养体系。

12.4.5　探索研究运动训练数字化的数据治理

数据不同于传统商品,可能会存在无限复制和无限使用的问题,因而造成数据流通价值失效。数据共享是数字化训练发展的灵魂,数据安全治理是消除数据共享鸿沟的基石,亟待在数据开放利用与数据安全之间寻找平衡。因此,一方面应打破运动训练信息孤岛,统一规划成为"共下一盘棋"局面,搭建跨层级、跨项目、跨区域的信息共享标准化平台。在一些平台接口、数据口径等方面建立全国可通行的标准,为畅通共享扫除障碍。另一方面,须通过建立完善的数据共享制度体系,监督数据流通,在运动训练行业内部进行数据交换时有章可循,消除后顾之忧。此外,建立完善的数据保护体系也能降低数据泄露风险,保护数据来源的隐私安全,推进行业合作积极性[87]。

具体做法可参考如下:一是在管理上,以政府或高校的研究机构为主导,加强各层级、各运动项目的数字化训练规划,建设统一的数据共享平台,统筹不同类别的数据使用需求,实行分层管理、分级应用,集中采集或购买数据,避免重复建设数据平台。形成云端汇聚、连接互通的大数据仓库式新数据采集整合和开放共享模式;二是在法治上,坚持以人为本的数据法治,通过制定隐私数据分级分类标准,明确应用边界,保证数据的使用不涉及用户隐私等问题。通过明确数据保护责任主体,如"首次采集者负责"或按业务条线归类等方式[88];三是在技术上,对数据增加保护机制以增强数据安全治理,如通过同态加密、差分隐私、安全多方计算、联邦计算等[89]技术手段实现敏感信息脱敏化处理,保障个人数据的安全使用,让敏感数据透明使用。最后,值得注意的是,主管部门应及时评估隐私保护政策的有效性,确保适度审慎监管,避免扭曲运动训练数字化行业竞争与阻碍创新,应以服务于数据安全、便捷、低成本的互通和利用为宗旨,确保充分发挥"安全"对"创新"的赋能作用。

12.5　小结

竞技运动训练是竞技体育的核心组成,也是最迫切需要科技助力的关键环节。

然而,运动训练是一个极其复杂的系统工程,很难在某一个点或某一个面上就能条理清晰、直击需求侧问题要害。全过程、全要素的序贯、立体分析思维愈发成为破解运动训练理论与实践难题密钥。这种思维或许由来已久,但囿于生产力滞后而爱莫能助。近年来,得益于大数据、人工智能、物联网等新一代信息技术引发的信息环境和数据基础变革、运算速度加快,推动了人工智能的全面爆发式发展,为应对复杂问题拓展了新视野,而以数字化转型为支撑、基于全要素生产率的创新驱动才得以在全社会各行业中号角雷动。

参考文献

[1] 史谐汇.《关于全面推进上海城市数字化转型的意见》重磅发布[J].上海节能,2021(1):2,77.

[2] 陈劲,杨文池,于飞.数字化转型中的生态协同创新战略:基于华为企业业务集团(EBG)中国区的战略研讨[J].清华管理评论,2019,72(6):23-27.

[3] THOMAS W. Digitization, digitalization, digital transformation: a stake in the ground [EB/OL].(2021-2-1)[2021-5-7].https://customerthink.com/author/twieberneit/.

[4] 王核成,王思惟,刘人怀.企业数字化成熟度模型研究[J].管理评论,2021,33(12):152-162.

[5] 加快数字化网络化智能化转型,巩固和提升制造业竞争力[N].21世纪经济报道,2020-7-2(1).

[6] 徐宗本."数字化,网络化,智能化"新一代信息技术的聚焦点[J].科学中国人,2019,415(7):38-39.

[7] 徐宗本.大数据应用价值与挑战并存[J].中国战略新兴产业,2017(25):96.

[8] BUCHHEIT M, FERRARO A, LIM C, et al. Digital transformation in industry white paper[R/OL].(2020-7-29)[2021-2-17]. https://docs.qq.com/pdf/DT0lvZFZTT0NZR0Rw.

[9] 黄杨森,王义保.网络化、智能化、数字化:公共安全管理科技供给创新[J].宁夏社会科学,2019(1):114-121.

[10] 刘伟.追问人工智能:从剑桥到北京[M].北京:科学出版社,2019:12.

[11] BLANCHFIELD J E, HARGROVES M T, KEITH P J, et al. Developing predictive athletic performance models for informative training regimens[C]//2019 Systems and Information Engineering Design Symposium (SIEDS). New York: IEEE, 2019: 1-6.

[12] SILACCI A, KHALED O A, MUGELLINI E, et al. Designing an e-coach to tailor training plans for road cyclists[M]//Human systems engineering and design Ⅱ. Cham: Springer International Publishing, 2019: 671-677.

[13] KIPP K, KRZYSZKOWSKI J, KANT-HULL D. Use of machine learning to model volume load effects on changes in jump performance[J]. International Journal of Sports

Physiology and Performance，2020，15(2)：285-287.

[14] OP DE BEÉCK T，MEERT W，SCHÜTTE K，et al. Fatigue prediction in outdoor runners via machine learning and sensor fusion[C]//Proceedings of the 24th ACM SIGKDD international conference on knowledge discovery & data mining. London：ACM，2018：606-615.

[15] NAGLAH A，KHALIFA F，MAHMOUD A，et al. Athlete-customized injury prediction using training load statistical records and machine learning[C]//2018 IEEE international symposium on signal processing and information technology (ISSPIT). Louisville：IEEE，2018：459-464.

[16] ROMMERS N，RÖSSLER R，VERHAGEN E，et al. A machine learning approach to assess injury risk in elite youth football players[J]. Medicine and Science in Sports and Exercise，2020，52(8)：1745-1751.

[17] LÓPEZ-MATENCIO P，ALONSO J V，GONZÁLEZ-CASTAÑO F J，et al. Ambient intelligence assistant for running sports based on k-NN classifiers[C]//3rd international conference on human system interaction. Rzeszow：IEEE，2010：605-611.

[18] MATA F，TORRES-RUIZ M，ZAGAL R，et al. A cross-domain framework for designing healthcare mobile applications mining social networks to generate recommendations of training and nutrition planning[J]. Telematics and Informatics，2018，35(4)：837-853.

[19] CHU W C-C，SHIH C，CHOU W Y，et al. Artificial intelligence of things in sports science：weight training as an example[J]. Computer，2019，52(11)：52-61.

[20] TEIKARI P，PIETRUSZ A. Precision strength training：data-driven artificial intelligence approach to strength and conditioning[J]. Preprint，2021：1-59.

[21] PARISI G I，MAGG S，WERMTER S. Human motion assessment in real time using recurrent self-organization[C]//2016 25th IEEE international symposium on robot and human interactive communication (RO-MAN). New York：IEEE，2016：71-76.

[22] GUPTA S K，LINDEMULDER E A，SATHYAN G. Modeling of circadian testosterone in healthy men and hypogonadal men[J]. The Journal of Clinical Pharmacology，2000，40(7)：731-738.

[23] LINNAMO V，PAKARINEN A，KOMI P V，et al. Acute hormonal responses to submaximal and maximal heavy resistance and explosive exercises in men and women[J]. Journal of Strength and Conditioning Research，2005，19(3)：566-571.

[24] RITTWEGER J，MOSS A D，COLIER W，et al. Muscle tissue oxygenation and VEGF in VO-matched vibration and squatting exercise[J]. Clinical Physiology and Functional Imaging，2010，30(4)：269-278.

[25] KISILEWICZ A，MADELEINE P，IGNASIAK Z，et al. Eccentric exercise reduces upper trapezius muscle stiffness assessed by shear wave elastography and myotonometry[J]. Frontiers in Bioengineering and Biotechnology，2020，8：928.

[26] LEE Y, KIM M, LEE H. The measurement of stiffness for major muscles with shear wave elastography and myoton: a quantitative analysis study [J]. Diagnostics, 2021, 11 (3): 524.

[27] FRY A C, HERDA T J, STERCZALA A J, et al. Validation of a motion capture system for deriving accurate ground reaction forces without a force plate[J]. Big Data Analytics, 2016, 1(1): 11.

[28] GARCIA-RETORTILLO S, RIZZO R, WANG J W J L, et al. Universal spectral profile and dynamic evolution of muscle activation: a hallmark of muscle type and physiological state[J]. Journal of Applied Physiology, 2020, 129(3): 419-441.

[29] VIGOTSKY A D, HALPERIN I, LEHMAN G J, et al. Interpreting signal amplitudes in surface electromyography studies in sport and rehabilitation sciences[J]. Frontiers in Physiology, 2018, 8: 985.

[30] SÁNCHEZ-MEDINA L, GONZÁLEZ-BADILLO J J. Velocity loss as an indicator of neuromuscular fatigue during resistance training[J]. Medicine and Science in Sports and Exercise, 2011, 43(9): 1725-1734.

[31] TAKASU N N, TOICHI M, NAKAMURA W. Importance of regular lifestyle with daytime bright light exposure on circadian rhythm sleep-wake disorders in pervasive developmental disorders[J]. Japanese Dental Science Review, 2011, 47(2): 141-149.

[32] KENVILLE R, MAUDRICH T, MAUDRICH D, et al. Cerebellar transcranial direct current stimulation improves maximum isometric force production during isometric barbell squats[J]. Brain Sciences, 2020, 10(4): 235.

[33] KENVILLE R, MAUDRICH T, CARIUS D, et al. Hemodynamic response alterations in sensorimotor areas as a function of barbell load levels during squatting: an fNIRS study[J]. Frontiers in Human Neuroscience, 2017, 11: 241.

[34] LIU J, SHAHROUDY A, PEREZ M, et al. NTU RGB D 120: a large-scale benchmark for 3D human activity understanding[J]. IEEE Transactions on Pattern Analysis and Machine Intelligence, 2020, 42(10): 2684-2701.

[35] ZOPH B, GHIASI G, LIN T Y, et al. Rethinking pre-training and self-training[J]. Advances in neural information processing systems, 2020, 33: 3833-3845.

[36] CAPECCI M, CERAVOLO M G, FERRACUTI F, et al. The KIMORE dataset: KInematic assessment of MOvement and clinical scores for remote monitoring of physical REhabilitation[J]. IEEE Transactions on Neural Systems and Rehabilitation Engineering, 2019, 27(7): 1436-1448.

[37] GHORBANI S, MAHDAVIANI K, THALER A, et al. MoVi: a large multipurpose motion and video dataset[J] PLoS One, 2021, 16(6): e0253157.

[38] SONG S, KIDZIŃSKI Ł, PENG X B, et al. Deep reinforcement learning for modeling human locomotion control in neuromechanical simulation[J]. Journal of NeuroEngineering and Rehabilitation, 2021, 18(1): 126.

［39］SURÍS D，LIU R S，VONDRICK C. Learning the predictability of the future［C］// 2021 IEEE/CVF conference on computer vision and pattern recognition（CVPR）. New York：IEEE，2021：12602-12612.

［40］刘昊扬.基于人工智能的运动教练系统分析与展望［J］.北京体育大学学报，2018，41（4）：55-60.

［41］刘昊扬，崔一雄，陶宽.体育中的"黑科技"［N］.光明日报，2020-10-29（16）.

［42］杨国庆，彭国强，戴剑松，等.中国竞技体育复合型训练团队的发展问题与创新路径［J］.北京体育大学学报，2020，43（6）：10-19，34.

［43］杨国庆.整合分期：当代运动训练模式变革的新思维［J］.体育科学，2020，40（4）：3-14.

［44］谢军，周志雄.奥运备战视域下科技助力竞技体育发展的研究［J］.体育科学，2020，40（7）：25-30.

［45］袁守龙.体能训练发展趋势和数字化智能化转型［J］.体育学研究，2018，1（2）：77-85.

［46］闫琪，廖婷，张雨佳.数字化体能训练的理念、进展与实践［J］.体育科学，2018，38（11）：3-16.

［47］徐宗本，唐年胜，程学旗.数据科学：它的内涵、方法、意义与发展［M］.北京：科学出版社，2022：115.

［48］李国杰，程学旗.大数据研究：未来科技及经济社会发展的重大战略领域：大数据的研究现状与科学思考［J］.中国科学院院刊，2012，27（6）：647-657.

［49］DÍAZ R G，YU Q T，DING Y Z，et al. Digital twin coaching for physical activities：a survey［J］. Sensors，2020，20（20）：5936.

［50］张天瀛，姬杭.数字孪生综述［C］//中国自动化学会专家咨询工作委员会，中国计算机系统仿真应用工作委员会，中国仪器仪表学会产品信息委员会，等.2019 中国系统仿真与虚拟现实技术高层论坛论文集.北京：中国航天科工集团有限公司北京仿真中心，2019：77-82.

［51］TAO F，QI Q. Make more digital twins［J］. Nature，2019，573（7775）：490-491.

［52］刘大同，郭凯，王本宽，等.数字孪生技术综述与展望［J］.仪器仪表学报，2018，39（11）：1-10.

［53］GLAESSGEN E，STARGEL D. The digital twin paradigm for future NASA and U. S. air force vehicles［C］//53rd AIAA/ASME/ASCE/AHS/ASC structures，structural dynamics and materials conference. Hawai：AIAA，2012.

［54］BOOYSE W，WILKE D N，HEYNS S. Deep digital twins for detection，diagnostics and prognostics［J］. Mechanical Systems and Signal Processing，2020，140：106612.

［55］SCHWARTZ S M，WILDENHAUS K，Bucher A，et al. Digital twins and the emerging science of self：implications for digital health experience design and "small" data［J］. Frontiers in Computer Science，2020，2：1-16.

［56］BARRICELLI B R，CASIRAGHI E，GLIOZZO J，et al. Human digital twin for fitness management［J］. IEEE Access，1975，8：26637-26664.

［57］BJÖRNSSON B，BORREBAECK C，ELANDER N，et al. Digital twins to personalize medicine［J］. Genome Medicine，2019，12（1）：4.

［58］MARSCH L A. Digital health data-driven approaches to understand human behavior［J］. Neuropsychopharmacology，2021，46（1）：191-196.

[59] EL SADDIK A，BADAWI H，MARTINEZ R，et al. Dtwins：a digital twins ecosystem for health and well-being[J]. IEEE COMSOC MMTC Commun-Frontiers，2019，14（2）：39-46.

[60] GKOUSKOU K，VLASTOS L，KARKALOUSOS P，et al. The "Virtual Digital Twins" concept in precision nutrition[J]. Advances in Nutritio，2020，11(6):1405-1413.

[61] EL SADDIK A. Digital twins：the convergence of multimedia technologies[J]. IEEE MultiMedia，2018，25(2)：87-92.

[62] BAILLARGEON B，REBELO N，FOX D D，et al. The living heart project：a robust and integrative simulator for human heart function[J]. European Journal of MechanicsASolids，2014，48：38-47.

[63] OSPEL J M，GASCOU G，COSTALAT V，et al. Comparison of pipeline embolization device sizing based on conventional 2D measurements and virtual simulation using the Sim&Size software：an agreement study[J]. AJNR American Journal of Neuroradiology，2019，40(3)：524-530.

[64] FENG Y. Create the individualized digital twin for noninvasive precise pulmonary healthcare[J]. Significances of Bioengineering & Biosciences，2018，1(2)：20-30.

[65] HOEKSTRA A G，ALOWAYYED S，LORENZ E，et al. Towards the virtual artery：a multiscale model for vascular physiology at the physics-chemistry-biology interface[J]. Philosophical Transactions Series A，Mathematical，Physical，and Engineering Sciences，2016，374(2080)：20160146.

[66] KALLIOPI G，IOANNIS V，PETROS K，et al. The "Virtual Digital Twins" concept in precision nutrition[J]. Advances in Nutrition，2020，11(6)：1405-1413.

[67] RIGAMONTI L，ALBRECHT U V，LUTTER C，et al. Potentials of digitalization in sports medicine：a narrative review[J]. Current Sports Medicine Reports，2020，19(4)：157-163.

[68] FAGHERAZZI G. Deep digital phenotyping and digital twins for precision health：time to dig deeper[J]. Journal of Medical Internet Research，2020，22(3)：e16770.

[69] 刘爱杰,李少丹.竞技体育的核心训练[J].中国体育教练员,2007,15(4):4-6.

[70] 黎涌明,纪晓楠,资薇.人体运动的本质[J].体育科学,2014,34(2):11-17.

[71] HUGHES M，FRANKS I M. Notational analysis of sport：systems for better coaching and performance in sport[M]. 2nd. Hove：Psychology Press，2004：201.

[72] OZYENER F. Notational analysis of sport：systems for better coaching and performance in sport[J]. Journal of Sports Science & Medicine，2004，3(2)：104.

[73] FRANKS I M，HUGHES M. Soccer analytics：successful coaching through match analysis[M]. Köln：Meyer & Meyer Sport，2016：23.

[74] 王瑞,董明,侯文皓.制造型企业数字化成熟度评价模型及方法研究[J].科技管理研究,2019,39(19):57-64.

[75] 胡海旭,万发达,杜长亮,等.中西方运动训练哲学萌芽的特征比较[J].北京体育大学学报,

2014,37(12):120-126.

[76] GREGORY HAFF G. SPORT SCIENCE[J]. Strength & Conditioning Journal, 2010, 32(2): 33-45.

[77] 胡海旭.竞技能力增长理论模型及其演进[J].体育科学,2016,36(2):14-24,40.

[78] TOLLE K M, TANSLEY D S W, HEY A J G. The fourth paradigm: data-intensive scientific discovery[J]. Proceedings of the IEEE, 2011, 99(8): 1334-1337.

[79] 布莱恩·阿瑟.技术的本质[M].曹东溟,王健,译.浙江:浙江人民出版社,2019:45.

[80] 胡海旭.运动训练理论与方法演进史论[D].北京:北京体育大学,2014.

[81] BEAMISH R, RITCHIE I. From fixed capacities to performance-enhancement: the paradigm shift in the science of "Training" and the use of performance-enhancing substances[J]. Sport in History, 2005, 25: 3, 412-433.

[82] 李国杰.发展数字经济值得深思的几个问题[J].科学中国人,2018(21):44-47.

[83] 施锦诚,孔寒冰,吴婧姗,等.数据赋能工程教育转型:欧洲数字化战略报告分析[J].高等工程教育研究,2021(1):17-23.

[84] EDISON. Data science competences framework (CF-DS) release 1[R/OL]. (2016-10-10)[2021-02-17]. https://edison-project.eu/data-science-competence-framework-cf-ds/.

[85] 吴婧姗,施锦诚,朱凌.数据赋能工程教育转型:基于五份美国数据科学咨询报告的分析[J].高等工程教育研究,2020(4):41-47.

[86] 周宏仁.信息化:从计算机科学到计算科学[J].中国科学院院刊,2016,31(6):591-598.

[87] 盘和林.建设智慧城市,非打破"数据桎梏"不能成[N].光明日报,2021-2-18(2).

[88] 张世珍.数字经济面临的治理挑战及应对[EB/OL].(2021-2-19)[2021-5-7]. https://edison-project.eu/sites/edison-project.eu/files/filefield_paths/edison_cf-ds-release1-v07.pdf.

[89] 魏国富,石英村.人工智能数据安全治理与技术发展概述[J].信息安全研究,2021,7(2):110-119.

第六篇

体育数字化转型的实践案例

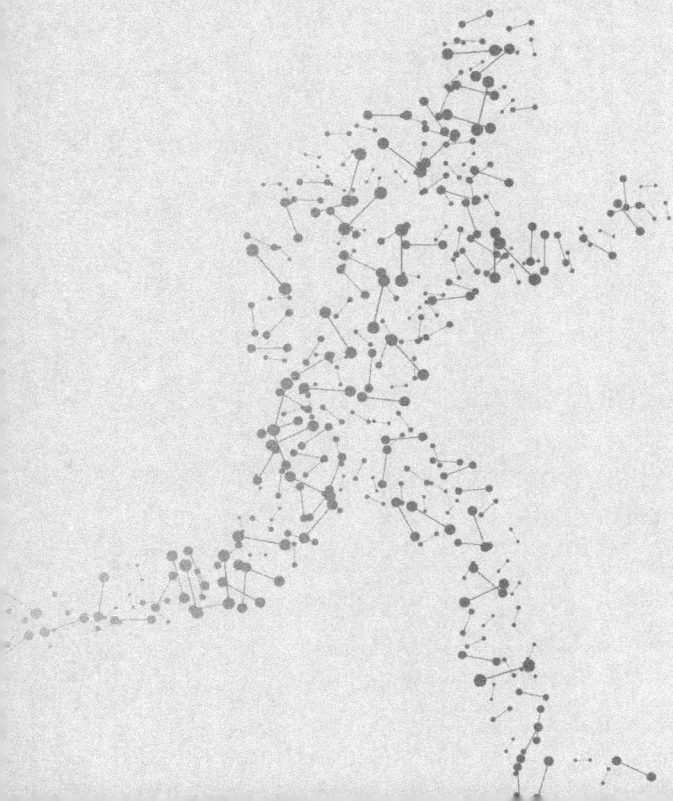

第13章

体育场馆数字化转型实践案例

案例一 ｜ 巨岩科技：室外体育公园智慧化无人值守管理系统

1 公司名称

杭州巨岩欣成科技有限公司。

2 公司简介

杭州巨岩欣成科技有限公司（简称"巨岩科技"）是中国智慧体育领军企业，致力于体育产业的数字化建设，是国家高新技术企业，中国体育场馆协会会员单位，中国体育科学学会会员单位，浙商总会体育产业委员会副会长单位。创始人谢欣获第四届浙江省体育产业领军人物。

巨岩科技参与了《体育场馆智慧化 信息配置要求》《体育场馆智慧化 评价指南》《体育场馆信息化管理服务系统技术规范》《全民健身信息服务平台数据接口规范》国家行业标准的制定，以及中国体育场馆协会团体标准《智慧体育场馆建设标准》的制定，是唯一全部参与这五大标准制定的智慧体育企业。同时，巨岩科技还承担了科技部国家重点课题（原863计划）"智慧健身区域服务综合示范"项目的重任，并具体负责"体育场馆信息化集成管理与服务系统"和"智慧健身区域服务综合示范"两个子课题。

巨岩科技是华为 ISV 认证级生态合作伙伴、阿里巴巴在智慧体育领域的独家战略合作伙伴（双方成立了合资企业橙岩科技）以及中国电信的战略合作伙伴。

巨岩科技的智慧体育产品广泛应用于世界大学生运动会、世界乒乓球团体锦标赛等重大国际赛事,也深度参与亚运会智慧场馆的建设。拥有南京奥体中心、杭州国际博览中心、山东省体育中心、杭州桐庐马术中心、杭州西湖区文体中心、浙江大学国际联合学院体育馆、浙江省黄龙体育中心等众多数字化智慧场馆标杆案例!

3 主推案例介绍

3.1 产品背景

3.1.1 产品拟解决的行业痛点

目前,国内大多数已经建成的室外运动场地都是由街道等政府工作人员进行日常维护。管理人员工作时长的不确定性为前来体育锻炼的居民在一定程度上造成不便。同时,场地无差别化对外开放容易导致用户在使用过程中产生纠纷。此外,目前的室外运动场地无法对进出人员做到实名制管理,在遇到用户恶意损坏器材时无法追责。

3.1.2 产品聚焦的关键问题

室外公园的无人化管理系统对于解决群众健身锻炼的需求十分迫切,为群众打造了步行可达的便捷运动健身圈,为其提供环境良好、设施完善及服务便捷的健身场地。

3.1.3 产品的需求分析

对城市居民而言,智慧化水平更高的室外运动场地为其进行体育锻炼提供便利;对场地管理人员而言,借助智慧化设备可降低对场地的管理难度,提升管理效率。

3.2 产品/解决方案介绍与实施情况

3.2.1 产品主要功能与应用场景

用户通过手机用户端即可查询场地状态,随时随地了解场馆动态、进行预订场地。用户体验流程具体见图 13-1。

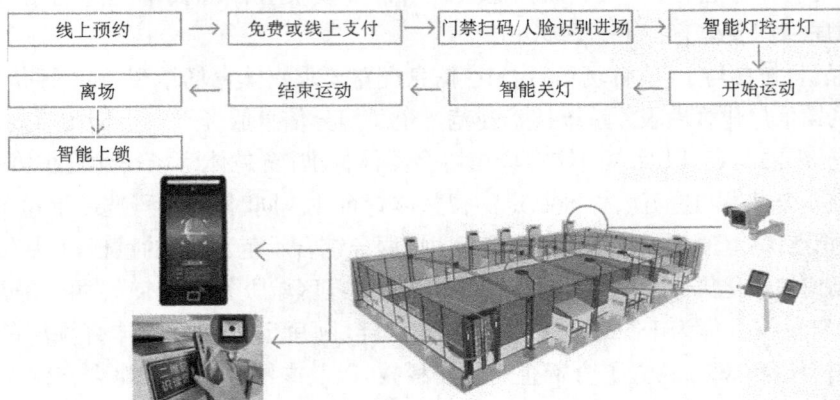

图 13-1 用户体验流程

线上场地预订流程如下：查看场地列表（图 13-2）→选择查看场地详情（图 13-3）→场次选择→订单确认→支付成功。

图 13-2　场地列表　　　　图 13-3　场地详情

线下进行智慧硬件改造，实现自助入场、远程监管、智慧灯控、远程开关等功能。

3.2.1.1　自助入场

用户可通过在线平台，实现在线自助购票预订场地，预订场地后即可通过动态二维码打开运动场门禁设备（图 13-4）进场运动。同时首页也会实时显示场内人数，帮助用户提前规划运动时间，提高用户体验。

图 13-4　门禁设备

3.2.1.2 远程监管

通过在场馆内设监控视频点位及配套的机房和设备,管理人员可通过监控视频画面(图13-5)进行远程巡查,无死角地了解当前运动公园的实时情况,能够满足大量体育场地管理人力负担过重的问题,用最少的人力匹配无人化值守的管理模式,让大量场地都实现有序运行。

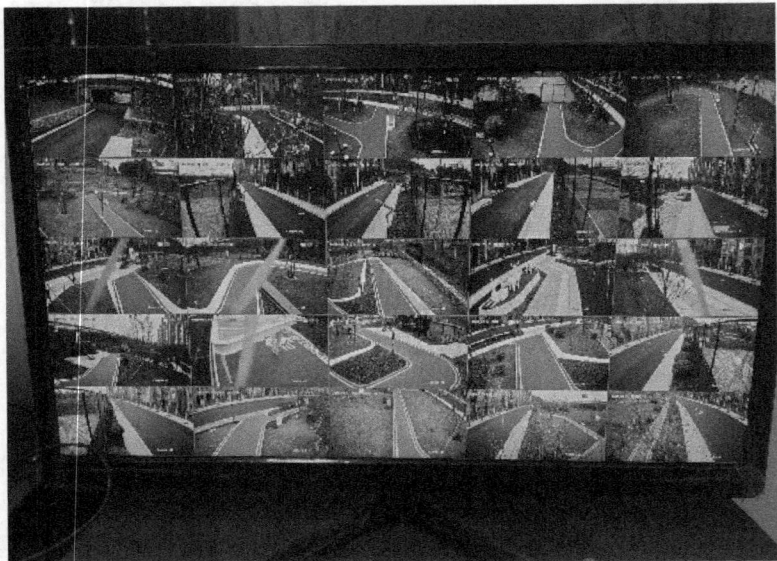

图13-5 监控视频画面

3.2.1.3 智慧灯控

通过对包含电路、网络系统、照明灯光改造(图13-6)安装,通过在线预订系统的后台数据,在用户到场前5分钟,灯光自动开启,如需延长灯光使用时间也只需要在移动端续费,灯光便会自动延时。

图13-6 照明灯光改造

3.2.1.4　远程开关

在门禁系统或者灯控系统出现故障,移动端无法正常开启门锁或灯光时,只需要联系运营方,运营方可以通过后台进行远程开关(图 13-7)。

图 13-7　远程开关后台界面

3.2.2　产品主要技术特点

该产品技术特点是利用智能化的闸机、门禁等人工智能设备,将其与运营管理系统打通,用户可以在移动端自主购票,通过刷动态二维码、刷脸入闸进行运动。同时,系统支持多种产品的配置,能够适配不同运营的场景。

3.2.3　产品实施现状及应用推广情况

3.2.3.1　实施现状

本项目已经在众多室外体育公园和体育场馆的室外场地进行使用,目前最有代表性属于杭州市余杭区中泰运动公园。

3.2.3.2　市场份额及未来发展空间

随着这几年奥运会、亚运会的连续举办,我国的全民健身运动不断深入开展,客观上促进了全民健身场地的建设。社区公园、商务区运动场等一批位于居民区周边的邻里式场地已经建成,而这些新的运动公园也将采用室外公园无人化管理的模式,以期给市民带来更好的锻炼体验。

3.2.4　产品目前所处细分领域

本案例产品所处技术细分领域为社区运动公园＋大数据＋物联网。

3.3　产品效果反馈

中泰运动公园建成之前的闲置地块既符合"在社区、公园绿地、滨水绿道、桥下空间、屋顶等区域见缝插针建设"的要求,又能有效改善该区域环境风貌,提升居民幸福感,还为社区 1.3 万居民提供多样化健身运动场所,并辐射周边 4 万余群众,昔日闲置空地、卫生死角变身成为动感地带,真正做到了惠民利民。

中泰运动公园自 2021 年 12 月初投入使用以来,已有超过 8.9 万余人次进入各球场运动健身,成为余杭区的"新网红"打卡地。

案例二 天健体育 & 巨岩科技:泳池安全人工智能防溺水报警系统

1 公司名称

上海天健体育科技发展有限公司,巨岩科技。

2 公司简介

上海天健体育科技发展有限公司(简称"天健体育")由国内体育产业资深人士、美国硅谷信息技术博士和国内大数据、云服务、移动互联网领域的顶尖人才共同创立,以互联网、云计算、大数据、物联网等技术为支撑,以技术驱动体育服务创新为愿景,研发体育创新服务,提供线上、线下融合的整体解决方案,是国家高新技术企业、国家体育产业示范项目、上海市专精特新企业、上海市体育产业示范单位、杨浦区科技小巨人企业,公司先后取得 40 余项软件著作权和多项发明专利。

巨岩科技具体介绍见本章案例一。

3 主推案例介绍

3.1 产品背景

3.1.1 产品拟解决的行业痛点

随着国家对体育产业的大力扶持,人们参加体育活动的热情也越来越高涨,而作为热门运动项目之一的游泳却成为安全事故最高发的运动。根据卫生部门和公安部门的统计数据,2023 年我国共发生溺水事故 17 504 起,导致 30 456 人死亡。这一数据凸显了溺水事故的严重性和对公共安全的威胁,如何更好地利用科技去解决溺水问题成为一大难题。

目前大部分游泳场所使用的运营方式是基于传统人工模式运营,这种模式存在着以下问题:

(1) 安全员成本高昂,按照公共泳池管理规定,水面面积在 250 平方米以下的人工游泳池,至少配备固定水上救生员 3 位;水面面积在 250 平方米以上的,每增加 250 平方米及 250 平方米以内的水面面积,就要增加 1 位固定水上救生员,不同省份对于安全员的规定有增无减。对于大多数泳池经营方来说,加上排班换班,则需要配备更多救生员,这将产生很大的一笔支出。

(2) 人工安全员效果存在着不稳定性,溺水事件发生后,泳客 2 分钟就会丧失意识,4~6 分钟就会造成脑损伤甚至死亡。救援是刻不容缓的,有效救援时间极短,需要有精准的保护。但是在高峰时期,由于受到视野、安全员状态、环境干扰等因素影响,救生员也会产生错漏,而错漏将会导致不可弥补的人员安全后果。

3.1.2　产品聚焦的关键问题

结合体育科技资源,对游泳馆进行更加高效的管理,用科技、人工智能、互联网等手段探索解决当前瓶颈问题是产品聚焦的关键。天健体育和巨岩科技基于人体识别算法、人体追踪算法和人体溺水识别算法分别开发了泳池防溺水报警系统,用以解决泳池管理中安全这一难题。

3.1.3　产品的需求分析

游泳馆的传统救生方式是由救生员坐在泳池旁进行肉眼观察,少数游泳馆有专门的监视人员坐在监控屏幕前对泳池监视进行辅助。但是由于人的精力、注意力和泳池水面反光等主客观条件的限制,会出现溺水行为发生时不能被及时发现的情况,从而错过最佳救援时间。

3.2　产品/解决方案介绍与实施情况

3.2.1　天健体育泳池防溺水报警系统

3.2.1.1　产品主要功能与应用场景

天健体育泳池防溺水报警系统基于人体识别算法、人体追踪算法和人体溺水识别算法,由软件系统、智能硬件、实时监控大屏组成。软件系统包含防溺水报警系统及救生员监控系统;智能硬件包含中央处理器、摄像头、智能手环、报警器等;实时监控大屏用于视频、图像和数据展示和运行监控(图 13-8)。

天健体育泳池防溺水报警系统能够通过大屏实时监控泳池中的泳客及其运动状态,当泳客数量达到泳池上限或者泳客处于溺水风险状态时,系统会标红并发出警报,相关工作人员会通过手环、蓝牙耳机等设备接收溺水报警信息,及时提醒救生员展开救援,产品的应用见图 13-9。

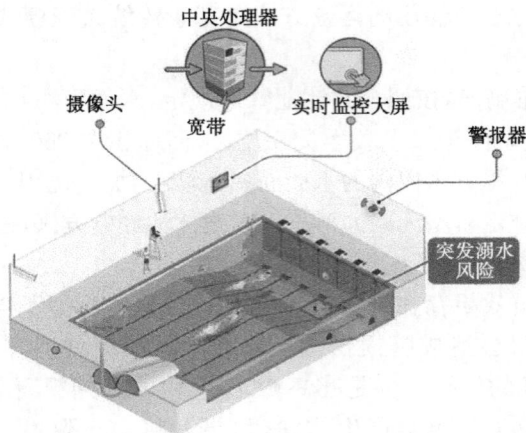

图 13-8　产品设计

图 13-9　产品应用

3.2.1.2　产品主要特点

1. 产品主要应用特点

成本低：本产品能够实现全时段实时监控，且利用人工智能、大数据分析技术不需要人员监管也可保证泳池安全，实现了无人化管理。

监管范围广：本产品能够对泳池进行全面无死角监控，人员识别率高，比人眼更安全、监测范围广。

避免人员管理疏忽：本产品能够实现 24 小时多人群、多姿态、多场景识别，一旦发现风险立即通知管理者和救生员，及时进行救护。本系统实时监测，泳客若出现溺水则立即发出报警，大大减少救生员从发现泳客溺水到施救的时间，抓住溺水救援黄金时间。

2. 产品主要技术特点

本产品以基于计算机视觉技术的防溺水算法为核心技术，产品架构采用端＋

云服务的分布式微服务架构。

稳定的目标追踪算法：采用基于卡尔曼滤波及重识别网络的目标追踪算法，用大量泳客数据集训练重识别模型，达到稳定的目标追踪效果。

准确的行为判断算法：模块采用三维（3D）卷积网络结构，应用 3D 卷积运算从连续多帧数据中提取空间和时间特征以进行动作识别，模型可以将泳客的行为分为游泳、踩水、扶岸练习、潜水、溺水等多种类型。实测模型推理速度，在无重叠帧的情况下速度可以达到 100fps，识别精度为 97% 以上。

3.2.1.3　产品实施现状及应用推广情况

本产品目前已在上海虹口游泳池、崇明区青少年游泳馆、堡镇社区游泳馆、金山游泳馆、安徽长丰体育中心游泳馆、宁波氧动力游泳健身中心等多个游泳场所安装运行，取得了很好的效果。本产品获得了上海市游泳场所业务主管部门的推荐。

3.2.1.4　产品目前所处细分领域

本产品目前所处细分领域为人工智能＋全民健身。

3.2.2　巨岩科技泳池防溺水报警系统

3.2.2.1　产品主要功能与应用场景

（1）预警级别分析：预警级别分析模块中，可查看防溺水的预警级别分析的信息列表页面，列表内容包括防溺水的预警区域、预警级别（高）、预警级别（中）、预警级别（低）、合计等。

（2）泳池安全数字报警设备：主要是由安全员手环、安全员 PAD、数字驾驶舱大屏、场馆喇叭四大安全监管产品组成（图 13-10），保证场内大屏与安全员安全管

图 13-10　游泳馆真实场景下数字驾驶舱大屏、安全员 PAD、安全员手环显示报警画面

理设备实现监测画面统一,预警报警时间统一。做到了安全监管产品的丰富性和全面性,产品兼顾了泳客与安全员的全面需求,四大安全监管产品的作用相辅相成,最大程度保障了泳池安全。

1) 安全员手环报警:出现预警状态时,第一时间在安全员手环上出现人员溺水情况下的报警,震动及声音同时出现,且手环上会出现溺水人员具体所在的泳道数,便于安全员进行判别及救援。

2) 安全员 PAD 报警设备:为安全员配备报警设备,PAD 端不仅实现了人员防溺水实时监测、还搭建了安全员工作系统。对于安全员而言,他们不仅可以通过 PAD 随时看到泳池水面情况、泳客追踪情况、人员安全、风险、危险情况的实时数据,辅助其开展工作;安全员还能通过工作系统登录进行工作打卡。对于泳池监管层而言,他们可以监管安全员工作状态,且系统人性化设置了巡场申请功能,允许下场巡视泳池,离开座位,同时会给予其他安全员通知提醒,提高在座位时候的警惕度(图 13-11)。

图 13-11 安全员 PAD 报警设备画面显示

3) 数字驾驶舱大屏报警设备(图 13-12):大屏设备以人工智能防溺水系统为核心,对泳池安全形成了包含人员防溺水实时监测、安全员在岗监测、泳池物联环境监测、泳客数量趋势管理、告警事件处理五大核心功能板块。其中,对泳池内每一个人通过人工智能图形识别算法进行追踪报警是核心的技术应用。

4) 场馆喇叭报警设备:喇叭会在安全警报触发时进行全场报警,便于其他泳客离开泳池,安全员下水进行救援。

图 13-12　数字驾驶舱大屏画面显示

（3）主管部门游泳馆安全监管服务驾驶舱：产品部署到更多泳池后可接入各地的泳池防溺水安全系统，搭建省级人工智能游泳馆安全监管服务驾驶舱甚至是全国的游泳馆安全监管平台。对各地泳池进行全方位监管，包括核心的人员防溺水实时监测，以及场地情况、泳客排行、泳池环境、安全员监管、告警事件及走势六大板块，并确定数据权值可形成地区泳池安全排行榜。图 13-13 为主管部门游泳馆安全监管服务驾驶舱示例。

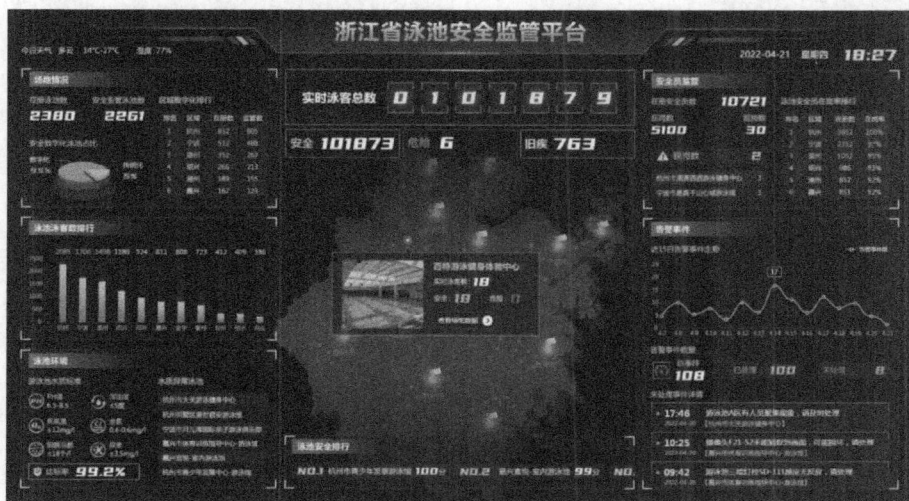

图 13-13　主管部门游泳馆安全监管服务驾驶舱显示界面

以上产品主要应用于室内外标准游泳馆、非标准游泳馆以及天然浴场等各类游泳场所。

3.2.2.2　产品主要技术特点

1．产品设计原理

本产品是以国际顶尖视觉识别算法科学家为总架构师,他带领 50 余名教授、副教授、博士和研究生组成的技术团队研发完成。其技术架构见图 13-14。

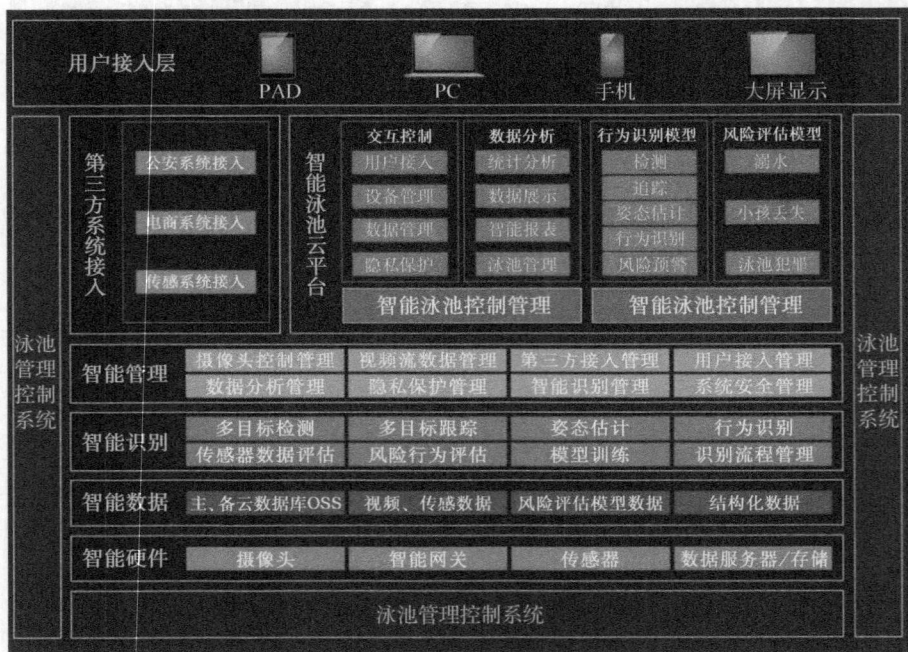

图 13-14　技术架构

本产品用创新的人工智能视觉识别算法技术对画面中泳客进行检测、追踪、人体姿态判别和行为识别预警。泳客在不需要穿戴额外设备前提下,本产品可以有效辅助识别泳客溺水风险及危险,从而触发预警倒计时。溺水警报会通过数字驾驶舱大屏、场馆喇叭、安全员 PAD、安全员手环等多层级多维度渠道直接发送给安全员进行提醒保障。与没有这项技术的游泳池相比,本产品可以 24 小时无死角地监控泳池安全,改善了安全员因注意力分散和视觉死角造成的察觉不及时风险,为当前仅依靠人工防溺水的现状提供了重要的技术防范辅佐作用(图 13-15)。

数字驾驶舱大屏展示以游泳馆防溺水人工智能安全管理系统及应用为核心对泳池安全形成了包含人员防溺水实时监测、安全员在岗监测、泳客数量趋势管理、告警事件处理等核心功能板块。

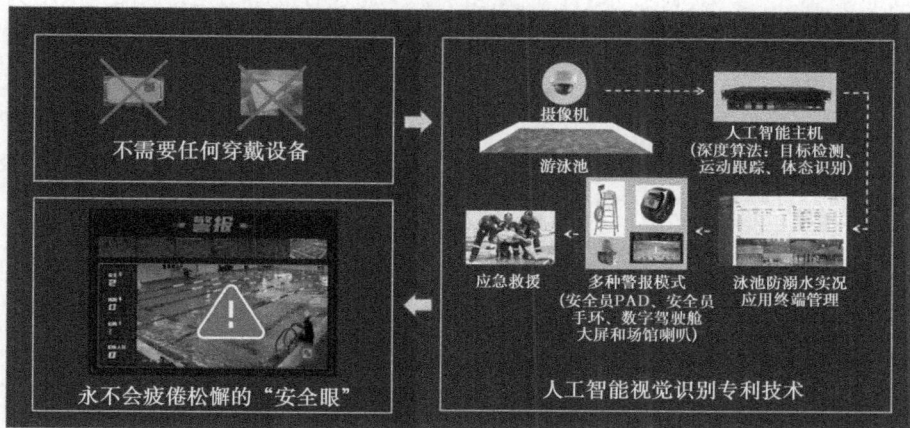

图 13-15　泳池防溺水技术

　　同时针对安全员专门设计配备报警设备：安全员 PAD 和安全员手环。PAD 端可以实现泳池人员防溺水实时监测。根据这一设计，安全员不仅可以通过 PAD 随时看到泳池水面情况、泳客追踪情况、人员安全、风险、危险情况的实时数据；还可以通过手环实现在出现人员溺水情况下同时进行震动及声音的报警，且手环上会出现具体警报所在的泳道数，便于安全员进行救援。

　　2. 产品核心技术创新点

　　（1）超宽基线的多视角相机标定技术：针对泳池场馆内超宽基线的多视角相机之间的标定问题，采用基于灭点和室内建筑 3D 模型的多相机外参标定最优化技术，预计实现厘米级精度误差的多相机外参。

　　（2）超大视差的多相机空间融合技术：针对超大视差的多相机融合问题，采用基于泳池视觉标志物的层次化区域映射融合技术，预计实现无缝衔接的多相机共视空间的定位与融合。

　　（3）面向复杂水面背景的人头三维定位技术：在复杂水面背景下泳客易受水波影响，难以直接判断水上水下问题，集成多视几何与捆集优化的空间定位技术，实现人头三维空间定位，准确进行泳客头部处于水上或水下的判断。

　　（4）面向严重透视畸变的水面人头追踪技术：针对泳池场馆内相机透视畸变而导致人头难以检测和追踪的问题，基于深度学习模型，融合镜头畸变和球极畸变矫正模块去除畸变，实现泳客头部小目标的精确检测追踪。

　　（5）多相机融合的多目标追踪技术：针对泳池中多相机对多目标追踪的问题，融合多个相机，对目标进行点位匹配，再利用追踪器对不同相机的目标进行特征提取与匹配追踪，实现精准的多相机多目标追踪。

（6）潜水检测与追踪技术：针对泳池内泳客潜泳的检测与追踪问题，采用具有倾向性的样本加权混合检测网络，提高水面遮挡检测的准确性，实现潜泳目标的精确检测与追踪。

（7）复杂背景下溺水目标检测技术：针对泳池的复杂背景，设计并搜集全面的溺水行为数据集，融合多相机来实现不同视角的互补检测，结合小样本机器学习技术，实现溺水目标剧烈挣扎动作的精确检测。

（8）复杂背景下特定溺水行为识别技术：针对复杂泳池背景下溺水行为识别问题，设计融合了时序上的动作信号以及空间信号的 3D 特征，实现常见溺水行为的准确分类，取得较好的鲁棒性，能够提高报警率降低虚警率。

3.2.2.3 产品实施现状及应用推广情况

（1）产品实施推广情况：目前本产品已经在标杆智慧场馆浙江省黄龙体育中心游泳馆、上海大学生体育中心游泳馆、杭州西湖区文体中心游泳馆、杭州莱茵游泳馆、杭州狄邦文理学校游泳馆、杭州大关游泳健身馆、杭州市上城区体育中心游泳馆、阿里体育中心游泳馆、成都锦江体育公园游泳馆等多个知名场馆部署使用。

（2）产品未来发展空间：本产品的难度主要在人工智能算法部分，对于硬件实施部署方面：①硬件成本不高，每个游泳馆只需要在泳池四周高处安装 6～12 个摄像头，以及配套硬盘录像机、电脑等视频监控的常用器材；②不需要泳池停业施工，并且施工时间短、效率高。因此，其具有极强的推广可行性和市场价值。

3.2.2.4 产品目前所处细分领域与行业地位

细分领域：游泳馆＋人工智能视觉识别深度算法。

行业地位：人工智能视觉识别及深度学习技术是当前公认的高精尖科技领域之一，是各国科技竞赛过程中必争的技术高地、人才高地、应用高地。本项目是该技术攻克难关、落地应用的示范引领代表。

在体育领域中，与高精尖的人工智能视觉识别和深度学习进行结合的模式是更具有开创性的。首先，从技术上来说，本案例开创性地把人工智能视觉识别技术引入泳池防溺水安全监管领域，让国内的运动安全监管进入了人工智能时代。对于体育行业来说，其具有高科技应用的示范性引领作用。尤其是，现如今，体育行业受到空前重视，2019 年 9 月国家体育总局时任副局长李建明表示，我国力争到 2035 年将体育产业打造成国民经济支柱产业。在全民健身和体育产业发展中务必要更多地运用科技进行赋能。

其次，从实际应用效果来说，本项目真正解决了全民健身运动安全中最集中的高危问题。将科技应用于服务老百姓切身的生命安全、重大需求。上亿游泳人群中每年出现溺亡的人数据不完全统计达到 5.7 万，服务人群广泛，对于科技的应用目的和服务范围有很好的示范性引领作用。体现了科技不是空中楼阁,真正服务于民、用之于民,是科研成果的应有之义。

3.3　产品效果反馈

3.3.1　天健体育泳池防溺水系统

天健体育泳池防溺水系统是上海市游泳场所业务主管部门的推荐产品。

3.3.2　巨岩科技泳池防溺水系统

3.3.2.1　杭州莱茵游泳馆

目前已经部署使用本案例的防溺水系统 1 年 2 个月,系统运行稳定,并精准预警多次安全员尚未发现的危险事件,确保了游泳馆的安全运营,获得了游泳馆业主方和安全员的高度评价。

3.3.2.2　杭州狄邦文理学校游泳馆

该游泳馆是属于一个高亮泳池,水面的反光非常强,泳池防溺水系统做到了在高亮泳池环境下精准追踪和报警。该游泳馆主要用户均为中小学生,使用该系统大大增强了学生游泳安全的保障,获得了校方的高度认可。

3.3.2.3　浙江省黄龙体育中心游泳馆

该游泳馆是浙江省内具有重要标杆影响力的游泳馆,泳客数量多,泳馆高峰期可以达到单日 1 500 个泳客,同时在泳池内的泳客可达数百人,本系统圆满实现了在人数众多情况下对泳客的追踪和危险状态报警,具有很强的标杆性。

在社会价值方面,解决了困扰游泳行业多年的泳池防溺水安全管理难题,为人民群众健身锻炼的安全性带来保障,杜绝游泳馆中的安全隐患,为人身安全保驾护航。同时提供给人民群众更加便捷的在线锻炼平台,通过数据化的方式为管理部门带来更有效的工具。

通过人工智能算法将烦琐、枯燥的观察、识别工作交由机器完成,泳池管理环节中节约大量安全员劳动力。

案例三｜好敏信息科技:以泳客安全预警为核心的 3S 智慧场馆平台

1　公司名称

上海好敏信息科技有限公司。

2 公司简介

上海好敏信息科技有限公司于 2015 年 9 月发起设立,注册在浦东自贸区外高桥片区。主要业务、主要产品或服务:以泳客安全预警为核心的 3S 智慧场馆平台,整合其他智能硬软件设备,为用户提供一体化游泳场馆智慧化解决方案。

3 主推案例介绍

3.1 产品背景

3.1.1 产品拟解决的行业痛点

2023 年 7 月,世界卫生组织的数据显示,溺水是世界各地非故意伤害死亡的第三大原因,占所有与伤害有关死亡的 7%。世界卫生组织 2014 年发布的《全球溺水报告:预防一个主要杀手》,显示全球每小时有 40 多人溺水死亡,每年有 37.2 万人溺水死亡,半数以上溺亡者不足 25 岁;人民网舆情数据中心、人民在线发布的《2022 中国青少年防溺水大数据报告》显示,我国每年约有 5.9 万人死于溺水,因溺水造成的伤亡位居我国 0～17 岁年龄段首位,占比高达 33%。

鉴于游泳运动的安全风险,国家体育总局于 2013 年将游泳项目认定为首批的"高危险性体育项目"。在上海,游泳是市民运动休闲的主要方式之一(在市民最喜爱的体育项目中位列第 8 位),每年全市参加游泳健身的市民约 2 000 万人次。尽管上海游泳健身行业的管理水平长期稳居全国前列,但游泳运动的安全风险依然比较高,是全社会的热点、难点与痛点。据上海市游泳救生协会统计,近年来,本市游泳场所平均每年发生约 10 起溺水死亡事故(不包括野泳等其他溺水死亡事件)。

与其他休闲运动项目比较,溺亡数字的背后是安全防护措施的缺失。目前泳池通行的防范办法是依靠救生员或泳池管理者在池边看护。但游泳过程中有些不易被外界发现的特点及救生员自身的限制,使得此种方式存在极大的安全隐患:①泳客自身健康原因如运动性休克、抽筋、癫痫症、突发心脏病等;②儿童好奇心驱使,在水下憋气,结果缺氧导致在水里失去意识,从而遭受溺水危险等;③溺水过程往往悄无声息、突发的,难以被外界发现;④疲倦、分心、视线受阻及噪声等原因引起救生员分神;⑤救生员经验及能力的局限,无法及时发现所有的溺水者。从实际数据中也可以发现,传统的人工看护方式的救生保障,也仍然有明显的安全漏洞:有数据表明,近 90% 的儿童溺水事件都是在有人看护的情况下发生的。

3.1.2 产品聚焦的关键问题

本产品聚焦解决游泳馆运营过程中,一旦发生泳客溺水死亡事故,将造成巨额经济责任赔偿这一长期困扰行业发展的痛点！以"人防 + 技防"为主导思路,利用物联网、"互联网 + "技术,通过"技防"弥补传统管理的不足,保障泳客安全,提升场馆运营效率,降低场馆运营成本。

3.1.3　产品的需求分析

安全已成为制约游泳行业发展、影响市民参与游泳健身的主要障碍,为游泳馆配套安装全面覆盖、精确记录、及时预判的以泳客安全预警为核心的 3S 智慧场管平台,并以此辅助传统救生员来保障游泳场馆每位泳客的安全,对于提升游泳馆的安全管理水平、保障市民健身安全是至关重要而且有重要社会意义的。

3.2　产品/解决方案介绍与实施情况

3.2.1　产品主要功能与应用场景

以泳客安全预警为核心的 3S 智慧场馆平台,搭配其他智能硬软件设备,为用户提供游泳馆智慧化解决方案。

3.2.1.1　泳客安全预警系统

以防溺水预警为核心,要求本系统(图 13-16)达到智能化、可视化,提高游泳馆救生工作效率,降低游泳馆运营管理风险。对每一位泳客是否发生溺水进行实时监测,通过触发不同等级的预警主动提示,辅助救生员及时做出相应的观察、干预并采取救援措施。用"技防"来弥补"人防"存在的漏洞,从而确保泳客的人身安全。

图 13-16　泳客安全预警系统使用场景

泳客在水下的持续时间越长,其安全风险越高。安全预警系统通过分布在池区周边的预警基站与佩戴在泳客头部前方的安全钥匙,判断泳客是否处在水上的安全状态。一旦泳客处于水下,系统就启动预警功能,根据泳客在水下持续的时间,逐步触发各个等级预警。

预警等级主要包括安全、注意、关注、追踪、警示、警报 6 个等级，并通过"数、声、位、图"4 种方式发布预警，提示安全员、管理人员加强安全监护，及时采取干预措施或救援。具体功能如下：

（1）实时定位泳池中泳客的位置和运动轨迹。

（2）实时监测泳客是否发生溺水。

（3）实时触发达到不同溺水风险等级的报警提示。

（4）实时监测泳客是否在指定的安全活动区域。

（5）实时统计泳客人数、密度、男女比例及区域分布。

（6）配有标准网络接口，可与其他标准网络系统对接和集成。

（7）可与场馆大屏幕的信息发布系统对接，实现预警界面图像显示实时定位效果。

（8）可与场馆广播的扩声系统对接，实现预警信息的有声语音播报提示。

（9）可与场馆水质、空气等环境监控系统对接，实现环境指标数据同步显示。

（10）可与场馆闸机、门禁的出入场管理系统对接，实现由泳客安全预警终端替代闸机 IC 卡。

（11）可与场馆智能更衣箱的管理系统对接，实现由泳客安全预警终端替代更衣箱钥匙，实现泳客自助选择更衣箱。

（12）可与场馆票务的销售管理系统对接，实现由泳客安全预警终端与泳客实名绑定。

图 13-17　智能更衣柜系统应用场景

（13）可实现泳客游泳运动数据、体质监测数据的存储与人群运动特征分析。

3.2.1.2　智能更衣柜系统

主要解决游泳馆传统模式下更衣柜发放效率低下、分配不科学、管理难度大等问题（图 13-17）。采用物联网模式的技术，通过智能化设备，信息化的业务流程设计，建立准入机制及流程管控实现全过程节点记录，最大程度提升管理水平及运营效率。

通过安全钥匙与泳客身份信息绑定，由泳客持安全钥匙来自助选择个人所需的更衣柜，管理系统可以通过本地或网络远程管理，实现查询、远程开箱、数据统计等功能，现场管理员持管理员卡可进入本地更衣箱的管理界面，进行一键清箱和指定位置锁箱停用的灵活管控。具体功能如下：

（1）可识别所有智能更衣柜的空闲、使用中、锁定等状态。

（2）可展示柜子状态，通过不同颜色区分各柜子状态。

（3）可显示智能柜实际摆放位置，泳客通过中控屏选择适合自己的位置。

（4）可远程管理所有智能更衣柜，定时清理智能更衣柜状态。

（5）具有本地数据库，可用管理员权限本地操作所有智能更衣柜。

（6）可以检测锁具是否有损坏，具有上报反馈功能。

（7）可以检测柜门开关状态，具有上报反馈功能。

（8）具有轮播放广告、通知、图片的功能。

（9）具有文字转语音功能，可以处理服务器反馈的信息，并语音播报给用户。

（10）具有标准的开放应用程序接口，可以对接第三方管理系统。

3.2.1.3　游泳馆票务管理系统

以"以人为本"为基础，实现提高泳客体验和简化泳客进馆流程的目标。出现的特殊情况时，还需要实现实名购票、分时预约、限量预约等功能。本系统需要满足信息收集、大数据分析和统计结果分析需求；也需要满足和其他相关系统如智能更衣柜系统、泳客安全预警系统等的交互和数据交流共享，为管理者提供一个全方位自动化管理的软件系统，有效帮助体育中心将安保控制、用户关系、行政管理、大数据分析等各方面完美地结合成一体。

本系统应具备线上、线下多售票渠道，为体育中心提供全方位的票务营销平台（图 13-18）。本系统应充分跟随着网络技术和智能手机的应用，售票方式不能仅局限于售票大厅的人工售票，应可扩展微信公众号或者小程序购票、第三方电子商务平台购票、自助机购票等多渠道的购票方式（图 13-19），为体育馆的顾客提供最大的方便和提高用户体验，同时可扩大客源、提高售票速度、节省人力成本、减少财务漏洞。

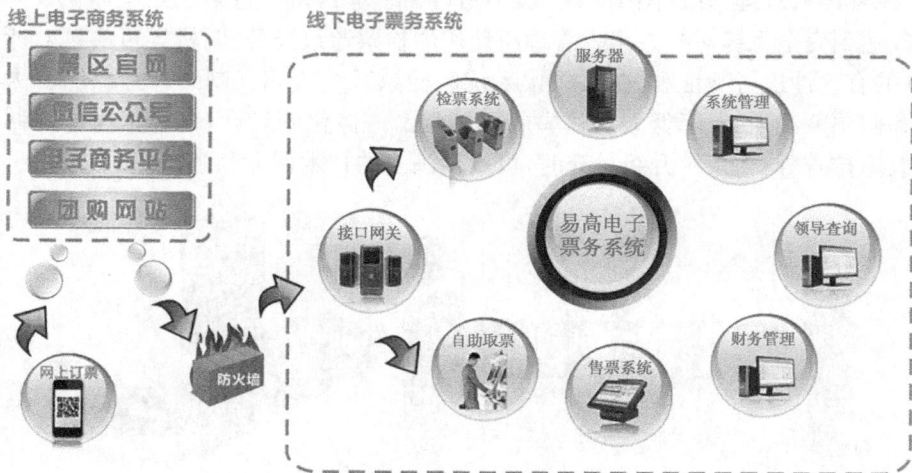

图 13-18　游泳馆票务管理系统应用场景

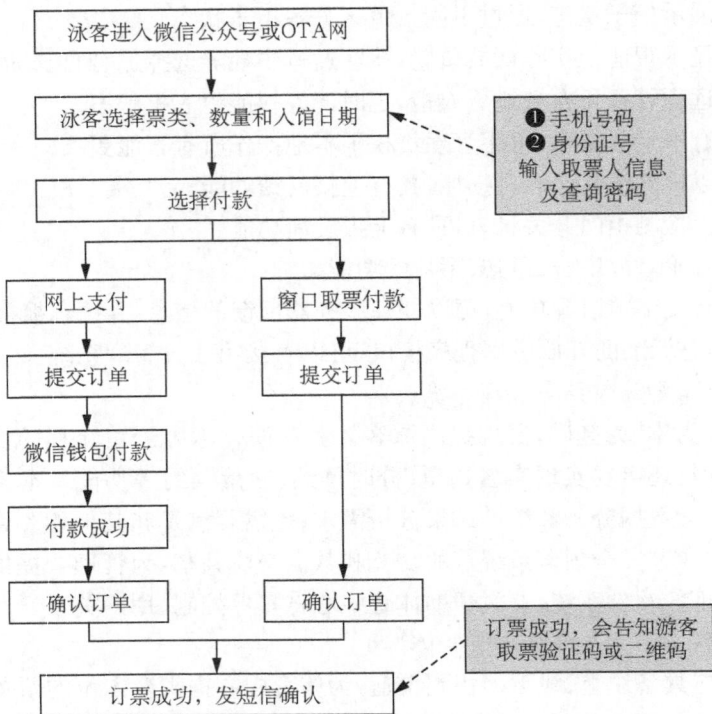

图 13-19　泳客自助购票流程

OTA 网指第三方线上交易平台

3.2.1.4　游泳馆一体化的出入管理系统

泳客出入管理系统(图 13-20)应和销售的管理营销平台系统是一体化设计和生产,达到完全无缝对接。出入管理所使用的检票通道设备、闸机等可实现对所售门票的有效性进行验证和核销;售票系统和检票系统应相互制约,防止无票(人情票)和假票蒙混入场,降低人为作弊的可能性。一体化的设计,在场馆需要定制功能、故障排查分析、系统升级扩充时,可提供满意的技术保障和服务。

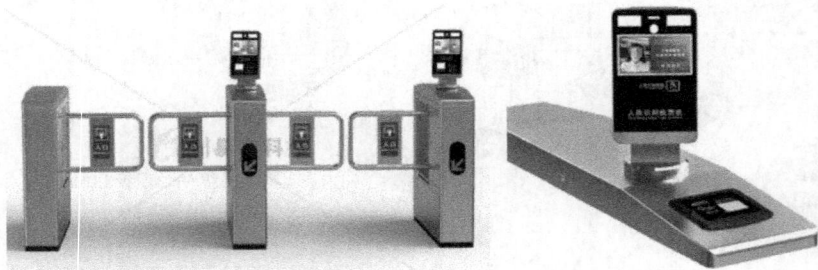

图 13-20　出入管理系统人脸识别场景

具备人脸比对、IC卡、二维码等各种检票模式,可支持泳客的多次入场,可进行身份核实,能快速准确地识别是否为持票者本人,防止一票多用的情况发生。

3.2.2　产品主要技术特点

3S智慧场馆平台采用实时定位系统原理,参照GPS系统,在泳池场景中部署伪卫星小基站,通过超宽带(ultrawideband,UWB)无线载波通信技术对目标区域进行无线信号覆盖,实现对泳池区泳客的精准定位。依据工程数学中到达时延差算法进行数据综合分析后,按照所设定的维度,运算出定位结果,最终将溺水预警信息及时通过电子显示屏、现场广播等设备进行不同等级的提示,使整个游泳馆内的每一位泳客都始终处于全过程、全方位的监控和保护当中。泳客安全预警系统技术亮点见图13-21。

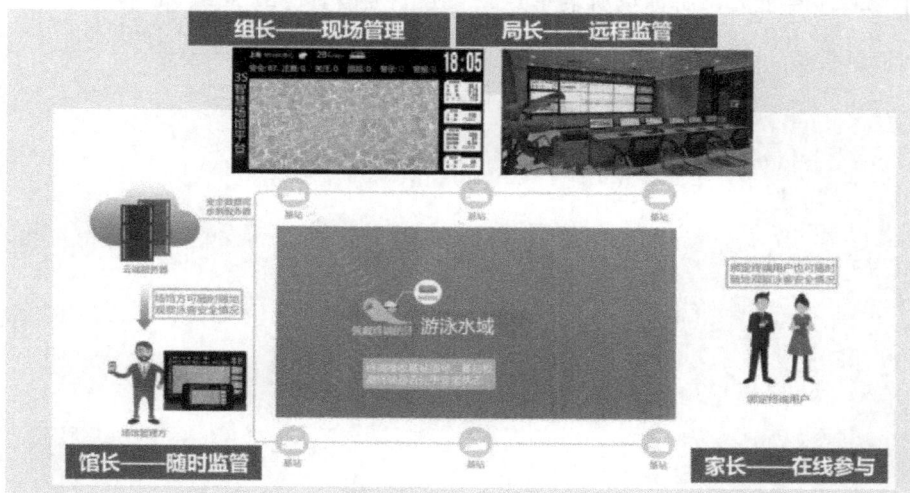

图 13-21　泳客安全预警系统技术亮点

3.2.3　产品实施及应用推广情况

以泳客安全预警为核心的3S智慧场馆平台基本建成之后,已经在全国6家场馆成功上线运行。截至目前,各项目均在正常使用中。其中,首家系统上线场馆已经平稳运行近5年。当前,正在对接的游泳场馆项目有上海游泳馆、上海市宝山区通河全民健身活动中心、上海市川沙体育中心、上海市浦东新区周浦体育中心、上海市杨行体育中心、上海市鲁班游泳馆、上海市浦东新区东方幼儿园(唐城部)、上海市市级机关第一幼儿园、宁波市奉化区体育中心等。

3.2.4　产品目前所处细分领域

本产品目前所处细分领域为体育场馆＋大数据＋物联网。

3.3　产品效果反馈

3.3.1　基本避免了场馆方责任性事故

本产品设计了完整的、逐步递进的、逐层排除的相互衔接的预警等级,通过相应的预警措施,可以将大量事故隐患、事故消灭在萌芽状态,进而基本避免了场馆方责任性事故的发生。

3.3.2　安全管理无限接近"零事故"

安全管理无限接近"零事故",可以极大增强游泳馆保障市民游泳健身活动安全的能力和水平,提高广大市民参与游泳健身的积极性。其中,系统上线运行 3 年多的上海科技大学游泳健身中心获得"2021 年上海市游泳场所夏季开放服务先进场所""2021 年上海市游泳场所夏季开放服务卫生信誉等级 A 级"证书。

全民健身数字化转型实践案例

案例一｜**天健体育："我要运动"智慧体育云平台**

1 公司名称

上海天健体育科技发展有限公司（天健体育）。

2 公司简介

具体见第 13 章案例二。

3 主推案例介绍

3.1 产品背景

物联网、云计算、大数据是"智慧体育"的技术支撑。"智慧体育"的应用涉及体育运动的方方面面，其根本目的与任务是让体育更好地发挥自身功能与服务职能，让人民群众更好地参与体育运动，实现全民健身、智慧健身、健康健身。

3.2 产品/解决方案介绍与实施情况

3.2.1 产品主要功能与应用场景

"我要运动"智慧体育云平台以微信小程序为抓手，重点从治理数字化和生活数字化两个方面着力，构建一端（小程序）、一中枢（智慧体育数字中枢）、多维度（多维度的管理和服务系统）和共享互联（与其他服务系统和平台共享互联）的数字化体系,为政府和管理者提供精细化的体育服务治理能力,为市民提供便捷化的体育服务。"我要运动"智慧体育云平台主要功能包含智慧体育指挥中心、场馆管理系统、赛事/活动系统、游泳场所管理系统、公共体育设施管理系统、智能运动场系统、学校场地开放管理系统七大模块(图 14-1)。

图 14-1 "我要运动"智慧体育云平台主要功能

3.2.1.1 智慧体育指挥中心

智慧体育指挥中心接入其他六大模块的信息,使政府主管部门能直观并全面地感知区域内的各项体育活动、场所、设施、人员等情况,通过对数据进行处理和挖掘,为主管部门的决策提供数据支撑,提高决策效率。

智慧体育指挥中心采用国际领先的分布式音视频处理技术,将分散的节点通过网络集成为可视化云,所有节点信息在云中共享,实现低带宽高画质(图 14-2)。

图 14-2 智慧体育指挥中心示意图

3.2.1.2　场馆管理系统

　　场馆管理系统可以使场馆管理者全面感知场地情况,有效解决场馆运营管理中的痛点。本系统基于软件即服务技术软件应用模式与移动微信端及 App 端无缝连接,场地资源开放、会员管理、订单管理、报表分析等均可在移动端操作管理,为负责人提供场馆利用率、运动人数、运动频率、消费情况等实时数据(图 14-3)。

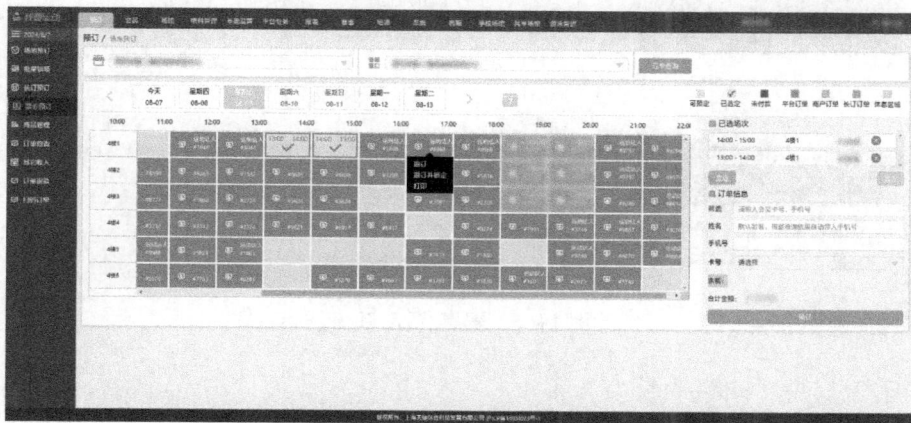

图 14-3　场馆管理系统

　　本系统适合羽毛球、网球、篮球、足球、游泳等多种体育运动项目,通过微信端、App 端及网页端可以预订场馆,随时了解海量场馆信息,方便市民运动健身。场馆管理系统终端应用具体见图 14-4。

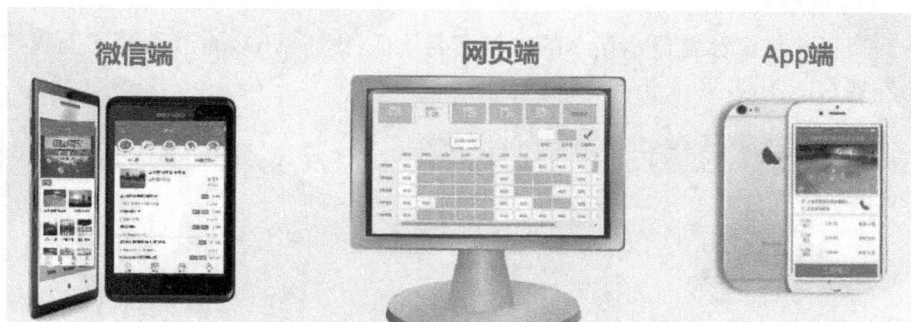

图 14-4　场馆管理系统终端应用

3.2.1.3　赛事/活动系统

　　本系统可实现各类赛事报名、线上支付、成绩查询、照片下载、视频浏览、证书颁布等一站式管理。为主管部门和机构提供赛事/活动的一站式管理解决方案,为主管部门全面掌握各类赛事信息,提供赛事活动的大数据服务(图 14-5)。

图 14-5　赛事/活动系统

3.2.1.4　游泳场所管理系统

本系统通过基于位置的服务(location based service,LBS)定位,在地图上快速查找附近的游泳场所,了解场所情况,在线购买游泳票和培训报名,为市民提供便利;提供实时水质监控、游泳健康承诺卡、救生员等人员的资格查验等多项服务,为相关政府监管部门提供高危险性体育项目的数字化管理解决方案。从业人员采用数字卡进行全流程管理,游泳场所利用平台对业务进行精细化的管理。

1. 智能闸机

为市民提供游泳健康承诺卡的入场实名认证(图 14-6),通过人脸识别或扫二维码连通智能闸机、更衣柜等,实现智能进场。

图 14-6　入场实名认证系统应用

2．三类人员管理

统一规范三类人员(场所负责人、救生组长、水质处理员)培训发证,所有信息入系统进行管理。扫描卡上二维码可以获取详细信息,防止冒充顶数。

3．防溺水安全系统

本系统通过摄像头实时捕捉泳客运动的视频图像,利用深度学习的溺水识别算法,在线判断泳客有无溺水情况的发生(图 14-7)。当发现泳客有溺水风险时,立刻向外围报警设备[电脑显示屏、发光二极管(light emitting diode,LED)显示屏、报警铃、手环等]发出报警信号,以便安全员更快地进行救援。

图 14-7　防溺水安全系统

4．自助手环机应用系统

本系统可以使泳客通过人脸/二维码/刷卡任意一种方式自助领取手环,通过手环可自助使用场内智能储物柜及淋浴室,离场时通过手环机归还手环,出场后系统对会员自动扣款结算(图 14-8)。

图 14-8　自助手环机应用系统

3.2.1.5 公共体育设施管理系统

本系统可以为政府主管部门提供公共体育设施的申报、审批、维护、管理和数据分析功能。提供体育设施的二维码身份识别、巡查、维护、报修解决方案。提供公共体育设施点的电子地图,可在地图上查看区域内所有的公共体育设施的布点分布情况,提供科学使用设施的视频教学,可在线观看。居民和巡查维护人员可以通过移动端实时查询、扫码报修身边的公共体育设施,维修进度可追踪。公共体育设施管理系统案例具体见图14-9。

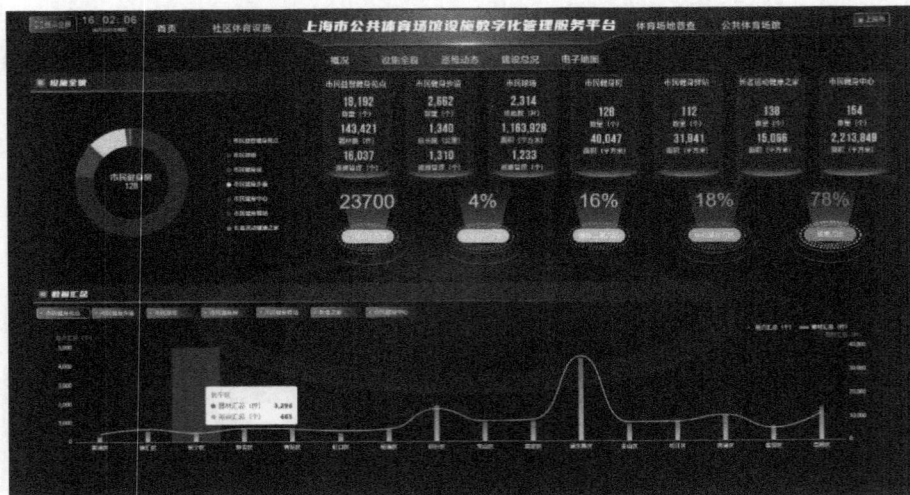

图14-9 公共体育设施管理系统案例

1. 申报

公共体育设施全部通过公共体育设施管理系统进行申报、审核、归档管理。实现无纸化环保办公,极大提高政府办公效率。

2. 市民服务

居民用手机直接查看运动地点的基本信息、开放时间、交通路线以及器材的基本信息,可通过教学视频科学健身,避免运动伤害。

3. 报修

公共体育设施场所粘贴一个二维码,当有设备损坏的时候,居民可以通过扫描二维码报修。

4. 数据分析

对设施点、器材、维修人员、报修情况等信息进行实时汇总,通过大屏进行展示,给主管部门提供实时数据支撑。

3.2.1.6　智能运动场管理系统

本系统以"我要运动"智慧体育云平台为支撑,将其与智能硬件结合,实现 24 小时开放、全监控管理的智能公共运动场。用手机扫码支付入场同时配备智能灯控和云摄像头,实现灯光的智能控制和现场的有效监管。智能运动场管理系统案例具体见图 14-10。

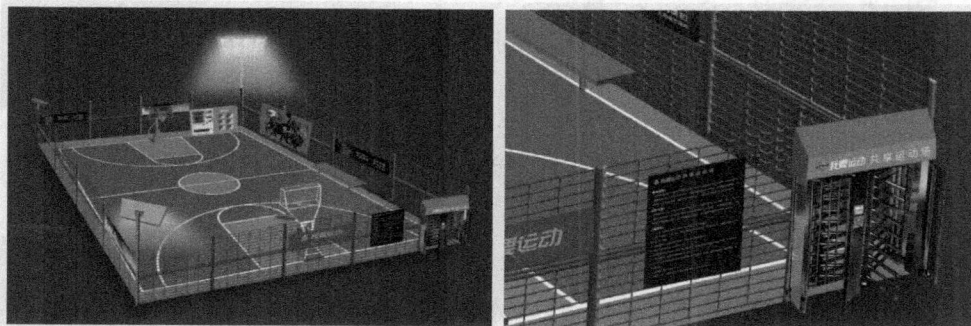

图 14-10　智能运动场管理系统案例

3.2.1.7　学校场地开放管理系统

本系统解决学校体育场地开放运营管理中的各种痛点和难点,为学校体育场地开放在人员登记检查、市民服务、运营管理工作、数据展示和汇报等方面提供全流程的数字化解决方案。

通过身份登记、入场验证等实现数字化服务,采用电子越界报警系统防止健身人员进入非开放区域,确保校园安全。开发"我要运动管理助手"(图 14-11)小程序,对日常管理工作进行全岗位、全流程的数字化管理,提高管理效率。

图 14-11　"我要运动管理助手"

3.2.2 产品主要技术特点

"我要运动"智慧体育云平台基于软件即服务模式,运用云计算、大数据、物联网等先进技术,具备透彻感知、全面互联、深度整合、协同运作、智能服务等特征。

3.2.3 产品实施及应用推广情况

"我要运动"智慧体育云平台目前在上海等多个省市已经获得应用和推广。

3.2.4 产品目前所处细分领域

本产品目前所处细分领域为人工智能+全民健身。

3.3 产品效果反馈

"我要运动"智慧体育云平台获评上海市体育产业示范项目,"我要运动"学校体育场地托管服务获评国家体育产业示范项目。

案例二 | 迈族智能家居:国内律动运动产品研发领先者

1 公司名称

迈族智能家居(上海)有限公司。

2 公司简介

迈族智能家居(上海)有限公司[简称"迈族(maizu)智能家居"]创立于2016年,公司位于上海杨浦区恒仁路350号一层。成立至今专注于律动运动健康干预技术应用研究及产品研发,打造完整的运动干预整体解决方案,包含体质检测、训练方案、设备干预、数据管理等。迈族(maizu)智能家居的目标是将律动运动干预作为健康管理系统中的一个模块,输出给国内众多健康管理机构及终端用户,帮助大家更好地完善健康促进手段、提升健康管理效率,共同推进健康管理市场的发展。公司核心团队从事运动健康促进多年,创始人王海龙从事运动促进健康行业二十余年。联合创始人陈德军曾任上市公司运营负责人,擅长战略、标准化管理、市场和用户运营。

3 主推案例介绍

公司经过数年研究,成功研制出一款智能律动机。智能律动机(图 14-12)主要应用在运动健康领域。目前智能律动在平台的基础上,逐步延伸至智能律动运动沙发、智能律动助眠床等,逐步形成围绕功能性智能运动健康家居的产品生态体系。

图 14-12　智能律动机

智能律动机具备遥控器控制与小程序控制两种控制模式。其中,遥控器适合使用智能手机有困难的用户,小程序适合习惯使用智能手机的用户。

智能律动机开发针对包括健康律动、减脂塑形、体态纠正、运动干预、促进循环、动感律动在内的六大训练目标,共计上千个课程,并且课程体系会持续开发(图14-13)。课程坚持科学运动方法、用户容易坚持、经过验证有效的运动形式。

图 14-13　课程体系

智能律动机使用起来非常安全,使用效果显著,使用户享受运动,用小程序控制的用户可以及时反馈,包括使用时间、消耗热量等反馈,并且基于软件即服务的小程序会记录每一个用户的既往使用数据。通过及时的数据反馈提升用户使用黏性,通过技术创新提升用户使用体验。

3.1 产品背景

3.1.1 产品拟解决的行业痛点

运动有益身体健康,每个人都需要一定量的运动是社会的普遍共识。运动健身行业有历史信息显示,运动量不足是一个普遍社会问题,运动量不足有多种原因,其中,运动难坚持是一个非常重要的原因。因为缺乏科学运动指导,个人有一定的概率发生运动损伤,这也是影响个人坚持运动的原因之一。

智能律动机是从安全、有效、享受运动、数据及时反馈4个维度考虑,经过大量的实践研发的一款运动产品。

3.1.2 产品聚焦的关键问题

智能律动机聚焦在健身运动人群与医疗康复运动人群中间的人群。中间这部分人群基数庞大,但个性化差异非常大。有工作繁忙缺乏运动时间的;有深受慢性疾病困扰又无法通过医疗手段快速解决问题的;有体质较弱急需增强体质的;等等。智能律动机聚焦满足想动没时间、想要改善体质、缓解慢性疾病等人群的运动需求。

3.1.3 产品的需求分析

智能律动机目标市场界定为,想运动,但缺乏运动时间;想运动,缺乏科学运动知识,需要指导;想运动,但是身体素质受限,找不到有效的运动方法;想通过运动改善身体微循环、加快新陈代谢,进而改善随着年龄增长而逐步产生的慢性疾病;想运动,但是一直不能坚持科学运动的人群。

3.2 产品/解决方案介绍与实施情况

3.2.1 产品主要功能与应用场景

3.2.1.1 主要功能描述

智能律动机通过垂直振动的方式提供被动的上下跳跃运动,使机体在运动系统(肌肉和骨骼系统)和循环代谢系统方面得到能力提升与改善,主要表现在以下几方面。

(1)提升下肢肌力,提高行动能力。

(2)提升骨密度。

(3)促进微循环,加速代谢,预防和调理代谢类健康问题。

（4）结合特定的课程训练，能实现精准健康干预。

3.2.1.2　应用场景介绍

（1）早期国外曾应用于宇航员训练，用于提升肌肉质量和骨密度。

（2）目前很多专业运动员的训练基地也会采用律动机。

（3）国内近 300 家医院康复科采用了律动设备，为患者做非侵入式的康复治疗。

（4）国内众多健康管理服务机构采用律动机作为运动干预手段做会员健康促进。

（5）企事业单位健身房和高管办公室引用律动机做职工健康管理。

（6）个人和家庭将律动机作为新型运动设备，在家做健康促进。

3.2.2　产品主要技术特点

智能律动机已历经多年科学研究和市场应用，充分证明其在健康促进方面的效益和成果，尤其在代谢类健康问题和运动功能提升方面，有显著改善和提升的作用。为了进一步实现精准干预，智能律动机做了全面智慧化升级，将运动处方转变成在线课程，为用户提供实时在线指导，通过科学有效的训练，大幅提升健康促进的效果。

智能律动机拥有自主研发、研究和技术开发团队，持续迭代操控程序，升级智慧化课程算法，实现产品物联及运动处方推荐，经过多年的研究实验积累，已申请多项发明专利，实现核心技术自主研发。

3.2.2.1　产品设计原理

智能律动机在仪器设备产生的垂直机械力和地心引力共同作用下，形成有规律的机械振动波（正弦波），并作用于人体，而且在振动频率安全可控的前提下，对人体神经、肌肉-骨骼、心血管等系统产生适应性反应。

3.2.2.2　核心技术创新

与目前市面上的其他品牌律动机相比，实现了产品物联的智慧化改造，使产品可以通过小程序和 App 对设备进行控制，并进入在线课程指导，解决了传统律动机用户不知道怎么科学训练的问题，大幅提升了律动机对用户健康促进的科学性和有效性。

3.2.2.3　创新技术的主要内容、特点

（1）实现在线课程指导。智能律动机自带二维码，可扫码进入小程序，里面有 300 多节课程可供用户选择，大致分为 3 类：减脂塑形、健身训练、慢性疾病调理。课程储存在云端，可对课程库进行实时优化、更新。

（2）训练强度匹配动作实时调整，追求最优效益。不同的训练目的，所对应的档位强度不同，我们在录制在线课程时，结合训练姿势、体感及效益最优等维度进

行评估,让振动强度随着训练姿势的改变同步做出调整,以达到单个训练动作的效益最大化。

（3）在线私教服务。小程序具备在线私教 1 对 1 和 1 对多指导服务,借助视频功能,实现教练和用户面对面,解决用户陪伴问题。

（4）和智能健身镜对接,实现肢体动作捕捉,校准训练姿势。智能律动机已经和智能健身镜打通,可以通过健身镜播放在线课程,提供私教服务,以及实时动作捕捉,让训练更科学、有趣。

（5）训练数据实时上传,记录训练成果。每台设备的使用记录都会上传到个人账户中心,记录用户的持续使用情况和健康改善数据。

（6）个人健康数据管理,建立健康数据库。结合第三方检测设备,抓取用户健康数据,并记录用户的训练数据,对健康促进效益的作用分析,最终形成健康数据库,用以提炼和优化健康干预方案,不断提升干预效率。

3.2.2.4　业内所处水平

智能律动机目前在律动机行业内处于领先地位,且短期内尚未出现市场模仿者和跟随者。

3.2.3　产品实施及应用推广情况

智能律动机推出市场后,率先应用在医疗康复和健康管理服务等专业机构,在医疗和健康服务业内,具有较大的市场认知度和影响力。由于进入个人家庭市场的时间较短,目前正逐步被消费者接受,市场处于持续被培养的过程中。

截至 2022 年,业内从业企业不多,国内外主流品牌商总计不到 10 家,市场年销售总额为 2 亿～3 亿元人民币。

随着市场对律动机认知的不断提升,市场规模在迅速扩张,近年行业进入者也越来越多,呈爆发式增长趋势。

3.2.4　产品目前所处细分领域

智能律动机归于运动健康领域,属于体育运动产业。

3.3　产品效果反馈

智能律动机为 2021 年上市新品,回访购买智能律动产品的用户发现,23% 以上用户 1 年后还在坚持使用,每周至少使用 3 次。复购率超过 15%,老用户转介绍率高达 60% 以上。

3.4　产品应用拓展与创新

3.4.1　基于律动原理的家居类产品创新

为了更好地解决运动量不足的问题,以及提高运动的依从性,迈族(maizu)智能家居在律动原理的基础上,做了产品系列扩展,与时尚家居进行融合,推出具有健康促进作用的功能性家居"运动家具"系列产品,涵盖了沙发(图 14-14)和床(图 14-15),开创了运动促进健康新的应用场景,大幅提高用户运动的依从性。

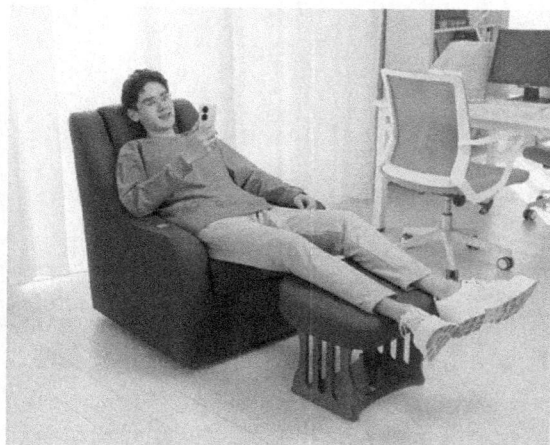

图 14-14　智能律动沙发

图 14-15　智能律动床

3.4.2　智能律动沙发主要功能描述

通过 3~12 Hz 可调频率的垂直振动,帮助使用者快速放松全身肌肉,促进微循环,具有放松舒压和改善睡眠治疗的作用。主要表现在以下几方面:

(1) 促进血液循环,加速身体代谢,预防和调理亚健康。

(2) 深度放松全身肌肉,缓解疲劳,舒缓情绪。

(3) 调节副交感神经,提高睡眠质量。

(4) 促进肠胃蠕动,改善便秘。

3.4.3　智能律动舒眠床主要功能描述

我国有超 3 亿人存在睡眠障碍,有研究显示,长期失眠影响个体的正常生活和工作,增加罹患各种疾病的风险。严重的睡眠缺失会降低个体的工作效率和警觉水平,甚至有可能引发恶性意外事故,造成巨大损失。迈族(maizu)智能家居将水平律动与睡眠床相结合,开发出可以模拟婴儿摇篮的律动舒眠床,通过水平方向往复晃动的方式,有利于激活副交感神经,帮助使用者快速进入睡眠环境。

案例三 | 久事智慧体育:SVS 上海虚拟体育公开赛

1 公司名称

上海久事智慧体育有限公司。

2 公司简介

上海久事智慧体育有限公司(简称"久事智慧体育")是一家专注于数字体育的高新技术企业,由上海久事体育产业发展(集团)有限公司、上海久事投资管理有限公司、万达信息股份有限公司和上海紫莘网络科技合伙企业(有限合伙)(员工持股平台)共同出资设立。

公司成立于 2017 年 11 月,最初一年的业务围绕场馆和赛事经营管理信息化建设。在国内电竞市场迅速发展的鼓舞下,公司从 2019 年开始引进并运营 F1 电竞中国冠军赛,开拓了"体育电竞(虚拟体育赛事)"这样一个新的品类,虚拟体育赛事成为公司主营业务。

经过 7 年的运营,公司积累了大量科技研发实力及独家授权 IP,和一支超过 20 年的赛事运营和技术研发背景的团队。公司深刻认识到竞赛是体育产业的核心,优质赛事 IP 始终是体育行业最稀缺的资源。同时,中国体育市场消费升级给赛事 IP 产业化发展带来了千载难逢的契机。因此,下一步将以高质量体育电竞赛事 IP 为核心,以线下场馆和互联网用户平台为载体,创造全新的体育消费内容和场景,以优质 IP 运营带动体育消费,形成"IP + 平台"的商业模式。久事智慧体育品牌标识见图 14-16。

Intelli⚡ports

久 事 智 慧 体 育

图 14-16 久事智慧体育

3　主推案例介绍

3.1　产品背景

3.1.1　产品拟解决的行业痛点

据国务院印发《全民健身计划（2021—2025 年）》指出，"十四五"期间，为开展全民建身运动、建设体育强国，我国将完善全民健身公共服务体系，带动全国体育产业总规模需达到 5 万亿元。为达成这一目标，《全民健身计划（2021—2025 年）》提出了 8 个方面的主要任务，其中包括了广泛开展全民健身赛事活动、推动体育产业高质量发展和营造全民健身社会氛围等。如今，传统体育行业的发展逐渐趋于稳定，形成了一定的规模，且市场体系的基本框架已趋清晰。而随着科技的进步和体育产业的发展，数字体育行业正在迈入高速发展期。无论是早已步入正轨的电子竞技领域，还是新兴如"虚拟体育""体育元宇宙"等概念都彰显着数字体育行业的发展前景。在这一背景下，上海虚拟体育公开赛应运而生。上海虚拟体育公开赛是顺应行业发展的潮流，同时也是在解决数字体育发展起步阶段不可避免的痛点。

上海虚拟体育公开赛包含了赛车、赛艇、自行车、滑雪、高尔夫等五大单项，全部项目都将通过模拟器实现线上竞赛。综合赛事及全民健身两大属性让上海虚拟体育公开赛在招商引资和拉新引流上独具优势，目前已有超过数十家知名企业与上海虚拟体育公开赛进行不同形式的合作，同时报名参赛人数预计超过万人，这无疑是对数字体育行业综合性赛事缺乏的一大弥补。

上海虚拟体育公开赛品牌标识见图 14-17。

图 14-17　上海虚拟体育公开赛

此外，软硬件的结合也是数字体育行业的一大特色，而正是由于数字体育行业的市场发展过于迅猛，部分市场需求问题仍待解决。在上海虚拟体育公开赛筹备期间,调研发现虚拟赛艇项目潜藏着极大的市场,却鲜有适配的比赛软件。为此,赛事组委会主动投入研发虚拟赛艇软件弥补这一行业空白。虚拟赛艇软件通过蓝牙连接实现和划船机设备的软硬件对接,接收设备上的划行数据并进行云端处理,最终得出选手的划行速度并在赛道中进行视觉呈现。虚拟赛艇软件 1∶1 还原了将黄浦江作为赛道模型,最多可以承载 8 人同场竞技。在最大程度还原真实比赛的同时,带给选手不曾感受的黄浦江上赛艇体验。目前该软件在赛事期间运行状况良好且广受选手好评,为虚拟运动带来极大的真实感,大大提升了虚拟赛艇的趣味性和参与感,客观上带动了虚拟赛艇的项目发展。而日后赛事组委会也计划进一步升级优化赛艇软件,并着眼于其他项目的虚拟软件开发,逐一解决数字体育行业内优秀体育软件的缺失。

最后,体育行业的发展始终离不开时代的背景。在近年来新冠疫情的大环境下,体育产业受到的冲击显而易见。大量线下赛事、活动无法正常开展造成了体育产业一定程度上的停滞。本次上海虚拟体育公开赛绝大部分项目为线上参赛,选手通过 App 在"体育元宇宙"内实现竞技。在远程比赛的同时保证了比赛的公平性,同时也很大程度上节约了选手的参赛成本。这样的比赛形式几乎不受疫情的影响,是体育行业内为数不多可以在疫情环境下正常运转的大型赛事。

赛道模型还原具体见图 14-18。

图 14-18　赛道模型还原

3.1.2　产品聚焦的关键问题

上海虚拟体育公开赛创立之初即关注到了群众在运动健身方面最迫切的需求,从不同角度帮助大众降低运动门槛、提供锻炼方式,从而进一步促进全民健身的社会氛围。

上海虚拟体育公开赛既有赛艇这样适合全年龄段参与的运动,也有群众基础极为庞大的自行车项目,同时也包括了冬奥热潮下的滑雪和高净值人群所青睐的赛车、高尔夫等赛事。这些体育运动各不相同,却有着类似的问题——参与门槛相对较高。对于大部分爱好者来说,无论是场地要求还是金钱和时间成本,参与此类运动都存在客观困难。虚拟体育可以很好地起到降低门槛、扩大参与的效果。参赛选手不需要专业赛车场、合适的水域,抑或是雪场和高尔夫球场,仅需要在不同的模拟器设备上就可以还原真实的运动体验。模拟器和软件的结合为爱好者们带来了新的可能,帮助参赛选手们扫除参与运动的障碍,通过降低门槛的方式拉近了部分运动和群众的距离,促进了体育运动的全民参与热潮。

赛事同时关注到当下的社会问题。在如今快节奏的生活背景下,绝大多数的一二线城市居民、职场白领确有参与体育运动、锻炼健身的生活需求,却鲜有时间和精力投入运动健身。虚拟体育公开赛也为此提供了解决方案。赛事所支持的硬件设备多为家用健身器材,包括家用划船机、骑行台、动感单车乃至赛车模拟器在内都是常规家庭健身娱乐设备。参赛选手不需要进入特定线下赛点在指定时间内完成比赛,而是可以最大程度利用碎片化时间体验每一个虚拟体育项目。例如,参加虚拟赛艇项目的海选比赛仅需要在划船机上完成 2 公里的划行并上传成绩即可。对于拥有家用划船机的选手来说,下班回家后花 10 分钟即可完成海选流程,这无疑是对参赛选手负担的一种减轻。

虚拟赛艇项目比赛见图 14-19。

图 14-19　虚拟赛艇项目比赛

3.1.3 产品的需求分析

3.1.3.1 政策层面

国务院印发《全民健身计划（2021—2025 年）》指出，到 2025 年，经常参与体育锻炼人数比例达 38.5%，并要求广泛开展全民健身赛事活动、推进全民健身融合发展。虚拟体育公开赛作为全民健身类型赛事，能够助推全民健身热潮，同时为体育服务业的发展助力。

3.1.3.2 社会层面

根据艾瑞咨询《中国运动健身行业发展趋势白皮书》显示，2018 年中国运动健身人群对运动场景的期待（图 14-20）中，"便利"和"科技含量"是 5 个靠前的关键词中的 2 个，分别有 51.1% 和 43.2% 的人群选择将他们作为理想健身场景的指标。

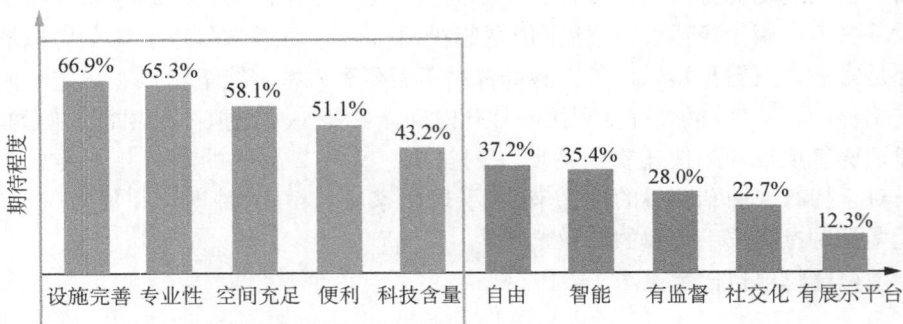

图 14-20　2018 年中国运动健身人群对运动健身场景指标的期待程度

3.1.3.3 经济层面

"十三五"期间，中国经济不断发展，居民人均可支配收入显著提高，至 2020 年，居民人均可支配收入近 3.22 万元。随着人均可支配收入的增加，人民群众的消费观念也升级，运动健身的消费占比在总消费中也将提升。

3.1.3.4 技术层面

随着科学技术的不断升级，"互联网＋体育"的模式逐渐被大众接受，随着体育软硬件开发的进一步成熟，虚拟体育将进一步实现功能精细化、体验拟真化。

随着技术的进步和经济的发展，在虚拟体育的拟真程度以及体验感逐步加强的同时，群众的参与意愿和接受程度也随之提升。上海虚拟体育公开赛不仅满足了群众对"便利"和"科技含量"的期待，也能够紧跟"十四五"政策，推动全民健身融合发展，为体育产业增添全民健身赛事活动。

3.2 产品/解决方案介绍与实施情况

3.2.1 产品主要功能与应用场景

上海虚拟体育公开赛不仅为各行各业的爱好者抑或是专业选手提供了一个体验虚拟体育和展现自我能力的平台,同时也成为一种时尚、无界、便利的生活方式。对于不了解虚拟体育的大众来说,上海虚拟体育公开赛是一个零门槛的体验机会。只需要一款参赛软件,选手即可在家或是官方铺设的线下赛点体验到虚拟世界中的赛车、赛艇、自行车、滑雪和高尔夫等运动。参赛选手可以随时借助设备与全球各地的水平较高的选手一较高下。在当下快节奏生活中,无论你是都市白领还是小镇青年,哪怕相隔万里也能利用碎片时间实现跨越时间和空间的较量,这也是虚拟体育为无界之境的原因。

3.2.2 产品主要技术特点

上海虚拟体育公开赛是国内首个虚拟体育综合性赛事,纳入了虚拟赛艇、虚拟赛车、虚拟骑行、虚拟滑雪和虚拟高尔夫等 5 项赛事。其中,虚拟滑雪、虚拟高尔夫项目需要前往线下赛点借助专业的模拟器设备进行比赛;而虚拟赛车、虚拟赛艇、虚拟骑行则可以通过软硬件连接等方式线上参赛。虚拟赛艇的参赛软件是由上海久事智慧体育联合上海东方传媒技术有限公司开发。五大项目皆以智慧体育为主题,结合人工智能、5G、云直播、云赛事等技术,打造线上体育元宇宙平台。第一届上海虚拟体育公开赛于 2022 年 9 月 1 日正式开赛,于 12 月底陆续结束五大项目的各自比赛。来自全球各地、社会各界的选手通过线上平台报名参与比赛,通过小程序及 App 实现线上竞技。

上海虚拟体育公开赛平台具体见图 14-21。

图 14-21 上海虚拟体育公开赛平台

3.2.3　产品实施及应用推广情况

截至 2022 年 11 月 17 日，上海虚拟体育公开赛已平稳运营 2.5 个月，吸引了近万名来自不同国家、地区的选手报名，也收获了来自中国中央电视台（简称"央视"）在内的各大媒体的目光。上海虚拟体育公开赛作为业内首个综合性赛事，目前无疑是覆盖面最广、知名度最大、参与度最高的虚拟体育赛事。久事智慧体育希望在未来将上海虚拟体育公开赛打造成开放性的赛事 IP，成为上海的体育名片之一，同时还会考虑引入更多有深厚群众基础的项目，如马拉松、篮球、足球和网球等。以此更好地普及、推广虚拟体育，带动行业发展。

3.2.4　产品目前所处细分领域与行业地位

产品目前所处的细分领域为体育赛事＋体育软件＋元宇宙。作为目前全国首个虚拟体育综合性赛事，上海虚拟体育公开赛无疑占据着行业领先地位。在虚拟赛艇项目上，上海虚拟体育公开赛具有开创性的贡献，是国内首个实现陆上赛艇可视化竞技的赛事。在虚拟赛车方面，赛事主办方久事智慧体育拥有多年的成功运营经验，是国内虚拟赛车领域最资深的运营方。虚拟自行车、虚拟滑雪和虚拟高尔夫也由国内最顶尖的软硬件合作方提供支持，从而造就了行业内最为创新、专业且领先的虚拟体育赛事。

3.3　产品效果反馈

截至 2023 年 2 月底，首届上海虚拟体育公开赛报名参赛用户达 2.7 万多人次，单场总决赛直播观赛人次超 750 万，全赛季媒体曝光达 3.2 亿。其中，赛事旗下的虚拟赛车单项作为 F1 电竞中国冠军赛全国大赛的一部分，在为赛车爱好者打破参与壁垒的同时，也起到了为 F1 电竞中国冠军赛职业联赛输送新鲜血液、储备后备人才的作用。选手在体验参赛的同时，也间接参与了职业联赛的选拔，获得了实现车手梦想的机会。虚拟赛艇项目则是由上海虚拟体育公开赛首创。此前从未有过赛艇相关的虚拟体育赛事落实，这无疑是虚拟体育行业内的全新尝试和引领性创举。这一尝试让社会各界看到了全新品类的赛事可能和未来虚拟体育开发发展方向，是对全新领域的开拓，也是对行业缺少的弥补。虚拟赛艇项目通过自主研发的参赛软件对接划船机设备，在虚拟空间内 1∶1 还原了黄浦江全貌，实现了元宇宙内的线上对战，在最大程度给予选手参与体验感、拟真度和趣味性的同时，降低了参与门槛和场地要求，对于日后陆上赛艇以及真实赛艇的推广都极具价值。众多赛艇爱好者也表示，陆上赛艇的虚拟呈现是他们一直以来的需求，无论是对他们的日常训练还是体验娱乐，可视化的软件内容都能够促进赛艇运动的覆盖和传播。未来，久事智慧体育将推进软件的进一步开发，包括赛道的丰富、真实感的提升及全品类划船机的对接。此外，虚拟自行车、虚拟滑雪和虚拟高尔夫等项目也在同步推进中，并不断从参赛选手、业内人士及垂直媒体中获得正向反馈。虚拟自行车单项的软硬件发展较为成熟，目前较为欠缺的是配套的赛事体系。上海虚拟体育公开赛的举办对虚拟自行车的推广起到了非常正向的助推作用。参赛选手中不乏骑行俱乐部成员、专业选手以及行业 KOL，在赛事、软硬件和参赛群体的各方努力下，虚拟自行车项目有极大的潜力成为数字体育产业中的领头羊。

由于前期的妥善筹备，以及市场对虚拟体育赛事的需求日益增长，上海虚拟体育公开赛在开赛后一直运转良好，也受到了多家媒体及赞助商的关注，逐步成为上海本土的城市名片及社会现象。目前包括上海发布、国家体育总局、上海体育、东方卫视、五星体育、上海电视台新闻综合频道、上海外语频道、澎湃新闻、解放日报、上观新闻、北京日报在内的百家权威媒体都对赛事进行全方位报道，在各大主流媒体传播阵地中赛事曝光量已达千万级。权威媒体以及群众口碑引发的社会传播风潮无疑是体育产业数字化的重要推手，以此触达不同圈层、各类群体的体育爱好者，实现数字体育的全行业覆盖。

案例四　者识科技：零号球场（ZERO COURT）篮球动作捕捉系统

1　公司名称

上海者识信息科技有限公司。

2　公司简介

上海者识信息科技有限公司（简称"者识科技"）是一个由国内外名校名企、技术专家、体育领域连续创业者组成的年轻化团队，同时拥有科技研发＋市场运营的双向基因。创始人兼首席执行官曾是硅谷独角兽人工智能公司的核心成员，首席技术官曾担任三星研究院的资深专家，首席创新官曾担任多家美国公司的技术总顾问，首席产品官曾是多家体育活动机构的创始人，首席运营官则曾在五百强公司担任运营和品牌负责人。

者识科技旨在构建个人数字化运动 ID，打造中国体育产业的人工智能引擎。

3 主推案例介绍

3.1 产品背景

3.1.1 产品拟解决的行业痛点

体育运动可以集中体现参与者的力量和精神品质,具有很强的观赏性、竞技性和社交属性,但记录参与者有价值的运动内容却需要非常大的成本,以篮球项目为例,NBA球星一次得分的视频集锦需要调度资深摄影师、剪辑师还有专业设备,获取成本数千美元。这样的条件对于我国近5亿的长期运动人群来说是不可能具备的,但是个性化的运动内容却可以把运动的本质——快乐,记录、放大并传递出去。

不止C端用户存在记录个人运动影像和数据的需求,B端体育行业从业机构也需要一款低成本、高质量、无人工干预的解决方案去实时生成运动内容,由此降本提效地去提升机构的服务层级、营销能力及经营状况。

3.1.2 产品聚焦的关键问题

如何运用国内首创、独立研发的人工智能算法和深度学习等前沿技术,用极低的成本、全自动地为运动空间里年龄各异、诉求不同的运动参与者生成多维度、高质量的运动内容是本产品聚焦的关键问题。

3.1.3 产品的需求分析

C端消费者运动后可以在用户端上轻松获取高质量、个性化的运动内容数据,大大提升运动体验,当C端消费者通过社交平台、线下交流等方式分享自己的运动数据内容,会带动更多的C端消费者到B端运动空间来消费、体验。

B端通过较低的成本完成体育空间智能改造,提升了服务能力和教学水平,自然会吸引更多的C端消费者,反复被验证的营收提升更能进一步带动行业整体智能化升级。

3.2 产品/解决方案介绍与实施情况

3.2.1 产品主要功能与应用场景

零号球场(ZERO COURT)篮球动作捕捉系统(简称"零号球场")是者识科技国内首创的人工智能运捕分析系统(图14-22),通过在运动空间内部署的高速摄像头和边缘计算设备,运用独立研发的3D建模、25点骨骼定位、轨迹追踪、生物特征识别等前沿技术和算法,在没有任何人工干预和穿戴设备的前提下,全自动地为每一名运动者捕捉、处理、分析、剪辑、生成与运动表现息息相关的内容并实时传输到云平台。

运动者在用户端上即可轻松获得个人精彩瞬间短视频、个人运动数据分析报

图 14-22　零号球场

告、全场无人化直播、智能时间轴录像等内容和功能，将作为个人运动数字资产长期留存，也可以将其一键分享至社交平台，打通从参与运动、内容生成、内容传播到内容变现的闭环，让每一位运动者都能获得超级运动明星般的体验。零号球场的应用场景有体育室内外场馆、体育教培组织、体育赛事、体育主题活动等。

3.2.2　产品主要技术特点

零号球场是一套以优化运动者的实际运动体验为目的的数智化体育场景应用系统。基于计算机视觉算法，能够全自动实时性地为运动者提供多角度的个人精彩瞬间短视频、可视化的个人运动大数据分析报告、无人化的全场比赛追踪直播，同时支持自定义快捷编辑团队的运动录像，为运动者提供运动场内外沉浸式的科技体育新体验，为国内体育产业的全民运动氛围和科技体验赋能添彩。

零号球场小程序个人精彩瞬间分享具体见图 14-23。

图 14-23　零号球场小程序个人精彩瞬间分享

3.2.2.1 零号球场业务流程

零号球场业务流程主要分为用户特征数据上传、基于位置服务的用户与系统交互、人工智能数据识别、数据分析与视频剪辑、数据结构化存储、数据与视频分发6个环节(图14-24)。

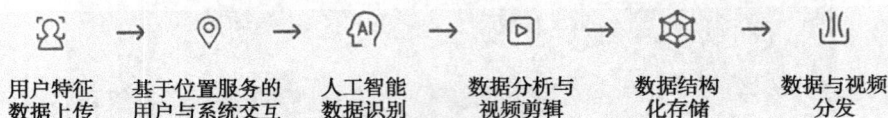

图 14-24 零号球场人工智能运动捕捉分析系统业务流程图

1. 用户特征数据上传

用户在移动端小程序注册账号后,可以将自己的球队名称、球衣号码、人脸照片作为自己的特征数据,上传到系统数据库,用于人员身份提取。

2. 基于位置服务的用户与系统交互

用户在移动端登录后,小程序可以获取到用户的地理位置信息,根据所有系统场馆的地理位置记录,自动匹配用户当前所在的场馆,完成对用户身份的初步匹配,并且为用户开启运动记录,便于数据统计。

3. 人工智能数据识别

通过边缘人工智能服务器与云端人工智能服务器的协同工作。在边缘人工智能服务器完成场地相关数据识别,在云端人工智能服务器协同分析所有边缘人工智能服务器的识别数据,得出数据统计等高阶分析数据。

4. 数据分析与视频剪辑

在海量数据的辅助下,自动计算出用户某次运动最适合视频剪辑的视频片段,匹配最佳的剪辑手法,以电视转播级别的剪辑方式输出视频片段。

5. 数据结构化存储

获取到的用户相关的识别数据和视频片段数量非常大,为了减少开销与方便后续大数据分析,数据以结构化形式存储在专用数据存储服务器上。

6. 数据与视频分发

生成的数据与视频被主动推送到用户的小程序账号中,用户通过自己的运动记录和视频统计入口可以查看到对应的视频和数据。对于喜欢的内容可以下载或者分享。

3.2.2.2 零号球场主要功能

1. 实时视频智能处理

针对运动场景的快速移动,关键事件,人与人之间关系,人与球之间的关系,实时视频智能处理可以提供接近于专业比赛转播级别的视频剪辑效果。系统部署在本地边缘计算设备上,开机即用,边缘计算设备可同时处理多路实时视频流,分析运动场上运动者的数据,对关键事件进行提取和剪辑,把结果视频和数据发送至云端,用户在手机用户端上可以实时查看。

2. 实时、全自动产出

智能剪辑系统可以实时处理多路视频流,追踪场上运动者的位置、速度,识别运动事件(进球、得分等),延迟小于 1 秒,边缘计算设备识别到事件之后就会触发视频生成,所以视频的生成都是实时对应运动场上发生的运动事件。整个过程完全不需要第三方参与,也不需要运动员配合,真正地实现自动化视频生产。

3. 特征识别算法

通过综合分析运动者的衣服颜色、身高体型、跑动速度、运动方向、步态、球衣号码等多种因素,三维空间定位,加上与多角度多摄像头联动,准确地追踪运动场上的每一个运动员。基于每个运动员的追踪轨迹,通过人脸来识别他们具体的身份,并且可以把数据和视频推送给对应的运动员。

支持面部特征识别算法,能够自动识别高速移动中的运动者面部特征,匹配系统处理分析结果。

支持无机物件识别算法,能够自动识别球类物体特征、球衣特征、号码特征等无机物件特征,与运动者其他的生物特征进行匹配校正,生成分析数据。

支持个人运动轨迹跟踪算法,能够自动识别高速移动中运动者的路径轨迹,测算移动距离。

支持球类物体运动轨迹跟踪算法,能够自动识别高速移动中球类路径轨迹,测算移动距离。

4. 运动事件识别算法

基于运动员识别和分析系统,运动事件识别算法可以选出运动过程中最精彩的一些瞬间,如得分、助攻等,这些事件对应的视频是优先推送给用户的;另外,用户如果对于其他的片段也有兴趣,系统也会提供方便简洁的手动视频截取功能。以篮球场景为例,支持运动核心事件识别算法(如投篮、传球、得分等),能够自动识别出运动场上的运动事件并匹配到产生的运动者,进行运动时长统计、投篮次数统计、进球数统计、投篮命中率统计、投篮出手位置统计、投篮平均球速统计、传球次数统计、助攻次数统计、运动消耗热量统计等。

5. 多镜头、智能插帧和慢动作

采用多相机多机位机制,让整个运动场可以达到专业赛事转播的效果,通过跟踪算法,让多个相机同时聚焦到同一名运动员的精彩动作,从不同角度回放精彩瞬间。

对于每一台相机拍摄到的画面,通过智能插帧算法,可以模拟 2 倍或 4 倍的慢动作回放,让运动员可以更好地欣赏自己和队友的视频,观察比赛细节。

相机多镜头捕捉见图 14-25。

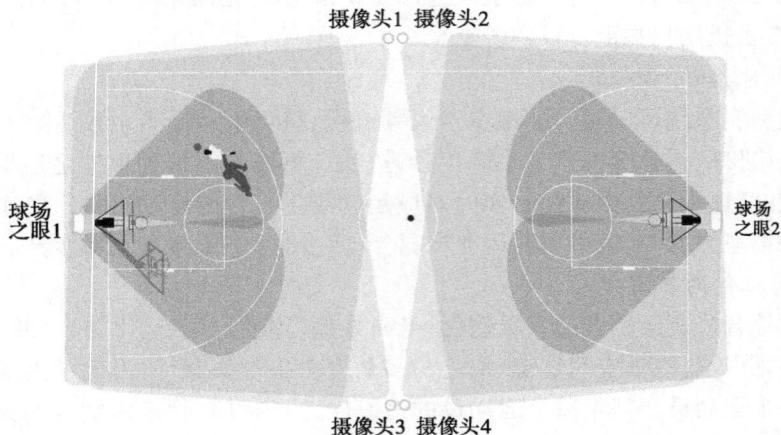

图 14-25 相机多镜头捕捉

6．镜头特效

根据视频内容和数据，自动匹配最适合的视频剪辑方式和镜头语言。例如，运动员快速跑动时会结合画面的快速移动和拉伸，得分时会多角度回放得分瞬间，传球时会关注传球人和接球人的位置。通过人工智能算法让计算机像人一样自动去思考最适合的拍摄剪辑方式。

3.2.3 产品实施及应用推广情况

者识科技的人工智能运动捕捉分析系统已覆盖国内 200 余个运动空间，平台积累超 40 万的高度活跃运动人群，并为期生成了超过 3 亿的运动大数据，目前合作用户覆盖国内领先的运动场馆、体育教培机构、体育赛事活动等。

3.2.4 产品目前所处细分领域与行业地位

细分领域：体育空间＋人工智能＋MR＋大数据。

行业地位：体育人工智能动捕行业头部企业。

案例五 南京万德：构建全人群智慧运动共享空间

1 公司名称

南京万德体育产业集团有限公司。

2　公司简介

南京万德体育产业集团有限公司(简称"南京万德")始创于 1986 年,目前公司下辖香港、上海、深圳、南京等多家子公司。南京万德于 2008 年从深圳迁至南京溧水,投资约 5 亿元,占地 200 亩,是集研发、设计、制造、销售于一体的生产基地,现拥有 20 多年先进生产制造经验以及高科技先进的生产设备和工艺,不断满足日益多元化的市场需求,且正以集团化、品牌化、全球化的运作方式,开拓体育、文旅、教育于一体全新产业集团。南京万德在全国率先建立第一个建立全人群智慧体育公园,带动全国智慧体育公园建设的热潮,并在全球首创了全民健身智慧路径,颠覆了传统全国智慧健身路径的概念和健身理念。

3　主推案例介绍

全人群智慧运动共享空间基于"科技改变生活、智慧运动共享"的理念,融合人工智能、物联网、移动互联网等高新应用技术,从人机交入手,将身体全功能训练与国民体质监测相结合,通过测试分析使用者性别、年龄、体质等信息,提供合理运动"处方",指导群众科学使用智能健身设备,形成科学的运动体系。使用者可自己管理自己的运动、测试数据,实现全民"愿意来","想要来"的"主动健康"目标,真正打造个性化、共享化、科学化的全民健身新型运动空间。同时利用大数据管理分析平台,建立运动用户数据库,为全民健身工作的开展提供大数据支撑。

溧水全人群智慧体育公园的升级以主动健康为导线推动体育公园公共服务模式的创新,将主动健康作为整个体育公园顶层设计的目标,通过对体育公园现有的硬件层内容、软件层内容进行全面扩容,以智能健康管理系统为基础,重点升级服务配置,从资源驱动向服务驱动转化,以科技作为推动服务升级的重要抓手,触发群众主动健康行为,共享运动健身信息及数据,满足群众身体和精神的双需求,推动群众保持主动健康的习惯,提高群众主动健康意识和健康水平,为健康产业提供长期价值。

围绕群众的关键需求,以运动为连接,以前沿科技为抓手,将用户的运动过程利用技术手段进行有效串联,形成健康监测、运动指导、运动干预、追踪反馈、线上到线下科学指导、趣味竞赛、运动数据分享等,形成运动周期,输出运动周期性报告,并建立以体育公园的大健康数据中心进行健康管理,数据连接国民体测监测中心,提供健康信息共享与交换,让群众感知享受智慧体育提供的高质量、高品质的服务,也帮助政府做好国民体测工作,真正实现城市公共体育服务的提档升级。

3.1 产品背景

3.1.1 产品拟解决的行业痛点

根据国务院颁发的《全民健身计划（2021—2025 年）》中提出推动体育产业高质量发展的相关要求，以习近平新时代中国特色社会主义思想为指导，促进全民主动健康健身发展理念，全面提高体育事业发展水平，实现体育产业规模和全民体能素质双提升，同时让全社会、全人群意识和认识到主动健康、加强运动锻炼的重要性，并有效提高自身免疫力实现对健康美好生活的追求。运用"上云用数赋智""运动奖励"等方法推进体育产业数字化转型和数据赋能全产业链协同转型。

3.1.2 产品聚焦的关键问题

智慧公园，是以互联网、物联网、Wi-fi 覆盖、信息收集、传感器接入、视频监控、无线宽带网等网络的多样化组合为基础，更加广泛深入地推进基础性与应用型信息系统开发建设和各类信息资源开发利用，把已有的各种生产要素优化组合，从而以更加精细和动态的方式管理生产和生活，形成技术集成、综合应用、高端发展的现代化、网络化、信息化、智能化公园系统。智慧公园具有更全面灵活的物与物、物与人、人与人的互联互通和相互感知能力，更高效安全的信息处理和信息资源整合能力，更科学的监测、预警、分析、预测和决策能力，更高水平的远距离控制执行和智能化执行能力，更协调的跨部门、多层级、异地点合作能力，以及更强的创新发展能力是智慧城市发展的新模式。

3.1.3 产品的需求分析

随着居民生活水平质量的不断提高，对体育公园的产品的实用性要求也变得多元化，在运动过程中，居民迫切地更倾向于互动参与、交往性活动、竞技类活动以及运动后的数据化信息反馈等。特别是在工作以外闲暇之余，运动人员流量增大、城市周边运动场地限制等原因，政府相关部门通过改善软硬件设施，不断融入智能化产品来提升产品的服务质量，同时提高自身的管理效率，并解决了以往产品的传统锻炼方式、管理方式、售后维护、新场景土地建设难点等弊端。在体育公园建设的应用需求推动下，主动健康系列之全人群智慧体育公园应运而生。

3.2 产品/解决方案介绍与实施情况

3.2.1 产品主要技术特点

3.2.1.1 二代智能健身路径

通过智能硬件、软件设施的投入，提供更智能、更互通、更透彻感知的体育健身服务，它既代表着信息化技术与体育产业、健身器材配置管理的实际应用，如高精传感、云计算、移动互联技术、身份识别技术、后台管理等，旨在不断拓宽完善服务项目、增强器材管理水平、降低综合运营成本、获得社会效益,进而推动体育产业发展。

3.2.1.2　人工智能智慧步道

智慧步道由人工智能登录机、人工智能采集站、后台系统和小程序组成,通过获取用户运动时通过的信息,后台结合人脸比对技术和特定算法得出用户运动时长、速度、里程、能量消耗等运动数据,同步智慧大屏数据化展示。无须佩戴任何电子产品,只需要刷脸就可以准确识别用户,运用人工智能运算提供运动数据,根据科学的运动建议与运动计划,设定运动目标,让全民健身变得更趣味更科学。

3.2.1.3　国民体质监测十一项

国民体质监测十一项主要测定仰卧起坐、俯卧撑、台阶心率、握力、纵跳、反应时、坐位体前屈、闭眼单脚站立、身高、体重、体成分,共 11 项体质测试项目。

通过生物电阻分析法建立人体质量测试模型,外观设计更符合人体工程学要求,不仅可以对个人运动进行测试,还可对不同训练方法的有效性进行评估,体测完成后实时开具个性化运动建议,进行针对性、方向性的锻炼及提升,推进了国民体测监测的大众化、普及化。

3.2.1.4　智慧光电敏捷训练器

智慧光电敏捷训练器由 12 个辅助光电球和 1 个主控球组成,通过 4 种游戏玩法可使运动者的身体协调能力、敏捷、反应和柔韧能力等得到显著提升。

每个光电球体还可以进行手眼协调敏捷训练,每个球体内含 16 颗灯珠,通过点击球体触摸 IC 点亮单颗灯珠,当灯珠全部点亮即完成游戏。此玩法可强化神经与手眼之间的指令配合,不断锻炼这一套配合机制,可有效预防反应迟钝、老年痴呆等症状。

3.2.1.5　人工智能客流统计分析系统

本系统主要由室内/外双目客流相机组成,进行客流统计分析和游客分析识别。数据可以推送到 LED 信息发布系统进行展示。所有数据汇聚到监控中心进行集中存储和分析计算,并可根据需要推送给第三方业务平台。

针对公园主要出入口、观景平台、广场等位置,可采用密度相机对游客拥挤情况进行分析、统计,系统可根据不同摄像机的感兴趣区(region of interest,ROI)的大小设置不同的阈值,支持通畅、滞缓、拥堵 3 种阈值设置及报警,结合公园运动场地/区域客流分析统计,预测未来一段时间内的运动场地游客变化趋势,及时对公园游客进行分流和管控。

3.2.1.6　AR 虚拟趣味有氧互动单车

通过 AR 虚拟运动场景及运动传感器使自行车结合大屏,智能地帮助用户骑行健身、体验科技带来的乐趣,支持最高十个虚拟运动场景的自动切换,其优点和创新有以下几方面。

1．智慧

精准捕捉骑行者运动信息，屏幕会模拟实际虚拟路径，实时显示每一辆骑行者的位置、速度、里程、能量消耗及名次等信息。

2．趣味

骑行开始，大屏上虚拟骑车人随骑行用户进行互动运动。

3．人气

骑行竞技比赛，内容新颖，吸引人群，场景可自动切换。

3.2.1.7　智慧云平台管理系统

本系统为整个架构的核心大数据平台，实现智慧体育公园的整体管理、数据分析、数据报表、信息发布、App运营等功能。

整个系统采用服务器和浏览器与用户端相结合的展现模式，由多个服务器和多个应用工作站就地组成局域网，还可以通过物联网身份验证后进行远程数据查询和控制。本系统有以下几个特点。

1．开放性

本系统采用标准协议和接口，和第三方软硬件设备进行互连互通，降低对设备厂家和软件厂家的依赖，延长系统的有效寿命。

2．安全性

本系统根据用户不同的操作级别、操作权限，进行安全管理，输入相关密码才能登录系统。配备完整的操作记录和历史数据。

3．易用性

本系统全部程序均采用图形化设计，中文界面，所有命令均由鼠标操作，操作简单、运行舒畅。

3.2.2　产品实施及应用推广情况

目前，我国城市化进程加快，生态环境日益恶劣，从而催生了低碳经济时代的到来；较以往体育公园建设存在城乡分布不均衡、主题不够鲜明、建设梳理不足、专业性不强、不注重特色体育活动的开发、没有系统的规划远景、数量不足、缺乏统一规范和标准、特殊人群关注不够等一系列问题。一代健身路径必须阔步改革，才能跟得上当前全民科学健身的需求，主动健康系列之全人群智慧体育公园解决方案应运而生，是为了满足群众日益增长的健身需求。

2021年，南京万德全力打造溧水全人群智慧体育公园，将5G＋人工智能、5G＋AR等科学技术运用到公园中，使之焕然一新。绿色生态美景，叠加未来智能社会的超现代主义场景，别具风格，体现科技在生活中的实用性和便民性。

全人群智慧体育公园依托人工智能赋能物联网传感设备，自动展现各类体验游戏、融入当地人文底蕴,实现绿色自然生态与智慧互动体验的完美结合,使游客能全身心沉浸在游园中。

南京万德在溧水全人群智慧体育公园中共打造 20 多个互动性、交互场景,让科技、智慧场景化,让每一位市民都能获得参与感和高度的体验感。例如,太极学习 AR 大屏、有氧共享单车、亲子互动、敏捷性训练器材、智能化路灯等。让市民在游园的同时,随时都充满了新科技带来的惊喜感。

考虑到广大市民健身的切实需求,南京万德利用人工智能加持健身设备,使运动变得更有趣。全人群智慧运动共享空间里智能设备的采用和改造注重多维度的考虑需求和实用性。智慧步道记录、测算、统计市民的健身过程。附近市民经常来溧水全人群智慧体育公园打太极拳。原来,公园设置了智能的武术大屏,上面有太极拳、太极扇、易筋经等武术项目,每一项都有专业老师"授课"。武术大屏还能利用 AR 技术精准识别人体,自己的动作是否标准,看看眼前的大屏就知道了。在人工智能识别虚拟步道跑道装置的大屏幕上注册后,健身爱好者便有了自己的专属档案,今日运动量是多少、消耗了多少热量、速度如何都一目了然。

公园智能化改造项目负责人表示:"公园同步构建了智慧公园数字中台,统一收集、处理上下游数据,打通各个智能设备连接,通过 5G 技术网实现公园管养一张图。"具体来说,路灯的照明时间和亮度,相关设备的参数调整等,都能在这一平台解决。节约人工成本的同时,也提高了管理效率。

溧水全人群智慧体育公园作为溧水智慧城市一体化建设的重要组成部分,将继续与南京万德展开合作,发挥自身科技优势为城市大脑提供可靠数据,为溧水人民的多彩生活创造无限可能。

3.3 产品效果反馈

南京万德作为国家体育产业示范单位、中国省级工程技术研发中心和高新技术企业,以创新为导向,以合作为平台,常年与国内外多所知名院校及专家学者进行"产学研"合作,不断增强集团的研发实力。在主动健康系列之全人群智慧体育公园解决方案上南京万德率先提出并实施解决方案。智慧体育、全人群健身、智慧健身路径等,这些理念和案例引起领导与政府部门的高度重视,国家发展和改革委员、国家体育总局等部委联合下发了《进一步提升体育公共服务体系》等文件,使全民健身内容得到质的飞跃,每年都在业界率先推出影响行业发展的创新性产品和解决方案。

凭借长期对健身路径市场的追踪研究,准确把握主动健康体育产业发展的市场趋势,于 2013 年在业界率先提出"全人群健身"的概念;2016 年在南京溧水建成国内首座全人群智慧体育公园,得到时任国家体育总局局长的首肯。该公园的示范作用犹如"一石激起千层浪"迅速传遍全国,在全国掀起了一股建设城市智慧体育公园的热潮。之后,南京万德又率先提出了"二代智慧健身路径",聚焦于科学健身,颠覆了传统健身路径的概念和健身理念,在行业内引起广泛影响,成为南京万德全人群智慧体育公园和智慧社区解决方案的核心组成部分。

南京万德先后在重庆、安徽、上海、江苏、湖南、辽宁、吉林、广东、海南、浙江、河北、宁夏、山东、河南等14个省市打造了重庆市璧山区东岳公园、安徽合肥南艳湖公园等80余座智慧体育公园,成为新型"全民健身城市名片"。全面丰富了生命健康产业的价值,让体育绿起来、让健康动起来、让城市活起来。

案例六 佑久健康:基于生物电与三维视觉技术的智能健康体质分析仪

1 公司名称

上海佑久健康科技有限公司。

2 公司简介

上海佑久健康科技有限公司(简称"佑久健康")成立于2017年,专注于人体成分、人体姿态、人体体质的健康监测与服务,是一家国家级高新技术企业和上海市专精特新企业。公司拥有自主研发、生产和销售能力,注重研发投入,拥有一支行业深耕多年的技术团队,在身体成分、水肿评估、三维图像识别及体型体态分析等领域拥有核心技术,获得多项专利及软件著作权授权,仅2021年就申请了15项专利,包括实用新型与发明专利均已获得授权,累计获得的软件著作权授权数更是达到16件,是国家标准《国民体质测试器材通用要求》的主要起草单位。公司致力于推动人体健康监测行业的发展,目前已建成3条产品线,产品覆盖全国1 000多个县市,以及海外30多个国家和地区,并已与多家上市公司建立合作关系,累计服务上千万用户。

未来,公司将响应国家"体医融合"的号召,持续在运动健康、医疗、教育等领域深耕,通过人工智能视觉与生物电的技术融合,科学打造人体成分、姿态、骨骼、运动能力的评估检测系统,为全民提供全方位的人体健康监测与服务,让全民更懂自己的身体,更加关注健康。

3　主推案例介绍

3.1　产品背景

3.1.1　产品拟解决的行业痛点

在目前国内健身俱乐部以及健身工作室中,传统体测设备普遍存在 5 年以上未进行升级换代的情况。2018 年以来,作为新动能的智能产业,其基础研发及其在传统领域中的应用推进是国家层面的顶层设计,其中就包括智能科技与体育大产业的融合,与运动健身相关导向更体现在行业的智能科技创新、运动场景与设施的智能化及智能体育理念的提倡。

3.1.2　产品聚焦的关键问题

目前国内 70%以上的健身房经营者还在继续使用传统的只能测试"体成分"的设备对用户进行体质评估,80%以上的健身房仅仅靠这单一手段去给学员制订训练计划,忽视学员的其他问题,我们认为一次完整的体测还应该包含姿态筛查评估和身体运动机能评估。姿态问题在很大程度上影响人的身体健康和活动能力。我们将新技术与需求结合,研发生产出适应更多场景和满足更多实际需求的智能体测设备用以替代"过时"产品。

3.2　产品/解决方案介绍与实施情况

3.2.1　产品主要功能与应用场景

3.2.1.1　产品主要功能

1．身体成分评估

通过生物电阻抗技术对身体进行全方位的扫描与建模,分析计算身体肌肉、脂肪等各种成分的组成,形成人体运动健康数据指标,帮助被测试者进行运动强度、饮食习惯、健康状态的评估。

2．身体姿态评估

通过三维传感摄像头捕捉技术,结合自主研发的视觉算法和人体建模技术,以毫米级的精度,对人体进行三维测量,全面筛查整体姿态上的问题,预估不良体态带来的风险,打造体态测量方式的标准化。同时,基于人体骨骼点识别技术,通过建立三维空间坐标系,计算人体重要关节点之间的距离、倾角等数据,从而针对性地指出人体如高低肩、圆肩驼背、脊椎侧弯等问题。

3．身体围度测量

通过三维视觉扫描与建模技术,计算人体的七大围度,包括胸围、腰围、臀围、左右大臂围、左右大腿围,数字化地呈现出身体的整体形态。

4. 身体节段分析

从身体的躯干、四肢共 5 个节段去分析人体数据，通过每一个节段的脂肪含量、肌肉含量，与节段围度相映照，从而给予受试者更有针对性的调解建议。

5. 产后康复评估

通过三维视觉技术对产后人群特定的姿态症状进行测量，同时结合人体成分数据及专业的问卷量表进行具体分析，形成女性产后康复状况特有的评估报告。

6. 人工智能真人模型

通过三维视觉与生物电阻抗技术的融合，生成受试者包括肌肉、脂肪、姿态等真实身体状态的人工智能模型，为受试者展示身体各个部分的真实体型，同时可以根据受试者的运动目标，进行体型调节，生成与运动目标对应的身体模型，从而实现直观的、立体的、全面的数字化。

3.2.1.2 产品应用场景

在当前社会各项环境因素下，科技发展带来的便利使得人们足不出户就可以完成大部分社会活动；也因为工作或学习等诸多原因，导致大部分人的形体姿态都或多或少地有高低肩、脊椎侧弯、骨盆位置不正等问题。这时候姿态评估的作用就突显出来了。姿态评估是在我们身体结构的功能和形态之间建立的联系，姿态评估也可以帮我们更好地了解自己。更重要的是，很多自身姿态有问题的人，其实身体已经或多或少出现了一些症状，但因为这些症状的出现都是慢性的，早期也不会剧烈发作，所以人们往往不会引起太大的重视。如果早期就进行人体姿态筛查，就可以更早地明确症状所在，从而去针对性地解决问题。

但如果过于依赖传统的方法进行检查，并不能很明确地知道其具体偏差值、严重程度，还可能因为评估人员的专业水平不同造成较大误差。这就需要一款能快速帮助人们判定自身形体姿态中存在的问题的科技产品，因此佑久健康希望以图像识别、深度学习等前沿技术，识别人体骨骼点，以更好地帮助人们了解自身形体姿态。并以此数据，逐步形成个人的形体趋势，清晰感受自身的改变，这样才能更好地针对当前的姿态中存在的一些问题做出相应的矫正，也可以间接加强人们的健身意识，从而达到强身健体、提高免疫力的效果。针对不同的应用场景，研发设计出以下几款产品。

(1) 产品 X-ONE SE：针对学生体质监测、国民体质监测、社区康养及全民健身应用(图 14-26)。

(2) 产品 X-ONE PRO/U+300：针对健身房、健身工作室、瑜伽、普拉提场馆(图 14-27～图 14-29)。

图 14-26　产品 X-ONE SE 展示

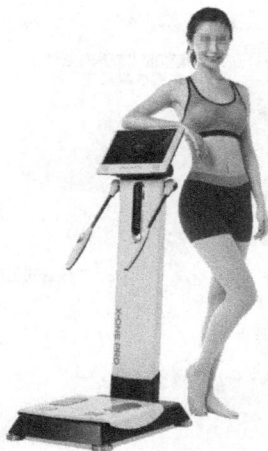

图 14-27　产品 X-ONE PRO 展示 1

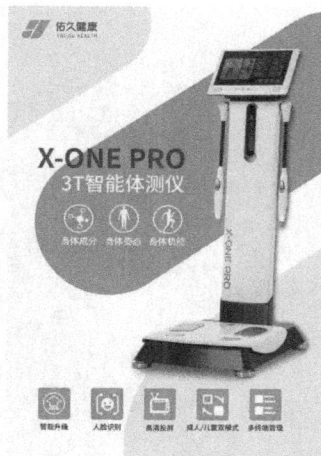

图 14-28　产品 X-ONE PRO 展示 2

3.2.2　产品主要技术特点

3.2.2.1　产品设计原理

本案例是一个人体运动健康评估的智能硬件设备,通过人工智能视觉与生物电的技术融合,打造身体成分、身体姿态、身体机能评估的人体评估智能硬件,为广大用户提供全方位的运动健康监测服务(图 14-30)。

3.2.2.2　核心技术创新点

(1) 在常规环境下能快速正常识别人体骨骼点,适配各种不同体态的用户。

(2) 根据骨骼点位置,测试终端快速地对人身体姿态进行检测,检测数据可以

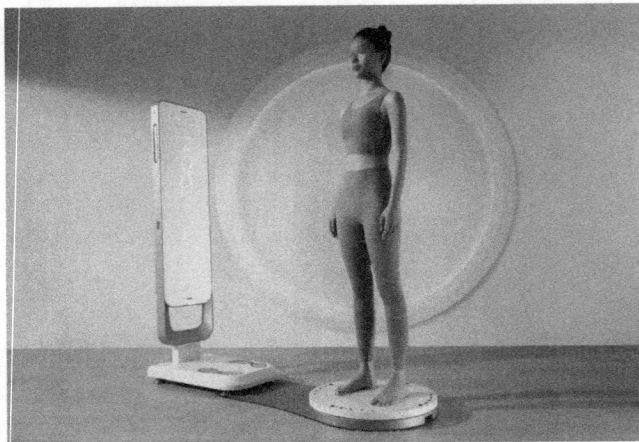

图 14-29 产品 X-ONE PRO 展示 3

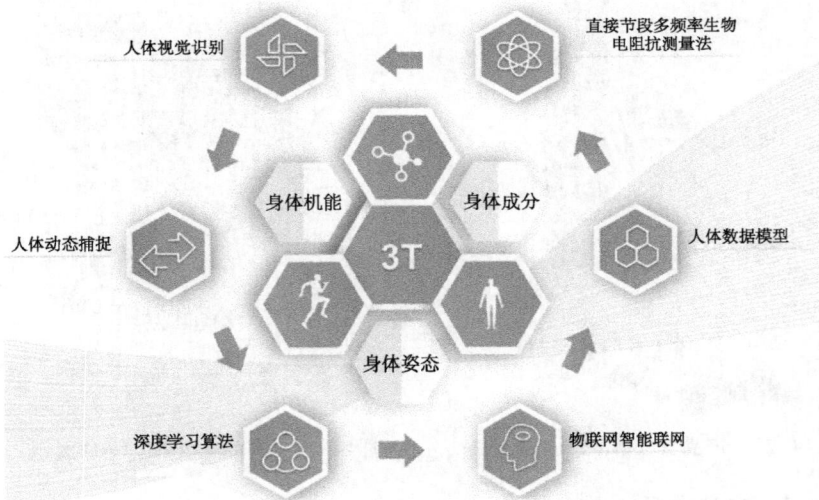

图 14-30 产品设计原理

实时保存在云端,随时调阅。

(3)骨骼点的精度精确到毫米级,评估症状数据精确度到毫米级。

(4)通过独有的视觉算法和人工智能人体模型,可以为用户进行快速的全身姿态筛查识别,建成时效最高、精度最准的姿态筛查库,为用户提供最专业的评估设备。

(5)通过分析身体成分、身体姿态、身体机能等身体数据,实现"从内到外,由静至动"的完整体测,全面评估健康状况和运动能力。通过数据量化、分析、对比,实现健康管理数字化。

（6）开放性应用程序接口设计，可以接入服务商和商家内容系统，并提供开发文档（图 14-31）。

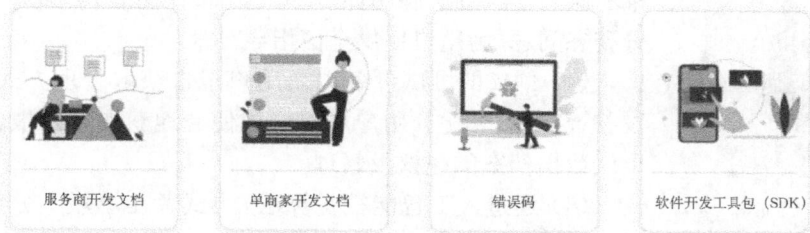

服务商开发文档　　　单商家开发文档　　　错误码　　　软件开发工具包（SDK）

图 14-31 技术创新点

3.2.2.3 核心技术说明

（1）通过结合人身体成分评估、静态评估和动态评估，打造全方位的身体评估体系，并通过人工智能物联网的技术创新将评估终端硬件设备、云端服务器和用户手机进行交互打通，使用户可以在多终端上随时随地查看自身的指标数值变化（图 14-32），并有针对性地进行训练计划的调整。

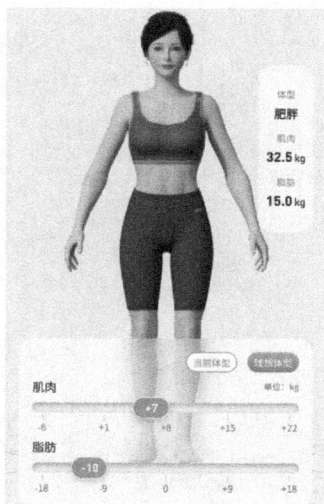

图 14-32 体型比对

（2）自主研发的视觉算法和人体模型，可以采集用户的静态身体图像，提取用户骨骼点，获取各个骨骼点的空间位置信息，使用基于骨骼点和肢体角度的匹配算法，将获取到的身体各骨骼点信息与库中的人体模型进行对比，计算两者对应骨骼点的空间距离和关节点之间连接的肢体角度,将结果融合,计算出匹配值。

(3)姿态筛查(图14-33)评估包括高低肩、颈椎前倾、颈椎右倾、骨盆侧倾、膝超伸、X/O型腿、骨盆前倾、圆肩等大部分姿态问题,为用户提供全面指导。

(4)创新的测试设备以及用户报告获取管理方式,通过设备智能化、云化。用户可以更加便捷地获取测试报告以及个人数据档案的建议及管理。

(5)通过人工智能视觉算法,测试者在短短1分钟的测试后便可得到与自己体型一致的人工智能人体模型,通过模型可以更加直观地了解自己身体围度等(图14-34)现状以及未来目标体型,可以更加有利于制订合理的计划去触达运动目标。

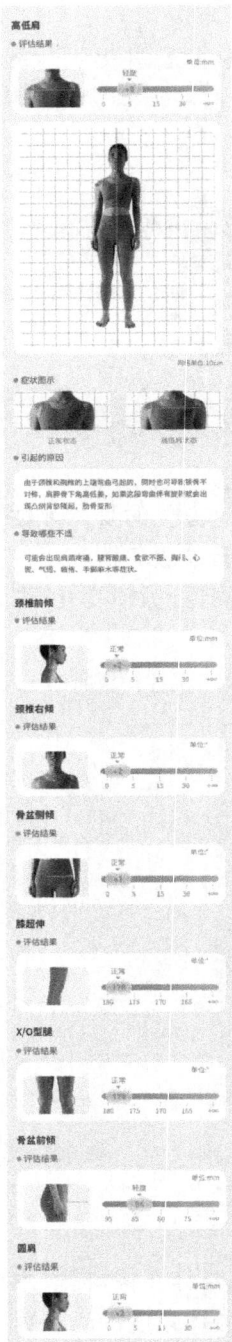

图 14-33 姿态筛查

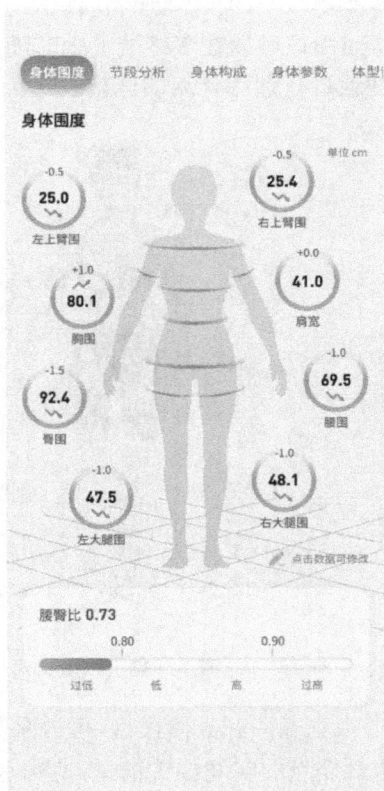

图 14-34 身体围度报告

（6）姿态筛查数据可以实现设备同步,支持设备端、PC 端、PAD 端、手机端查看,云端存储,管理更高效,达到无耗材无纸化的环保目标。

（7）常见的医疗器械及此类型的评估设备的维护都需要现场进行,本产品通过在线进行维护更新(包括软件升级、问题定位、基准校正等)提高了设备维护的效率,避免了现场维护带来的不必要接触。

（8）通过设备智能化、云化,在提供测试终端的基础评估功能之外,我们还可以通过平台化的增值服务帮助用户更好地解读及运用数据。

3.2.3　产品实施及应用推广情况

3.2.3.1　产品实施现状及市场份额

姿态筛查评估系统为用户提供专业的身体姿态问题的检测及建议指导,通过问题图片化及数据化,更快、更准、更直接地呈现出测试者的姿态情况,帮助教练快速根据系统结果为测试者提供定制化针对性的改善方案,提高了私教会员的转化率。目前姿态评估系统已经落地应用于健身房、医院、康复机构、学校、瑜伽馆等众多的场景中。不仅为这些商户带来实质性的收益,同时也对每一位测试者负责,及时发现问题并通过专业建议解决问题。目前我公司的产品在健身行业新增市场占有率已经达到 50%,这还仅仅只是每年新开健身房所带来的,除此之外,更新换代将是更大的一个市场量级。

3.2.3.2　未来发展空间

本案例的市场前景非常可观,且还有更多的行业市场和延伸产品可以开发。根据《2023 年中国健身行业数据报告》显示,截至 2023 年 12 月,全国广义健身类场馆数为 11.7 万家,线下付费健身会员 6 975 万人,除以上已进入行业以外,教育、医疗、养老行业,以及从体质健康监测延伸出的个人增值服务,也都是佑久健康积极拓展的领域。

3.2.4　产品目前所处细分领域与行业地位

佑久健康科技多年专注于身体姿态体成分研究,是行业中最早推行姿态筛查设备落地的公司,是国家标准《国民体质测试器材通用要求》的重要参与者,有着行业顶尖的算法工程师,构建自己的体测标准并推行,得到了用户的一致好评及行业认可,通过姿态筛查帮助用户解决测试者不信任及怀疑教练专业水平的疑惑,更加带动了整个行业的发展,为健身智能化推进做出了巨大贡献。公司启动产品"体育场馆＋物联网＋云计算＋数据化"的细分领域,成立佑久健康科技研发中心,众多技术专家和复合型工程师及先进内部资源构成的庞大技术网络帮助我们打造创新的解决方案,达到精确测量识别及通过有效解决方案的要求,更与多个国际、国内行业领先企业用户进行长期、深入的合作,积累了丰富的实战经验,紧跟国内外最新论文及研究成果,结合实际场景不断优化创新。

3.3 产品效果反馈

当前,体测设备市场品牌参差不齐,没有足够技术储备和生产研发投入的企业无法保证测量数据的准确性。估久健康作为一家专注于人体成分、人体姿态、人体体质的健康监测与服务的企业,有着自己的技术优势,并且打破了市场准入的技术壁垒,取得了一定的技术成果,如专利权、软件著作权、商标权等,并通过早期积累的渠道优势,占领了国内运动健身市场主要份额。

从目前社会倡导的趋势上,国家正在大力推进全民健身及体医融合,而我们作为一款人体运动健康评估的智能硬件,在运动领域中发挥着至关重要的前置评估作用,从健康评估到运动处方,让运动健身训练更有针对性和指导性,为推进全民健康做出我们应有的贡献。

案例七 ｜ **Keep:打造全产业链的智能运动科技时代**

1　公司名称

北京卡路里信息技术有限公司。

2　公司简介

北京卡路里信息技术有限公司(简称"Keep"),Keep App 上线于 2015 年,以"让世界动起来"为使命,始终坚持全面助力全民健身和健康中国战略的方向,倡导快乐运动,不断提升用户运动体验。通过人工智能+体育的数字化应用提供全面、便捷和惠及大众的健身解决方案,平均每月服务 3 000 万余人次,也很荣幸被评为全国群众体育先进单位,北京市及国家体育产业示范项目。Keep 的愿景是成为全球最大的智能体育运营商,已于 2023 年 7 月 12 日成功登陆港交所,成为"运动科技第一股"「03650.HK」。

作为一家全球化的运动科技公司,Keep 持续推进内容精品化和运动科技化,聚焦家庭运动场景,围绕用户的"吃、穿、用、练"需求提供一站式解决方案,提供包括运动健身指导、直播课、录播课、跑步、骑行、健康饮食指导、运动装备购买等多种服务。通过智能健身设备无缝连接物理与数字领域,为用户提供个性化训练计划及健身内容。

3　主推案例介绍

3.1　产品背景

3.1.1　产品聚焦的关键问题

Keep 以线上内容、运动产品与线下场景结合的服务闭环,为用户提供全面的健身解决方案。

3.1.2　产品的需求分析

在人工智能赋能人工智能数字经济蓬勃发展的大时代背景下,Keep 也积极做出响应,树立新型人工智能 + 体育健身新业态,符合国家高质量发展的总体方向。成立至今,Keep 已经形成了以线上内容、运动产品与线下场景的服务闭环,主要为用户提供全面的健身解决方案,通过人工智能辅助的个性化训练计划(涵盖互动直播课及录播课),提供广泛、专业及一流的健身内容,通过 Keep App 与跑步机、动感单车、手环等智能硬件可共享运动信息,并对健身计划进行科学调整,为健身人群提供有效的辅助服务,能够无缝连接物理与数字领域,创造沉浸式、软硬件交互及一站式的健身体验,获得了广大消费者的认可。

3.2　产品/解决方案介绍与实施情况

3.2.1　产品主要功能与应用场景

Keep 积极打通线上线下服务、智能装备、5G 直播及城市公园场景完美融合的全生态,并通过内容和数据优势,将场景、产品与用户的需求打通,构建起以内容为核心、科技互联为载体的运动服务闭环。

3.2.1.1　流量赋能"线上 + 线下双循环变现模式"打造人工智能数字化体育新业态

Keep 以优质内容和科技为核心,线上为用户提供自研课程、健身指导、社交电商,线下推动智能运动空间 Keep land 建设,提供各种训练课程,通过线上流量赋能和线下健身场景数字化相结合提升用户实景感,积极打造"线上 + 线下双循环的变现模式"。

3.2.1.2　软件 + 智能制造建设形成一套完善"人工智能算法"训练模式

Keep 为用户提供多样的智能硬件(跑步机、单车、手环等),用户通过 Keep App 连接智能硬件实现专属课程跟练、身体数据监测,凭借人工智能算法,为用户生成专属训练计划、健身指导。

3.2.1.3　5G + 直播健身提供人工智能数字化体育"现场感"样本

Keep 打造 5G + 直播健身业务,通过更灵活的课程时段、更沉浸的运动氛围以及"全员在线"的互动体验,极大地满足了用户家庭健身时的真实体感和场景感,为用户还原线下实景氛围。

3.2.1.4 Keep & 奥林匹克森林公园项目,实现城市公园人工智能＋体育数字化场景应用(图 14-35)。

2022 年,Keep 携手奥林匹克森林公园,将公园内 10 公里跑道整体智慧化升级,全程为跑者提供智能化健身指导,打造线上＋线下结合的一体化户外运动体验,共同打造全国智慧体育公园新标杆。

图 14-35 城市公园人工智能＋体育数字化场景

3.2.2 产品实施及应用推广情况

基于大数据以及人工智能算法的应用,Keep 积极投入运动人工智能和智能硬件的研发,在探索和打造智能体育消费模式的工作中取得阶段性成果。2021 年度,基于大数据以及人工智能算法的应用,Keep 积极投入运动人工智能和智能硬件的研发,在探索和打造智能体育消费模式的工作中取得阶段性成果。2022 年度,Keep 平台上的录制健身课程超过 21 200 节,直播课程超 9 100 节。Keep 平均月度订阅直播会员数由 2020 年的 191 万增长至 362 万。平台上聚集了 642 位优质的内容生产者,约 17 800 节录播课程来自健身达人、健身专业人士和内容提供者,每月有近 3 640 万用户和创作者互动,平台总共记录约 13 亿次锻炼次数,近几年营收持续稳定增长。

3.2.3 产品目前所处细分领域

产品目前所处细分领域为人工智能＋全民健身。

3.3　产品效果反馈

在人工智能越来越融入生活的时代，Keep 以科技创新为基础，布局智慧健身，通过持续研发具有自主知识产权的优质内容以及更智能的终端产品，满足用户健身的需求，持续探索人工智能＋体育新业态，打造一个全方位、全品类、全产业链的健身科技生态系统。带动人工智能＋体育产业经济发展，成为具有国际影响力的中国健身科技品牌，为全国群众体育发展总目标努力，用科技创新服务健康中国。

竞技体育数字化转型实践案例

案例一 | **宁域科技:兴训®人工智能拳击数字化训练云平台**

1 公司名称

宁域(上海)科技有限公司。

2 公司简介

宁域(上海)科技有限公司(简称"宁域科技")拥有顶级的体育科研团队,多年深耕体育领域,立足科技赋能体育,整合无线传感、智能穿戴、人工智能、物联网、大数据等高新技术,致力于为专业运动员、教练员、科研人员、管理者、运动爱好者,提供数字化训练解决方案,助力体育发展,让数据驱动精准训练成为支撑数字体育生态圈可持续、高品质发展的重要引擎。

公司致力于运动训练数字化,依托多项技术与运动训练实践的深度融合,形成了推动运动训练客体最优化发展的一种运动训练方法新范式,研发了具有独立知识产权的数据驱动精准训练的"智慧大脑"——兴训®人工智能拳击数字化训练云平台,构建了智能硬件 + 软件的产品体系。

目前,公司打造的拳击项目数字化训练监控解决方案,基于自主研发的兴训®人工智能拳击数字化训练云平台,以记录、分析运动员的关键技术、战术和体能等数据为核心,对接多维度软硬件系统数据,实现对运动员、教练、队伍、分支机构的全面管理,构建全方位数据应用集成生态,该产品已用于保障国家拳击队备战杭州亚运会和巴黎奥运会。

3　主推案例介绍

3.1　产品背景

3.1.1　产品拟解决的行业痛点

东京奥运会交手对抗类项目共计 62 枚金牌,占金牌总数 20%,而我国没有获得金牌。回顾与总结东京奥运会,结合竞技体育训练发展趋势,基于人工智能的数字化训练监控是提升我国交手对抗运动表现、竞技水平和比赛成绩的关键环节。

3.1.2　产品聚焦的关键问题

如何将数字化、智能化训练监控运用到训练项目中,从而实现训练的针对化、实战化和个性化以及训练项目的再深入挖掘是本产品聚焦的关键问题。

3.1.3　产品的需求分析

目前,训练监控设备中能满足拳击项目专项能力的设备缺失,无法满足日常训练中专项能力的数据采集和监控,更无法有效解读、剖析项目时空、负荷以及节奏特征。而要实现对抗类运动项目的突破和再辉煌,就需要结合人工智能技术,借助数字化训练监控设备,提高科技设备的攻关潜力,打造符合对抗类项目硬核训练监控体系。

3.2　产品/解决方案介绍与实施情况

宁域科技搭建了可适用于拳击项目教学、训练与科研的数字化训练云平台——兴训®人工智能拳击数字化训练云平台,通过整合人工智能算法、视觉捕捉、可穿戴设备、物联技术等高新技术,形成符合拳击训练和科研实际需求的高水平智慧化体系,全面检测和评估团体及个体运动员的核心指标、运动表现、训练状态,并形成综合的数据模型。

拳击数字化训练架构具体见图 15-1。

3.2.1　产品主要功能和应用场景

3.2.1.1　实时监控训练过程,及时反馈训练数据

平台实现 20 个运动员训练过程中的心率指标、专项核心指标、一般能力指标等 100 多项指标的量化及实时监控,能够为运动员技术动作改善、训练的状态诊断、阶段性的训练目标达成情况测评、训练计划制订及训练监控提供丰富可靠的数据支持。

3.2.1.2　对战过程监控,辅助教练技战术决策与调整

平台可实现双拳台对拳击运动员的技战术和运动负荷数据监控,在比赛中辅助教练员将主观判断和客观的数据结合,分析赛场形势,进行及时技战术调整和战略决策。

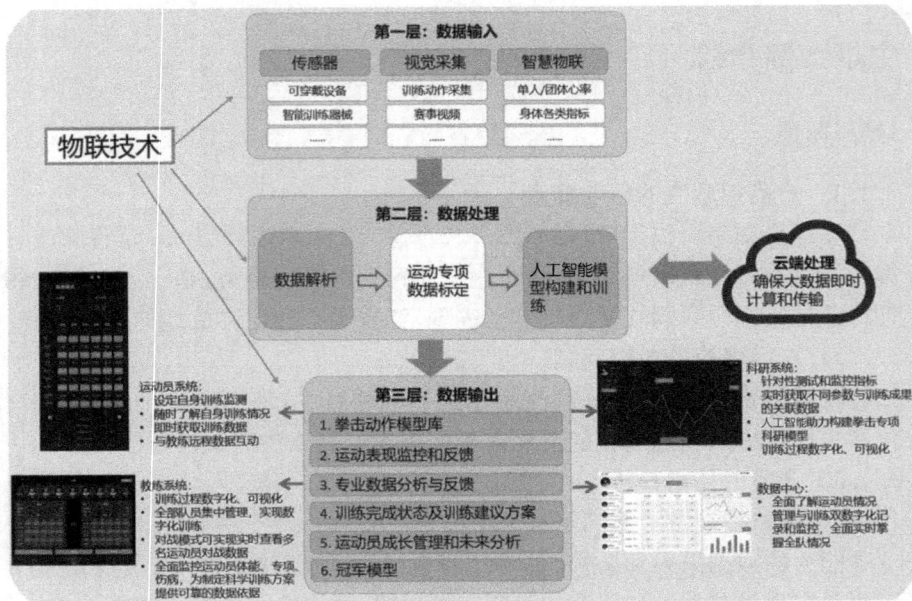

图 15-1 拳击数字化训练架构

3.2.1.3 运动员选材提供数据模型

通过平台对拳击运动员反应时、加速度、速度、力度、次数等核心专项指标的测试,量化选拔标准,解决专项选材指标和手段单一的问题,给教练员更多的参考。

3.1.2.4 建立数字化档案

平台为运动员建立数字化训练综合档案,提供训练课、专项测试、对战监控的专项运动指标数据、心率指标、生理生化指标、体成分、每日状态追踪、技战术数据采集、录入、管理和分析。利用平台进行大数据分析以及数据模型的处理,将运动员的综合数据进行量化梳理,依托数据模型的处理结果进行科学评测,形成数据模型可视化,以便教练员客观、有效掌握和监控运动员综合能力水平。

3.2.1.5 视频技战术分析

平台可对视频文件进行打标签,系统能根据打好的标签快速查找视频片段,对视频内容进行技术统计、筛选分类,自动对进攻、防守、得失点区域等技术的应用信息进行分析,生成可视化图表并支持单个或多个视频和演示文件导出。

3.2.1.6 人工智能学习功能

平台一站式搜集和分析多类型数据。通过人工智能深度学习,多维度挖掘数据价值,为教练员和运动员提供可靠的参数数据,并提供体能训练和技战术练习的策略分析,快速提升训练效能。

3.2.2　产品主要技术特点

宁域科技一直秉承"体育科研＋科技"相融合的发展理念,通过构建独有的运动算法模型,为用户提供全方位数据结果呈现和数据应用价值挖掘。

本产品一是增强了拳击运动训练过程精准化施控能力,使运动训练过程控制实现从抽象到具体、从定性到定量,而不再是凭主观经验的定性调控;二是满足了拳击运动训练适应个性化调控需求,基于多维度训练数据的信息整合,结合个体的适应水平和应激能力等特征识别不同运动员竞技能力提升的个性化需求,并通过算法自动化生成与运动员适应水平相匹配的个性化训练方案;三是形成了多维度数据库,建立科学量化的人才选拔、队员选拔机制。

3.2.3　产品实施及应用推广情况

宁域科技打造的拳击数字化训练监控综合解决方案,迈出了国内拳击领域科技产品从无到有的第一步。该数字化解决方案得到了包括国家拳击队、四川省拳击协会、上海体育学院等多方认可。

未来,宁域科技会在拳击项目数字化训练监控解决方案的基础上不断深化与拓展,向交手对抗类项目及其他竞技体育项目覆盖,尽快搭建全样本、全过程、全景式的训练大数据共享平台,加强训练大数据采集便携化、分析准确化、传输可视化的研究,创新数字化、智能化训练的应用场景,使数据驱动精准训练的重大价值得以更快显现和更大释放。

3.2.4　产品目前所处细分领域

本产品目前所处细分领域为人工智能＋数字化竞技体育。

3.3　产品效果反馈

在四川省拳击队备战第十四届全运会期间,其保障重点运动员,辅助教练为运动员提供科学化的训练指导,助力四川拳击队成功卫冕两个级别冠军,创造历史。

国家拳击队在 2022 年集训期间使用了兴训®人工智能拳击数字化训练云平台进行训练监控和数据采集,在日常训练和对战中建立了数字化档案。助力国家队在哈萨克斯坦国际邀请赛和美国国际邀请赛中屡创佳绩。

案例二 ┃ 凌芯体育科技:智能可穿戴肌电产品在运动领域的应用

1　公司名称

上海凌芯体育科技有限公司。

2　公司简介

上海凌芯体育科技有限公司(简称"凌芯体育")是 2020 年 10 月成立的体育科技公司,坐落在上海体育国家大学科技园,于 2022 年入选上海市中小高科技企业名单。属于运动医学智能可穿戴设备与人工智能大数据系统行业,专注于创新生物电系统开发,拥有完全自主核心算法、新材料、人工智能自动诊断技术。面向竞技体育、全民健身和运动康复市场,提供智能物联网、平台及应用一体化的解决方案。其主要产品凌芯 MetaCAFC 是全国首创采用电子皮肤式的肌电可穿戴测试设备,填补了中国可穿戴肌电设备的产品空白。

团队主要成员来自迈瑞、华为、微软、华大、Google 和上海体育大学。公司硕士以上学历人员占 50%,30% 具有海外工作和求学经历。拥有生物电信号、运动生理、运动训练、运动康复、软件工程、电子信息等领域的科研能力。公司董事长赵忠泽在通信领域工作 20 年,分别就职于摩托罗拉(中国)研发中心、华为上海研究所等,是具备研发和市场拓展的复合型人才,2020 年回国后创立凌芯科技。

凌芯体育以"体育科技普惠,共享快乐、健康的高质量人生"为宗旨,希望以科技手段提升国民身体素质,提倡科学化运动训练,使中国人更加健康、快乐地生活!

3　主推案例介绍

3.1　产品背景

3.1.1　产品拟解决的行业痛点

(1)健身行业:①健身动作有效问题;②中长期健身成果显现问题;③损伤预防问题(膝、踝、腰、肌肉等损伤);④疲劳监控问题;⑤训练负荷把控。

(2)康复行业:①运动康复问题;②肌肉内部问题可视化;③运动负荷。

(3)音乐领域:①肌肉紧张与放松问题;②动作精准问题。

(4)舞蹈领域:①肌肉紧张与放松问题;②肌肉力量控制问题;③动作精准问题;④肌群协调问题。

(5)各体育竞技项目:①技能学习问题;②发力速度评估;③对称性;④肌群发力时序性问题;⑤肌群发力参与度问题;⑥肌肉对称性问题。

3.1.2　产品聚焦的关键问题

(1)肌肉疲劳程度:通过对肌肉放电频率及振幅的持续监控,检测肌肉开始疲劳后放电频率及振幅下降的时间节点及分析其后的下降趋势,以反馈肌肉疲劳程度。

（2）肌肉募集能力：通过对肌肉放电频率和振幅的监控，反馈目标肌肉的神经募集能力。

（3）发力速度：通过对受试者听到指令后到检测到肌肉产生一定强度的放电之间的时间差，提供最为精准的发力速度评估。

（4）各肌群发力参与度：通过对多组肌肉的放电频率和振幅的监控，反馈各肌群发力参与度。

（5）肌肉对称性：通过对受试者目标肌肉的左右肌肉的肌电放电频率、振幅、时序性、发力速度等进行左右侧对比，反馈受试者的双边对称性。

（6）肌群发力时序性：通过对受试者多组肌肉完成指定动作时，产生的不同肌肉的肌电放电顺序和振幅来判断受试者发力时序性。

3.1.3　产品的需求分析

（1）功能需求：在专业竞技、大众运动、康复、艺术等领域，对于肌电图有强烈的功能需求，满足对用户的能力模型评估、技能学习、水平提升、专项提升等刚性需求。

（2）可视化需求：疲劳度、发力速度、肌肉参与度、时序性等问题都是各应用场景领域亟须的功能需求，但只提供数字化的指标是不足的，我们通过可视化的图形、实时肌电图、可视化数值指标可以让用户轻松读懂，了解自身问题。

（3）实时监控需求：训练过程中进行动作纠正，只有实时监控与反馈，才能立竿见影地显现出对比效果。

（4）用户个性化需求：个体身体素质差异极大，应给予不同用户、不同领域匹配满足其个性化需求，肌电图本身是客观反馈用户身体肌肉实时发生的数据，在此层面上，肌电其本身的优势就已满足用户的个性化，根据肌电图反馈的个性化用户数据为其提供个性化的改进方案，这是我们下一步与各应用场景合作伙伴共同打造的方向。

3.2　产品/解决方案介绍与实施情况

3.2.1　产品主要功能与应用场景

凌芯 MetaCAFC 产品是采用电子皮肤式智能可穿戴设备，用于心电和肌电的实时测量和监控，并通过智能算法评估、分析运动指标（图 15-2），指导运动训练。主要功能包括以下几点。

（1）心电测试包括显示原始心电图。

（2）心率测试给出平均心率、最高心率、静息心率和心率区间。

（3）通过算法得出热量消耗。

（4）原始肌电测试，采样频率达 kHz 级。

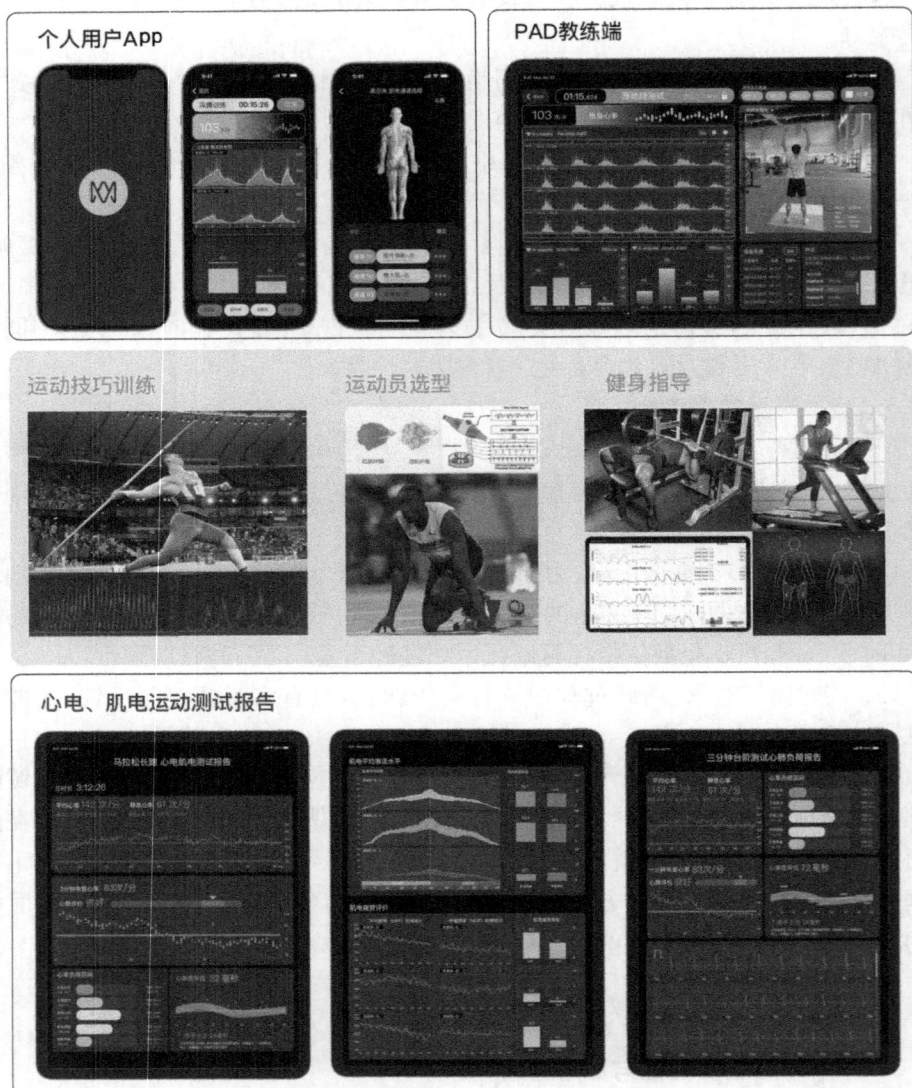

图 15-2 运动指标分析

（5）提供单调速率调度等算法。

（6）提供肌肉放电总功率算法、肌肉疲劳度算法。

（7）测定多肌群时序性。

（8）肌肉发力速度。

产品可用于竞技、健美等各类运动训练，具体主要应用场景包括以下几种。

（1）体适能测试和运动技巧训练：①体适能测试，通过心肺能力和肌肉疲劳度实时监测和分析等，评估运动员训练效果。②运动技巧训练，通过肌群时序性、发力速度、疲劳模型指导运动员进行技巧类训练。

（2）运动员选型：通过肌电检测红白肌肉比例，测定肌肉敏捷性，发现运动员类型。

（3）运动损伤康复：检测和分析肌肉，测定肌腱恢复程度，制订康复计划。

（4）高尔夫球训练：通过分解高尔夫动作模式，检测相关肌肉的发力程度、发力顺序，分析动作的准确性、稳定性。

（5）健美健身训练：帮助教练和运动员发现难点肌群的训练模式，进行针对性集群训练。

（6）电子竞技训练：训练和比赛中实时监测运动员心电和肌肉疲劳度、反应速度，评估训练效果，挖掘运动员类型，从而对运动员进行个性化训练。

（7）太极拳训练：检测运动中心率平稳度、发力时序性和实时肌肉能量，评估训练水平及动作规范性。

3.2.2　产品主要技术特点

与上一代可穿戴设备不同，凌芯 MetaCAFC（图 15-3）为智能物联网设备，前端智能传感器通过电子皮肤（贴是在皮肤），采集的型号通过蓝牙传递到网络云端，云端采用信号智能算法给出实时的分析结果。

凌芯 MetaCAFC 采用电子皮肤方式，与人体皮肤紧密结合并具有可延展性，防止因滑动造成的信号采集失真，同时创新型的材料配方保持电阻稳定，实现运动大量出汗时信号的精准。

前端心电肌电呼吸三合一综合传感器为高精度生物电采集设备，其中肌电采样频率达 4 kHz，心电采样频率达 2 kHz，并运用了领先的双层算法校准，保证数据的高精准度，是业界采样率最高的肌电和心电产品。

为达到全场景的应用，凌芯 MetaCAFC 前端采用 IP67 防水，可达水下 30 个大气压 24 小时不漏水，总体重量 10 g，实现无感佩戴，满足运动、生活的全场景使用。

运动行业使用的肌电产品长期以来一般都是从国外采购，如知名国外品牌 NORAXON、DELSYS 等，其价格高、性能一般。凌芯体育的机电产品是国内首创的智能可穿戴式肌电产品，填补了国家此项空白。

3.2.3　产品实施及应用推广情况

产品自开发以来，已经在上海崇明国家体育基地、东方绿洲基地的国家蹦床队、现代五项队试用。同时，其指导了青年高尔夫运动员曹舒新的动作训练，使其在比赛中取得优异成绩。

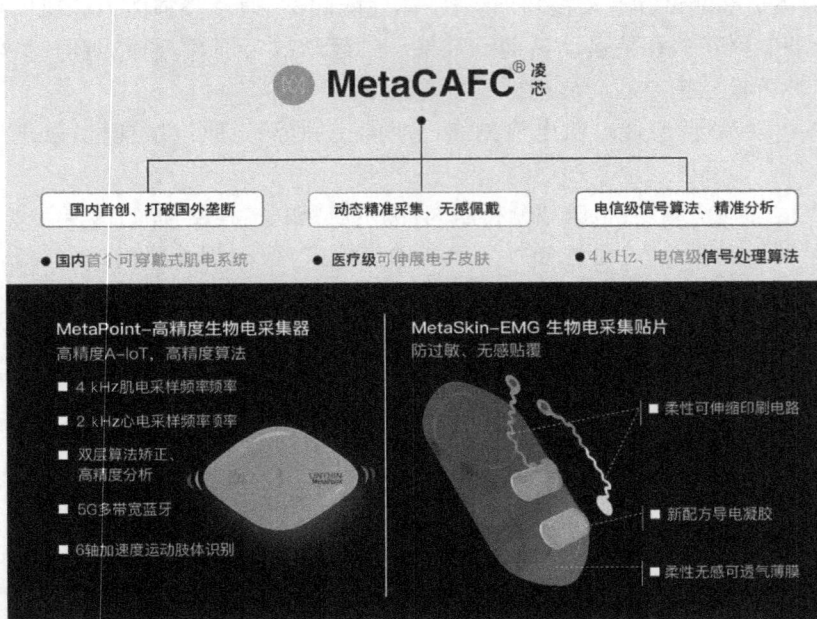

图 15-3   凌芯 MetaCAFC

进入 2022 年后,我们在健身健美、高尔夫、电竞、太极拳、青少年体测、医疗康复等领域获得重大进展。近来凌芯科技已就此与 Gympoet 私教空间、王者荣耀电竞俱乐部、上海新华医院、安徽大学、上海中医药大学签订商业合同和战略合作协议。

智能运动空间市场巨大,中国去年市场规模超过 800 亿,并每年以 15%～20% 的速度增长。世界冠军苏炳添副教授在 2021 年发表的文章说:"柔性可穿戴运动传感器是体育行业可穿戴设备的未来。"

3.2.4   产品目前所处细分领域与行业地位

本产品属于运动生理 + 智能物联网 + 人工智能大数据的数字体育领域,是以心电、肌电、呼吸和肢体形态为理论基础,采用智能物联网和人工智能大数据为应用技术,结合高分子材料电子皮肤前沿科技,打造数字体育的新产品,在国内属于首创产品,达到国际领先水平。

案例三 | 巨岩科技:智慧体育场馆赛事管理平台

1 公司名称

杭州巨岩欣成科技有限公司(巨岩科技)。

2 公司简介

见前文第 13 章案例一。

3 主推案例介绍

3.1 产品背景

3.1.1 产品拟解决的行业痛点

举办一场大型的赛事活动,涉及主办方各部门、场地运维、安保、赛事评审团队、参赛选手、媒体推广渠道、协办支持方、赛事运营服务商等多方人员单位。

赛事推进涉及各方众多信息同步、资料传递和工作协同等,传统的赛事运营工作,各方协同依赖于微信、邮件等沟通,信息同步混乱、协作效率低。很多情况下,协同要经过赛事运营服务商或主办方转介,存在各方工作进度同步难,赛事协作效率低,还容易出现疏漏的问题。

3.1.2 产品聚焦的关键问题

以体育场馆为连接方,解决赛事运营中多方信息同步困难的问题,提高场馆对赛事活动的前中后期运营管理全方位的追踪与服务。

3.1.3 产品的需求分析

在国家政策方面,通过搭建智慧体育场馆赛事管理平台,实现了互联网＋体育的联合,积极响应国家有关推动体育场馆智慧化的政策要求。在场馆运营方面,借助赛事管理平台增加了场馆运营方对馆内活动信息的掌握情况,提升场馆运营效率。在赛事管理方面,通过智慧体育场馆赛事管理平台解决了多方信息不对称的问题,为更好办赛奠定基础。

3.2 产品/解决方案介绍与实施情况

3.2.1 产品主要功能与应用场景

智慧体育场馆赛事管理平台主要功能涵盖:综合管理平台、后台管理中心。同时可以根据赛事需求综合多个场馆进行搭建,形成一个综合性"大脑"管理平台和 N 个场馆"小脑"管理平台及工作人员 App(图 15-4、图 15-5),全面构建面向服务决策、服务管理、服务公众的绿色智能场馆管理系统,全面实现场馆运行全方位感知、场馆服务全业务监管、赛事保障全过程可控,既满足赛时服务赛事,又服务持续运营,加速体育产业数字化、智慧化转型升级。

图 15-4 "大脑"管理平台

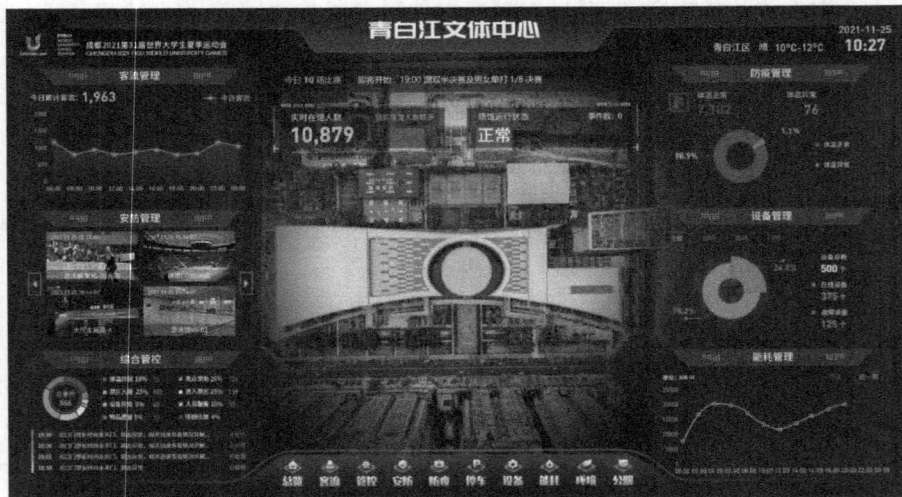

图 15-5 "小脑"管理平台

综合管理平台功能

(1)态势总览(图 15-6):场馆整体态势一屏总览,对关键指标进行重点展示。

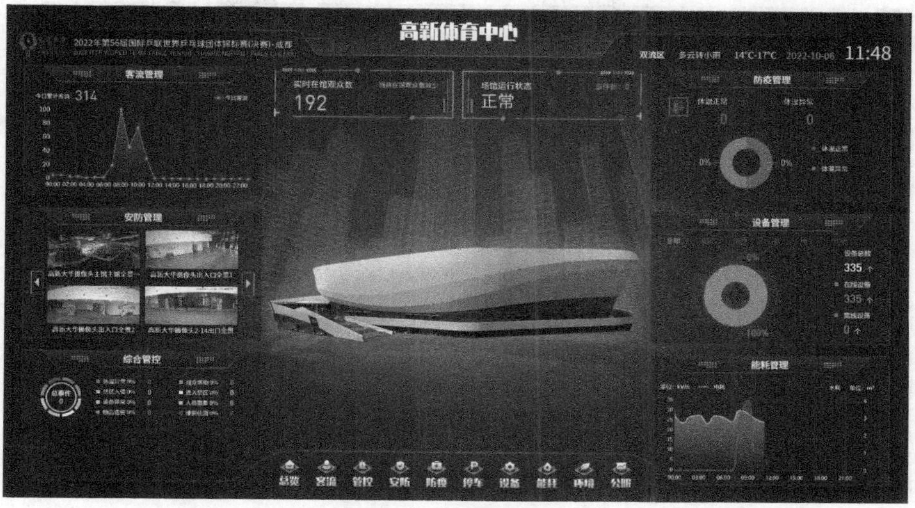

图 15-6　态势总览

（2）客流管理（图 15-7）：实时监测各场馆客流出入情况，并分析呈现各场馆人气指数、客流走势等指标。

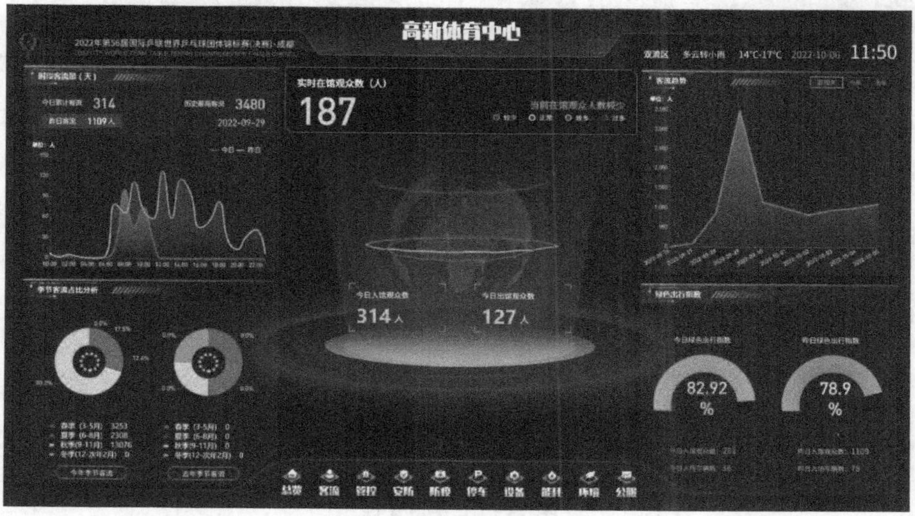

图 15-7　客流管理

（3）事件管控（图 15-8）：统计呈现各馆 8 类事件的详情及处置情况，并可聚焦重点场馆。

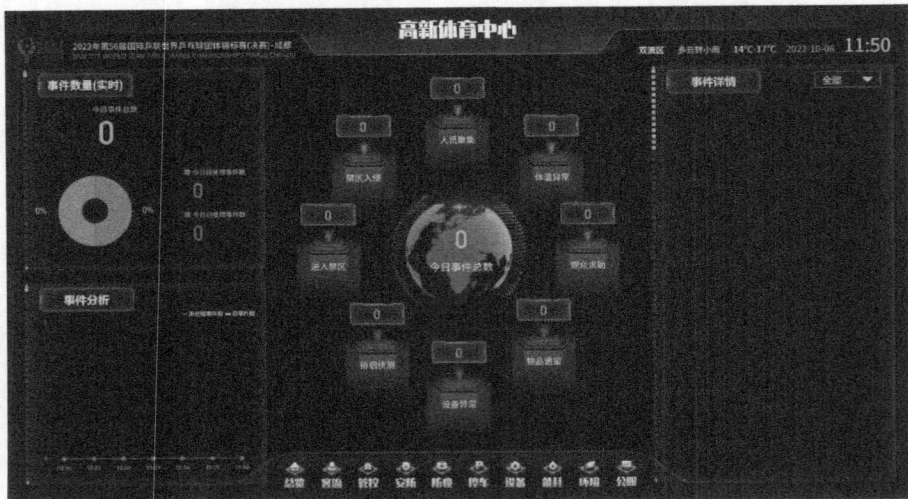

图 15-8 事件管控

（4）安防管理（图 15-9）：各场馆安防画面实时展示，并同步记录安防事件。

图 15-9 安防管理

（5）防疫管理（图 15-10）：实时监测记录各馆入场人员体温详情，重点关注体温异常人员。

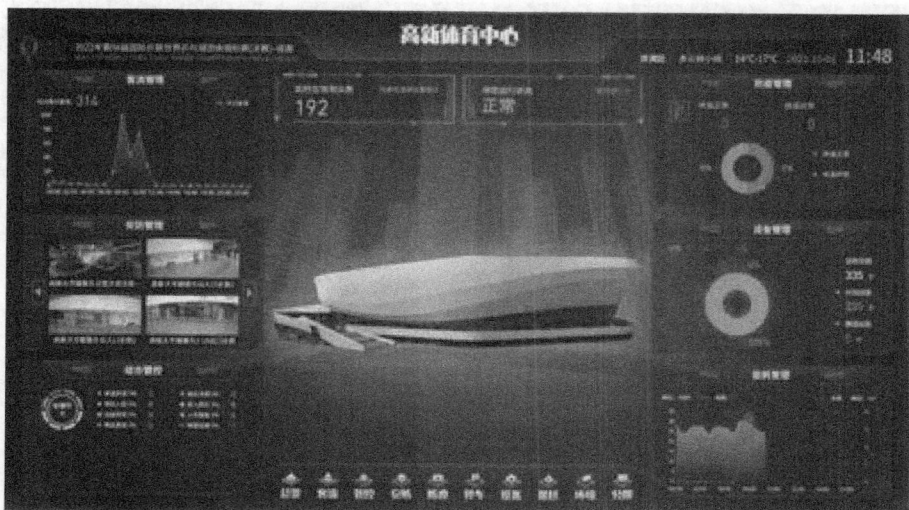

图 15-10　防疫管理

（6）停车管理（图 15-11）：呈现各场馆停车实况，并对停车详情进行分析，辅助场馆日常停车管理。

图 15-11　停车管理

（7）设备管理（图 15-12）：各场馆设备运行状态统一呈现，重点展示离线异常设备，实现精准维护。

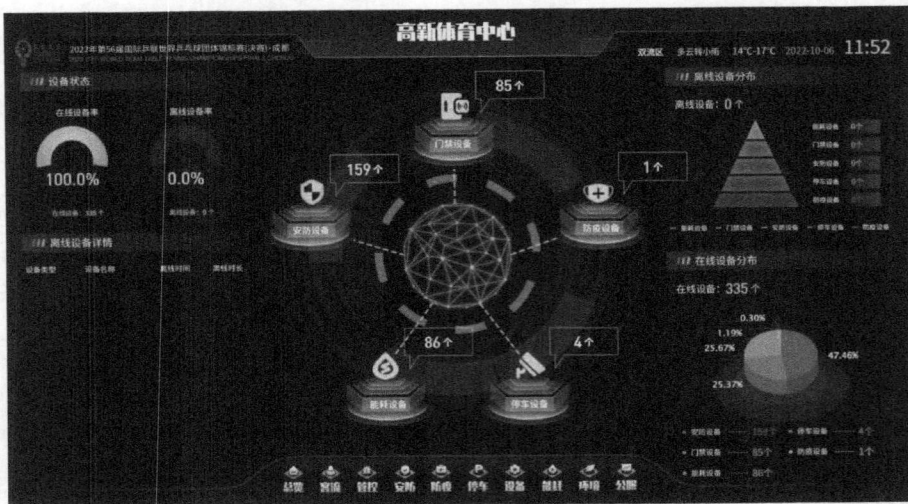

图 15-12 设备管理

（8）能耗管理（图 15-13）：统计分析各场馆用水用电情况，可聚焦高能耗场馆，助力节能减排。

图 15-13 能耗管理

（9）环境采集：实时监测馆内基础环境数据，并重点突出异常数据，保障场馆环境安全。

（10）公共服务（图 15-14）：展示智慧导览、互动答题、智能手环等人文关怀功能使用情况,增加观众互动和体验感。

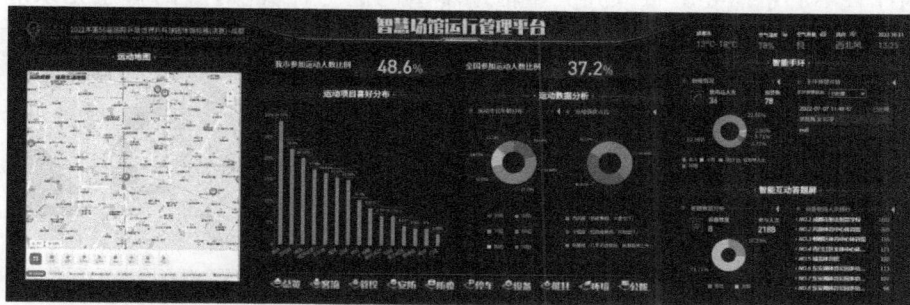

图 15-14 公共服务

3.2.2 产品主要技术特点

引入三维建模技术等数字孪生技术,通过在三维模型的基础载体上叠加场馆管理和数据分析等应用,将 5G、物联网、云计算、大数据等技术应用到智慧体育场馆赛事管理平台建设中,整合场馆的设施信息、运维人员等信息,实现各数据层面互联互通、信息管理与状态监测,提升对场馆赛事运维管理的智慧化管控能力,辅助管理者更直观地把控赛事场馆内的运营态势与发展效益,提高管理的信息化水平、赛事运营管理及服务能级,降低沟通成本,形成运转协调、透明高效的赛事管理体系。另外,通过深化信息化系统的应用,提高赛后场馆面向公众的服务能力,提升市民的智慧体验感,充分调动市民参与运动活动的积极性,可形成具有标志性的市民活动中心。

本产品用数字化、互动化、开放化的建设模式提升赛事场馆的智慧管理水平,实现全面感知、统一标准、深度分析、早期预警,打造安全、协作、统一、服务的智慧场馆。

3.2.3 产品实施现状及应用推广情况

3.2.3.1 实施现状

本产品已在 2021 年第 31 届成都世界大学生运动会场馆的建设中成功运用,本产品把 22 个核心赛事场馆的数据,统一、实时、动态地集中到一个大屏上,辅助管理人员对各场馆信息进行智能分析。该案例产品共涉及 268 个功能模块,是目前大型赛事场馆智慧化管理平台中功能最完善的平台,囊括场馆管理的方方面面。同时,本项目也是唯一入选国家体育总局"国家智能社会治理实验基地"的智慧场馆项。同时,本产品也投入 2022 年第 56 届国际乒联世界乒乓球团体锦标赛的赛事运营中,保障了赛事的顺利进行。

3.2.3.2 市场份额和未来发展空间

随着我国冬奥会等大型活动体育赛事成功的举办,彰显了我国举办大型赛事活动的能力,同时随着时代的发展,发展建设智慧化场馆的需求成为趋势,大型的体育中心也需要具备承办大型活动赛事的能力,匹配对应的智慧化系统必不可少。

3.2.4 产品目前所处细分领域

本案例产品所处技术细分领域赛事期间体育场馆 + 人工智能 + 5G + 大数据 + 物联网。

3.3 产品效果反馈

例:2022 年第 56 届国际乒联世界乒乓球团体锦标赛

智慧体育场馆赛事管理平台全力保障赛时场馆运行。平台通过全量汇聚、分析挖掘场馆各类运行数据,全天候在线监测、分析预测各场馆设备状态、能耗环境;全面联动场馆各项业务管理,高效指挥调度场馆人员、事件处理,为成都大运会提供安全、高效、舒适的智慧场馆服务体验和运行保障。

智慧体育场馆赛事管理平台同时也持续服务赛后场馆的运营。平台与场馆日常管理深度融合,可持续降低场馆运行成本,提升场馆运营管理水平,加强对各个场馆运行管理的动态监测和资源整合利用,同时可服务城市对大型体育设施在公共服务、安全生产、公共卫生、应急避难等方面的智能化管理,进一步提升智慧城市建设水平。

赛后可升级成为城市体育公共服务管理平台。在通过数字化平台掌握了城市主要体育场馆的相关数据之后,可进一步形成智慧体育管控平台,把更多智慧体育的功能接入。充分发挥信息化技术优势,推动全民健身服务、竞技体育、青少年体育、体育产业、体育政务管理等 5 个领域的业务融合、数据融合、技术融合,努力构建服务上普惠化、便捷化,管理上高效化、协同化,技术上数字化、共享化的智慧体育服务体系,正确引导全民参与体育运动,提升全民身体健康水平,进而提高全市体育综合实力,实现"赛事名城"的建设目标。

案例四 | 创冰科技:数据采集为智慧运动场插上翅膀

1 公司名称

上海创冰信息科技有限公司。

2　公司简介

现代信息技术在体育上的应用是新时代体育产业发展的重要标志,上海创冰科技信息有限公司(简称"创冰科技")是中国最早拥有自主知识产权的体育数据服务公司。创冰科技起步于足球赛事分析,目前拥有图像识别技术、编码采集技术及可穿戴设备采集技术,其可运用于各种场景的数据采集,并采用分布式计算平台对云端的数据进行多维度统计,通过专业的算法将球员、球队、比赛数据融合之后进行深度加工,为运动员、球队和体育管理部门等不同群体提供数据价值,是目前世界上最专业的体育数据服务商之一。

自 2004 年起,其为五星体育、央视体育台、中国国家队、中超、中国足球协会甲级联赛俱乐部和众多职业足球赛事等提供数据服务,是中国国家足球数据标准制定者之一,同年研发出的通过数据直接搜索视频,属于世界首创,大量减少视频剪辑时间,同时也是独家承担教育部校园足球线上师资和教练培训项目的公司,也是中国足球协会青少年联赛独家数据提供商。

当初创立公司的目的是以科技的力量给中国足球带来变化。目前公司拥有来自各个领域的专业人才,包括但不限于足球分析、电子传媒、数据研究、产业研究等多个领域的专家,他们为公司的业务运行提供技术支持和方向引导,助力公司快速成长。

3　主推案例介绍

3.1　产品背景

3.1.1　产品拟解决的行业痛点

"政府主导,市场运作,社会参与"是新时代智慧举办好大型体育赛事的必然趋势,目前国内的赛事数据方面缺少专业的运动数据分析团队,而创冰科技拥有国内外先进数据采集分析技术和经验,能够为各大赛事方提供最专业的运动数据服务,向社会各级别体育赛事提供全新的运营管理模式,填补这一领域的空白。

"科学训练,精确分析,全面展示"是数据技术推动体育运动发展重要表现,创冰科技的视频和数据服务,在数据采集、分析和呈现方面已经成功服务了中国足球协会、多个职业足球俱乐部和国内三十多家媒体,通过专业数据普及业余赛事的运作,将大大提高普通民众参与运动的兴趣及对自身数据的关注,提高参与人员的训练和比赛水平,也将更科学及时地向全社会展示运动信息。

3.1.2　产品聚焦的关键问题

3.1.2.1　先进性

系统的设计中,在保证系统稳定的前提下,选用最新的开发软件、硬件设备、设计模式,构建创冰科技数据采集的编码采集技术、图像识别技术、可穿戴设备采集技术等,结合服务职业足球俱乐部和中超赛事的经验,在整体设计思想上用于校园体育、大众体育或者草根赛事时具有相当的先进性。

系统建设采用成熟先进和高度商品化的软硬件平台、网络设备和开发工具。在进行系统设计、实现时采用科学有效的技术和手段,以及有多年中国足球协会、职业足球俱乐部的服务经验,确保系统交付使用后能持续稳定地运行,能对各项运动发展起到科学的引领作用。

3.1.2.2　全面性

为客观公正地展示运动队和运动员的竞技数据,分别针对参与人员的技术与体能数据需求进行采集,能全面采集和展示球队和队员信息,方便赛后做出调整及回顾。

3.1.2.3　易维护性

硬件和系统都提供集中的、智能化的维护工具,尽可能减少手工维护工作量,确保系统的正常运行。对数据的存储和备份也有专门设计,确保在数据损坏、丢失等情况下将备份数据倒回,实现数据恢复。

3.1.2.4　易操作性

系统提供美观实用、友好直观的中文图形化用户管理界面,充分考虑媒体、教练和运动员的习惯,方便易学、易于操作、易读易用。信息的表现方式更直观、效率更高,摆脱过去那种面对大量枯燥的表格、文字信息进行数据挖掘的状况。创冰科技提供培训辅导和多种服务模式,随时对操作者遇到的疑难进行解答。

3.1.2.5　易拓展性

就像在球场上会出现瞬息万变的情况,教练们对数据的理解和需求也不断升级,无法满足于报告件格式基本一成不变的国外同列数据公司,而创冰科技拥有自己的研发团队,可以满足不同的数据需求,做到定制化,如恒大外教团队提出的前锋进攻三区得球成功率,这种新颖的数据要求,也就创冰科技能在 24 小时内做出报告。

3.1.3　产品的需求分析

3.1.3.1　视频拍摄需求

不管任何运动,视频拍摄是最基本的需求,本产品可用最少的人力拍摄出最佳视角的画面。

3.1.3.2　体能数据需求

体能数据包括身体数据(体脂、骨骼肌、心率)和运动数据(跑动距离、速度等)。

3.1.3.3　技战术数据需求

技战术数据包括团队配合、传球成功率、进攻方式等的数据。

3.1.3.4　综合分析报告需求

通过挖掘日积月累的数据,建立数据模型并科学地调整训练方案找出不足点,完善体系并预测未来。

创冰科技的 3 种数据采集技术在设计之初就将数据的准确度作为衡量产品功能最主要的指标。由经验丰富的采集专员操作可保证完整记录赛场上发生的技术数据和球员体能数据,采集到的主要数据达到 100% 准确率,全部数据达到 95% 以上的准确率,完全能够满足任何水平比赛的多种数据需求,创冰科技也获得了西班牙马德里理工大学的信效度测评,其论文也在发表在世界体育大会,与国际上主要数据采集公司并驾齐驱。

3.2　产品/解决方案介绍与实施情况

3.2.1　产品主要功能与应用场景

智慧运动场:近年来,物联网、云计算和人工智能等新技术的出现,使"中国智造"在很多领域处于世界领先水平,如智慧城市、智慧交通等。其中,智慧体育是体育行业和现代信息技术的结合,智慧体育让相关体育管理部门和公共体育服务的能力提升到另一个层次,并推进我国体育事业未来的发展。

随着我国将足球发展上升为"国家战略",以及校园足球的兴起(2025 年建设 5 万所校园足球特色学校),我国在足球产业的投入不断加大,"智慧运动"场这个名字越来越被社会各界人士所了解。

创冰科技紧跟行业技术趋势,积极响应国家政策和要求,重点围绕国内体育运动场信息化建设全力打造国内最优秀的智慧运动场,发挥产品研发优势,改革体育记录方式和体育精神打造等信息化建设方面的专属功能,让体育成为沟通、参与、鼓舞、凝聚和教育群众的有效载体。

本产品可提供各种运动场赛事视频、技战术数据、体能数据、身体数据及综合分析报告。随着双减政策(指减轻义务教育阶段学生过重作业负担和校外培训负担)及体教融合,越来越多的学校开始重视学生的体育素质教育,该产品能够满足对学生体能的检测,针对具有一定规格的体育赛事提供直播,通过固定机位的自动跟拍摄像头或便携式超高拍摄杆(8 米)可以提供媲美专业转播画面体验,并根据需求让普通运动爱好者得到专业的数据分析服务。

3.2.1.1　主要功能

(1)直播服务:智慧运动场 App 直播比赛画面,视频可同步上传到直播平台供用户实时观看。

（2）数据统计服务：智慧运动场运营人员将比赛的数据通过专业的记录工具输入，获得射门次数、犯规次数、比赛比分，体能数据通过可穿戴设备或图像识别获得。

（3）录像回看和下载功能：收藏比赛录像等于收藏了珍贵的回忆，可通过各种社交网络进行，可以让更多的人欣赏精彩表现。

（4）制作比赛个人集锦：也可以享受体育巨星们的待遇，使运动员拥有自己全场比赛的专属集锦，致敬偶像，完成梦想。

3.2.1.2 应用场景

（1）人工智能自动跟拍[架设固定摄像头（图 15-15）]：集合了 AR、人工智能、大数据、云计算、3D 重构、影像识别及追踪等最先进技术的产品，可实现训练比赛的智能录制、自由拖拽旋转、缩放、标记、智能剪辑、AR 技战术分析，以及专业的赛事综合管理。拍摄画面见图 15-16。

图 15-15 固定摄像头

图 15-16 拍摄画面

产品功能亮点为虚拟全景,多角度录制,固定摄像机位,不受天气影响,亦可用移动端设备录制,视频直接上传到云端,基于云端储存。

（2）创冰科技 HighCam 拍摄杆(图 15-17)(便携式超高拍摄延长杆)：可以机动灵活地进行拍摄和直播,拍摄高度可达 8 米,媲美专业转播。拍摄装备见图 15-18。

图 15-17　拍摄杆

图 15-18　拍摄装备

（3）基于可穿戴设备的体能数据采集：见图 15-19。

图 15-19　基于可穿戴设备的体能数据采集

（4）基于图像识别的体能数据采集：见图 15-20。

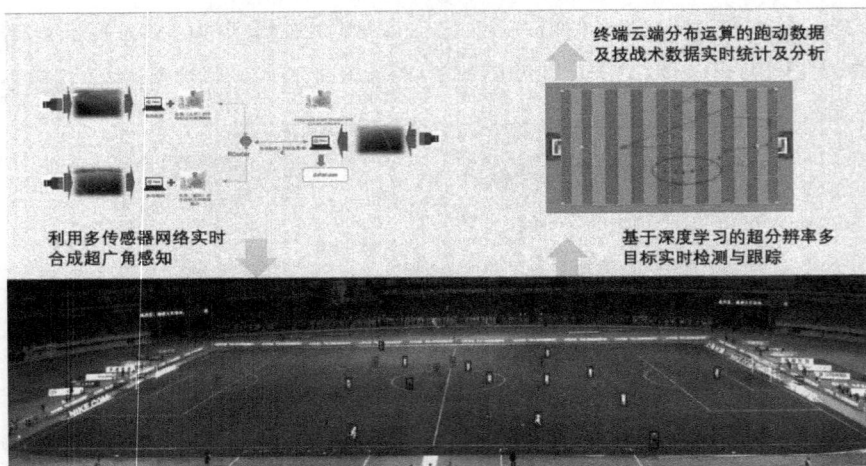

图 15-20 基于图像识别的体能数据采集

（5）技战术数据采集：见图 15-21。

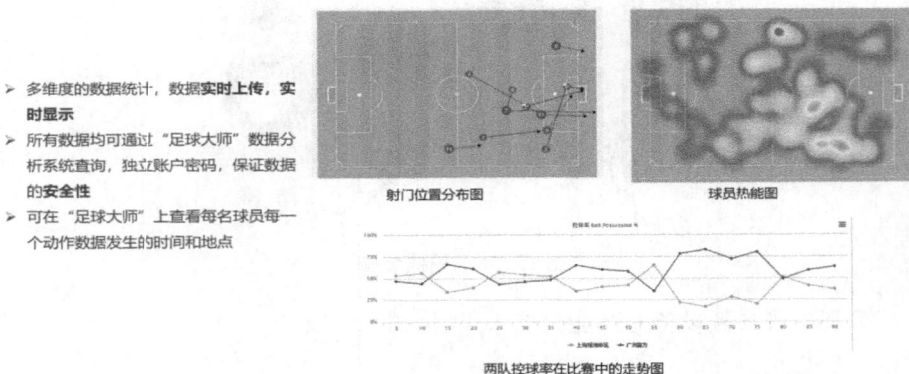

图 15-21 技战术数据采集

3.2.2 产品主要技术特点

3.2.2.1 整体框架（图 15-22）

创冰科技采用云架构分布式运算方法，实时计算和实时输出比赛数据，不仅可通过创冰科技的在线数据平台和移动端 App 查看，也可以通过开放接口访问创冰科技数据库进行数据的进一步开发。

图 15-22　整体框架

3.2.2.2　体能数据采集流程（图 15-23）

通过超宽带技术定位采集体能数据，主要通过穿戴在运动员身上的模块与场地边的基站进行数据通信，测算球员跑动距离、高速跑距离、冲刺距离等数据。

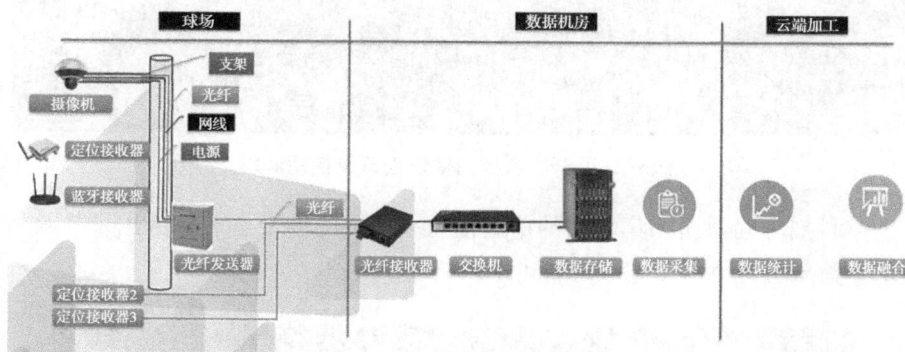

图 15-23　体能数据采集流程

此外，还可通过图像识别技术来采集比赛体能数据。通过场地上方架设的高速 4k 摄像机对比赛画面进行录制，对得到的实时比赛影像加以识别分析。系统对标定好的球员进行追踪得到球员在比赛场地中的运行轨迹，从而计算出球员的跑动距离、速度等数据，更可细化监测球员的平稳跑动、高速跑动、冲刺跑动的频率与距离，掌握在比赛中球员的体能消耗。此种方案可在无法使用可穿戴设备时用来采集运动体能数据（图 15-24）。

创冰科技图像识别系统使用环境具体见图 15-25。

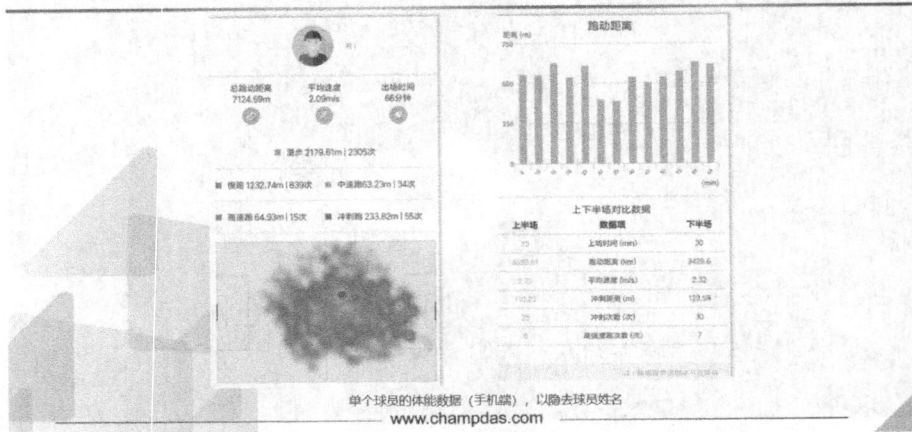

图 15-24 体能数据展示界面

图 15-25 创冰科技图像识别系统使用环境

创冰科技为确保所采集数据的稳定性与准确性还制定了严格数据审核流程和数据发布流程(图 15-26)。

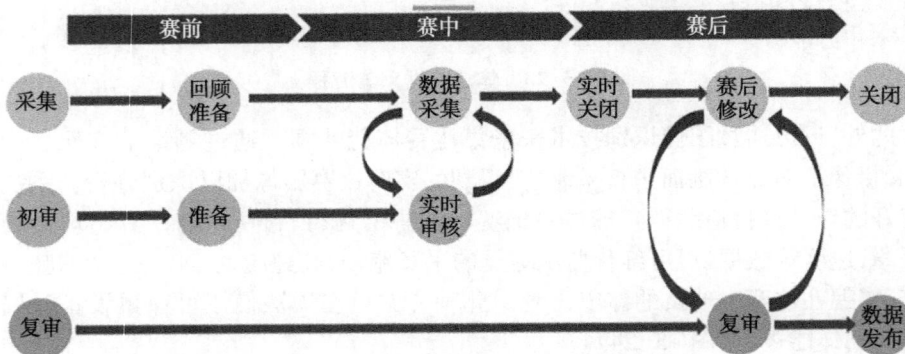

图 15-26 数据发布流程

3.2.3　产品实施及应用推广情况

（1）机构：中国足球协会、中国福特宝足球产业发展公司（创冰科技为全国青超联赛数据指定供应商）、北京体育大学、上海体育大学、上海市金山区教育局。

（2）职业球队：上海上港足球俱乐部（现上海海港足球俱乐部）、上海上港预备队、上海全运队、上海申鑫足球俱乐部、上海申花足球俱乐部、北京国安足球俱乐部、广州恒大足球俱乐部、江苏苏宁足球俱乐部（现江苏足球俱乐部）、延边富德足球俱乐部、长春亚泰足球俱乐部等 20 多家中超中甲俱乐部；江原足球俱乐部、水源三星蓝翼足球俱乐部、光州足球俱乐部 3 家韩国 K 联赛俱乐部。

（3）恒大足球学校、上海嘉定搏击长空足球俱乐部、上海幸运星足球俱乐部、南通海门珂缔缘足球俱乐部等青训机构。

（4）媒体：CCTV5、新华体育、体坛周报、足球报、上海广播电视台五星体育频道、山东广播电视台体育休闲频道、江苏电视台体育·休闲频道、天津广播电视台体育频道、广东广播电视台、河北广播电视台都市频道、PPTV 等 20 多家中超中甲赛事转播方以及新闻报道专业媒体。

（5）数据合作：同济大学数学科学学院，上海体育大学，首都体育学院，浙江大学，南京大学等。

（6）平台合作：德国 SAP SportsOne，由国家体育总局引进，当时被称为2018 年巴西世界杯冠军德国队第 12 人的数据平台，由北京体育大学负责运营，创冰科技负责提供平台所需所有比赛数据，包括技战术和体能数据。

3.2.4　产品目前所处细分领域与行业地位

创冰科技从成立伊始就专注与国家队及职业队的数据服务取得瞩目的成绩，最近几年则专注于青少年及业余爱好领域，目前为了开拓这一新的领域推出若干相应解决方案，并在上海体育大学、金山体育场、南通海门珂帝缘足球俱乐部、浙江绿城足球学校等地先后提供产品和系统，为满足市场日益增长的需求，创冰科技联合多家科研机构在人工智能领域开展着研发。

在足球数据这一行业中，目前国内外均有一些优秀的企业，其中有些致力于技战术数据的采集，有些致力于可穿戴设备的研发，而创冰科技则在这两个领域都有丰富的经验与强劲的实力。在技战术数据采集方面，创冰科技可采集的数据项与同类公司相比更加丰富，且拥有独自研发的各种评价模型，帮助用户更好地挖掘数据背后的规律。在体能数据方面，创冰采用超宽带技术，相比 GPS 技术精度更高，设备安装简单，并有配套的数据分析平台和视频剪切系统。

在自主研发的同时，公司坚持走产学研结合的技术发展道路，与同济大学、北京体育大学等高校进行了深入的技术合作，将高校丰富的理论经验与公司生产实践相结合，提升公司核心竞争力。

案例五｜**舒华体育：速度与力量反馈系统**

1　公司名称

舒华体育股份有限公司。

2　公司简介

　　舒华体育股份有限公司（简称"舒华体育"）为国内领先的科学运动服务商,创立于 1996 年,2020 年在上海证券交易所主板上市（股票代码:605299.SH）。2017 年,被国家体育总局评为"国家体育产业示范单位";2017～2022 年,连续 6 年获评"中国轻工业健身器材行业十强企业"。舒华体育秉承"让简单运动融入每个人的生活"的理念,推广"科学运动"品牌定位,坚持为家用、商用、户外等场景提供专业、智能的健身解决方案,产品涵盖家庭健身、商用健身、全民健身、体能训练、康养健身、校园体育等领域。

3　主推案例介绍

3.1　产品背景

3.1.1　产品拟解决的行业痛点

　　"没有数据就没有训练"已成为高水平竞技基本准则,随着竞技体育的不断发展,体能训练新理念的提出,对运动员阶段目标和周期目标的评价要求也越来越严格,如何科学量化训练目标、如何有效监控训练过程、如何评价训练效果等一系列问题成为教练员的难题,因此数字化监控有了用武之地,体能训练的数字化监控也被推向新高度。针对存在的无法有效记录体能力量和爆发力训练各种数据、无法监控单个训练单位的训练表现、无法合理评估运动表现能力提升、现有体能教练难以同时监控多个训练单位、训练者的能力评估和选材无法系统化监控评估等问题,舒华体育助力的速度与力量反馈系统则可以应对,其可以在体能训练馆中给教练提供客观事实反馈的训练环境,为整个训练队伍提供力量训练、爆发力功率训练、能量代谢训练和有氧训练的整节训练课数据。运动员可通过自动化和半自动化的可视化报告来提高自身运动表现。其可配软件系统、可连接网络,实现无纸化半自动体能训练、远程下达训练计划、建立团队数据库以及形成训练成绩排行榜等,保障科学训练、良性竞争、教练选材评估。速度与力量反馈系统还可监测平均速度、峰值速度、平均功率、峰值功率、相对峰值功率(每公斤体重所产生的峰值能量)、相对平均功率(每公斤体重所产生的平均能量)、视频动作回放、历史数据回顾等诸多信息,全面提升运动员的竞技能力,并可结合专项动作对运动员进行具有针对性的测试和训练。

3.1.2　产品聚焦的关键问题

当代竞技体育体能训练中,已经告别教练凭靠经验指教的时代,更多的是利用客观科学的训练数据来分析训练水平、训练状态和疲劳程度。在体能训练中,爆发力和功率作为最贴近专项运动表现的素质之一,爆发力和功率的训练在体能训练中极为重要。

3.2　产品/解决方案介绍与实施情况

3.2.1　产品主要功能与应用场景

速度与力量反馈系统主要应用于竞技体育队伍的体能训练中心。

3.2.2　产品主要技术特点

舒华体育的速度与力量反馈系统,为我国第一台与完整的力量框架训练器基于速度的力量训练的三维视频捕捉系统的训练设备。设备采用三维深度摄像技术,捕捉并测量杠铃的运动速度,且杠铃上不需要绑定任何设备。设备安装在力量训练架上,可与训练前端平板电脑连接,每台设备可通过局域网互联,该系统由1 个主机、1 组摄像头、1 个平板电脑构成。速度与力量反馈系统由软件、硬件构成,实现运动员相关运动的捕捉、运动数据的采集与分析,从而实现运动训练的数字化、智能化和科学化管理,辅助教练和运动员进行训练,提高运动成绩。使用该设备进行基于速度的力量训练(velocity based training, VBT),定期开展测试以追踪和识别运动员的运动弱点、进行康复监测、了解疲劳情况,并基于每日波动的负荷来调整训练计划。该产品可以实现运动员相关运动的捕捉、运动数据的采集与分析,提高运动成绩需要不断发展力量和爆发力参数。使用 VBT 实时反馈是在重复到重复的基础上获得的。通过 VBT 的训练方法可以极大提升运动员的表现能力,提高运动成绩。本系统软件包括 Web 端的管理系统(供教练和工作人员使用)和手机应用 App 端(供训练者和教练使用)。

3.2.3　产品实施及应用推广情况

VBT 是利用速度与最大力量百分比、速度与动作重复次数、速度与疲劳的强相关关系,制定、监控和调整力量训练负荷的新方法,具有实时性、准确性和普适性特点。在过去,对强度(阻力大小)、量(包括重复次数和组数)等负荷指标进行科学设定是实现力量训练积极效果的关键。然而,常用的基于重量的最大力量(或阻力)百分比和最大重复次数法存在一定不足:前者需要进行烦琐和具有损伤风险的最大力量测试,不但实时性不强,也不适用于不适宜进行最大力量测量的人群;后者力竭式的训练安排可能对爆发力、力量生成率等关键能力产生负面影响。如今有了速度与力量反馈系统,运动员的训练效率将更高。

3.2.4　产品目前所处细分领域

本产品目前所处细分领域为体能训练＋人工智能＋数字化。

3.3　产品效果反馈

目前,舒华体育速度与力量反馈系统主要应用于省一级和国家级的体育训练基地中。在云南省呈贡体育训练基地里配有多套速度与力量反馈系统,主要满足国家自行车和田径队专项训练以及云南省自行车和田径耐力性项目运动员的日常力量和爆发力训练,减轻教练员在训练中对运动员数据的传统方法记录压力,告别传统纸质训练数据的收集,推进科学化运动训练手段,客观分析运动员能力和运动素质水平提高。

本产品(图 15-27)是我国自主本研发的竞技体育科技助力体能训练设备。在数据的保密性和数据的稳定性中,本产品可以为我国竞技体育提供支持,真正做到"没有数据就没有训练,没有监控就没有训练"。

图 15-27　实际产品

数字化监控已经应用在竞技体育的选材、技术训练、赛事监控中,并且在相关领域都已经得到认可,为运动训练提供帮助,对竞技体育的体能训练而言,速度与力量反馈系统告别了传统的训练数据收集。对于竞技体育体能行业来说,速度与力量反馈系统起到科学化和数据化的引领示范作用,满足国家体育总局对加强体能训练和科学化、数据化体能训练的主要方向。

体育教学数字化转型实践案例

案例一 | **动者快数：智能数字化运动 App**

1 公司名称

动者科技（杭州）有限责任公司。

2 公司简介

动者科技（杭州）有限责任公司（简称"动者科技"）成立于 2020 年 6 月，是一家致力于研发运动智能化、数字化、科技化高新技术产品并提供智慧端口的专业体育科技公司。

公司自成立以来，一直专注于体育特性研究，遵循人体运动自然规律，创新运用运动姿态预估、自然语言、骨骼算法、无线超导等最前沿科技，为学习群体、竞技群体、娱乐群体带来全新的运动科技和运动产品。

公司在成立后的 4 年时间里，通过组建包括算法、产品、动作等协同研发团队，独立开展人工智能技术在体育领域的深度研究与应用，获得丰厚成果，发明及改进了多项人工智能运动检测算法，截至 2024 年企业现有自主知识产权 7 项，包括4 项发明专利和 3 项软件著作权，帮助企业在技术方面攀登行业制高点，部分知识产权已应用于生产，并成为公司的利益增长点，提升了企业的市场竞争力。

目前，公司以提供各地体育教育数字化建设综合解决方案为业务重心，进展范围已涉及浙江、北京、湖北、江苏、山西、安徽、广西、上海、福建等地，并规划逐步辐射至全国市场，打造公司自有品牌，实现企业快速、稳定发展。

动者科技以"让运动变得更简单"为主旨理念,构建运动智能、云竞技、运动健康管理为一体的智慧运动场景和方式,在新时代超算技术应用背景下,为中国运动智能创新增添了新的内涵。

3 主推案例介绍

3.1 产品背景

3.1.1 产品拟解决的行业痛点

近年来,国家加强了对体育教育的重视程度,大幅增加体育课、课间及课后体育活动,但传统校内教学基本依靠老师的观察、组织和教学经验,教学数据依靠人工检测登记和统计,且学科老师兼任体育老师的现象较为普遍,大量的体育师资需求短期难以快速弥补;同时传统体育锻炼对物理空间的要求客观上存在限制,家庭、学校联动难配合,难以共同促进学生日常运动,且无法监测量化教学效果,缺乏数据参考,缺乏标准受训环境和有效监督指导。

3.1.2 产品聚焦的关键问题

基于动作识别技术,解决学校体育教学效果检测量化难,学生校内外体育锻炼联动难的问题,实现校内外包含学、训、测各环节体育运动和体征数据的综合统计与层级化管理。

3.1.3 产品的需求分析

随着人工智能技术的演进和成熟,通过搭建"人工智能+体育"的平台,可以为体育教育的高质量发展提供数字底座,通过科技手段创建物理空间和网络空间相融合的新型体育运动场景,开发教育创新应用,推动线上线下融合发展,支撑流程再造、模式重构,保障广大师生切身利益。

3.2 产品/解决方案介绍与实施情况

3.2.1 产品主要功能与应用场景

3.2.1.1 快数

智能数字化运动 App

搭载基于人体姿态预估技术的人工智能视觉识别系统,自动为运动计时、计数、计距,实时采集,数据互通,打通家庭、学校,应用于校外体育锻炼及管理。

(1)学生端(图16-1):学生一键开始教师布置的运动,通过系统镜像呈现和捕捉实时运动姿势,学生运动时将自身运动动作与标准动作影像进行对比,自主完成体育锻炼。

(2)教师端(图16-2):教师个性化一键布置校外体育作业,实时接收学生运动

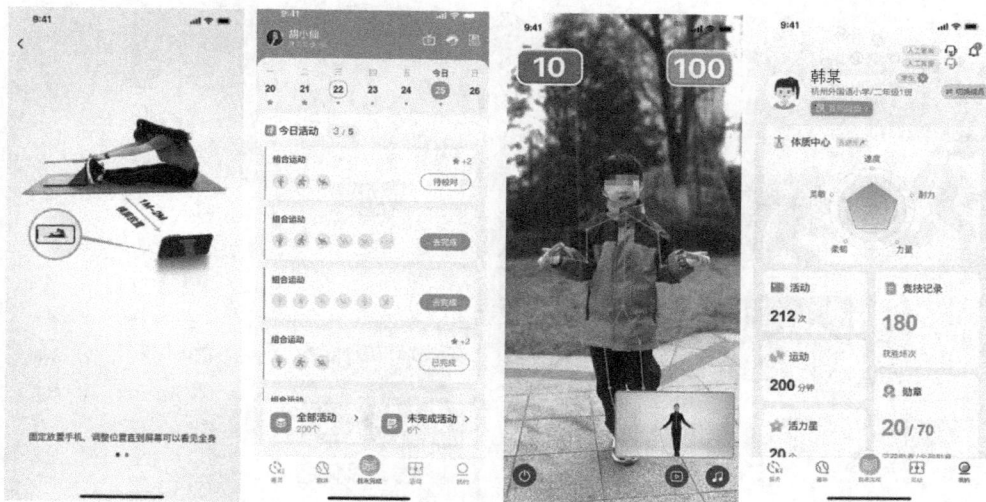

图 16-1　学生端 App 界面

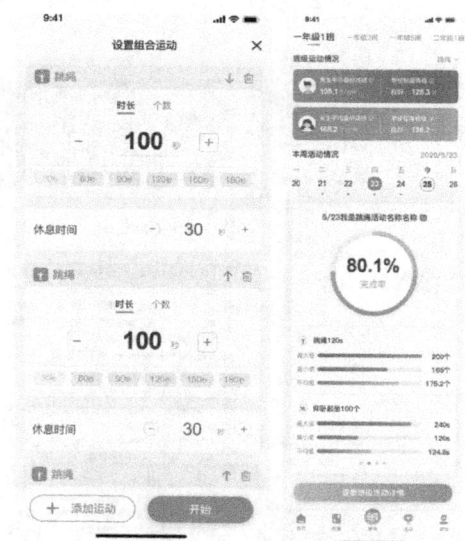

图 16-2　教师端 App 界面

完成结果,查看数据报告。

（3）运动功能（图 16-3）:趣味游戏/双人运动、竞技比拼、积分、排行和分享的激励机制。

图 16-3　运动功能界面

（4）活动（图 16-4）：线上运动云比赛、云运会，组织特定人群、特定范围、多元运动组合。

图 16-4　App 活动界面

3.2.1.2　快数 pro
人工智能体测体锻一体机

搭载人工智能视觉识别系统，融合物体识别、运动判假、视觉增强等多项技术，应用于校内体测和体育锻炼,提供考试级别的精准量化数据(图 16-5、图 16-6)。

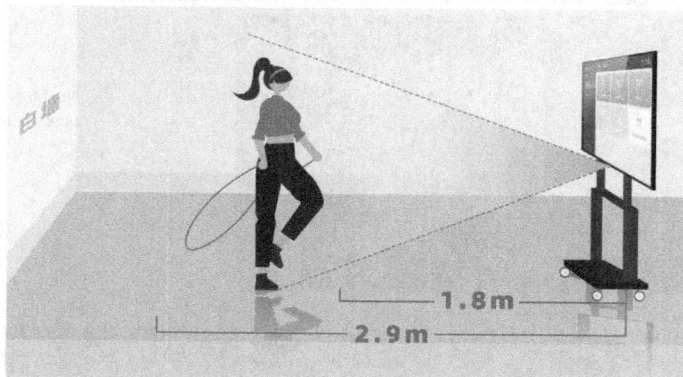

图 16-5 人工智能体测体锻一体机示意

图 16-6　人工智能体测体锻一体机应用界面

3.2.1.3　快数 Box

室内多人运动智能机

搭载人工智能视觉识别系统,融合人物追踪、人脸识别、手势控制、视觉增强等多项技术,同时满足多人多项运动检测,可实现多人同时运动,提高检测效率,应用于校内体育锻炼和体育课堂等场景(图 16-7、图 16-8)。

图 16-7　室内多人运动智能机应用界面

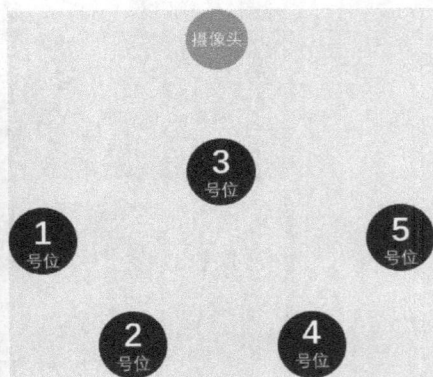

图 16-8　点位图

3.2.1.4　聚乐芯

人工智能群体运动实时监测智能产品

基于人工智能群体运动识别算法及大场景人工智能映射技术,实现千人运动数据的多维度采集、实时监测与互通管理,应用于校内大场景如操场/场馆内的群体运动(图 16-9、图 16-10)。

图 16-9　应用场景

图 16-10　人工智能群体运动实时监测智能产品

3.2.1.5　动者智慧运动中心

体育运动数据管理平台

实现校内外包含学、训、测各环节体育运动和体征数据的综合统计与层级化管理,支持数据多维度比对和科学印证,为教学、考评提供量化依据(图 16-11)。

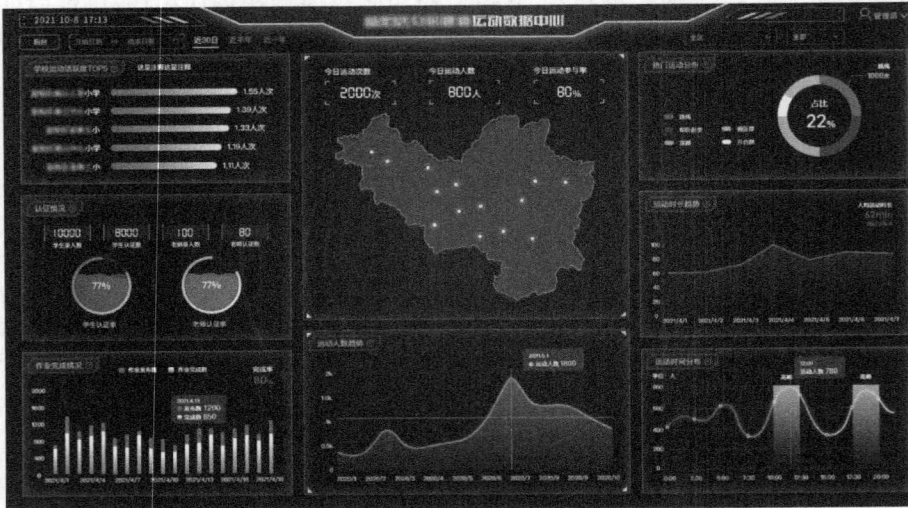

图 16-11 体育运动数据管理平台

3.2.2 产品主要技术特点

（1）创新应用人工智能技术，赋能体育数字化，实现对运动的实时监测、精准量化、智能分析；实现对运动真假、规范与否进行判定，剔除不标准计数，提供标准人工智能交互运动指导。

（2）实时追踪记录运动过程，获取运动及体征数据，辅助教师精准教学，实现翻转课堂。

（3）激发学生运动兴趣，培养自主运动习惯，减轻家长负担，促进亲子运动。

（4）支持数据沉淀与统计分析，多维度比对印证，让体育可视化、可量化、可追踪，充分发挥数据作为新型生产要素的作用。

（5）将校内外体育活动中的教、学、练、评、测各环节整合，数据打通，管理层级化，管理者第一时间掌握学生最新体育常态化数据，深化体育教育督导信息化，实现新时代体育工作的实时监测和精准评估，支撑健康校园建设。

3.2.3 产品目前所处细分领域

本产品目前所处细分领域为人工智能＋全民健身、人工智能＋学校体育。

3.3 产品效果反馈

在国家高度重视加强和改进青少年体育工作背景下，动者科技通过深入研究和运用基于人体姿态预估的人工智能视觉识别、深度学习、自然语言等的核心技术，推出多款基于"人工智能＋体育"的新应用，为用户提供校内外运动的精准量化检测,运用前沿技术手段采集获取数据,整合传统体育运动场景,打通数据,应用大数据分析、多维度分析结合科学印证,根据青少年体育教育工作发展需求,形成体育数字化综合解决方案。

为广大学生群体、教师、教育相关部门管理者、家长提供富于实用性、科技性、创造性的人工智能运动工具和抓手,改造或搭建智慧运动空间,运用数字化手段打破传统体育教育困于时间空间上的限制,赋能运动新方式、创造体育新场景,助力新时代学校体育教育建设工作。

案例二｜上海弈客:智能围棋教室

1　公司名称

上海弈客信息技术有限公司。

2　公司简介

上海弈客信息技术有限公司(简称"上海弈客")成立于 2014 年 12 月。"以科技赋能智力运动"是公司的宗旨,"成为全球棋迷的精神家园"是公司的理念,经过多年的发展,从最初仅为围棋社团提供等级分编排系统功能的应用软件的创业团队变成了集线上围棋社群、少儿教育平台、线下智能硬件、赛事服务于一体的围棋全产业链公司。

公司产品面对个人用户、企业用户以及政府三端都进行了发力与探索,覆盖弈客 App、弈客少儿围棋、智能标准棋盘、智能小棋盘、弈客赛事平台、弈客衍生品商城,在棋界有着较大的影响力,项目运营主体为行业龙头企业。

公司立足中国,辐射全球,长期致力于普及推广围棋文化,自成立以来受到了广大用户的好评和主管领导部门的多次表彰和宣传。公司先后荣获国家体育产业示范项目、上海市体育产业示范项目、上海市杨浦区围棋协会理事单位、中国互联网协会会员单位,以及被评为高新技术企业和双软企业。

公司有技术雄厚的研发团队与经验丰富的市场运营团队。同时,公司和棋界各方保持紧密的联系,在品牌宣传、难点答疑、痛点解决方面有着扎实的准备和数据支撑能力。

3 主推案例介绍

3.1 产品背景

3.1.1 产品拟解决的行业痛点

围棋教培行业的痛点是由围棋本身属性决定的。围棋虽规则简单,但也存在着易学难精、展示性差等痛点问题;同时因国家政策利好、围棋教培行业的需求旺盛、门槛准入较低,优质的围棋教培仍然是一种稀缺资源,具体来说行业痛点有以下几点。

(1)师资要求高:市场不仅需要老师具有可教学的对弈水平,还要求老师具备其他综合素质。对于围棋教培行业,真正投入教学则需要形成一个标准化可复制的流程。

(2)传统教学方式单调:老师大棋盘授课再加上围棋本身特点,孩子在学习过程中兴趣培养较慢,容易造成人才流失。

(3)孩子课堂参与度低:围棋课堂教学由于存在对弈需要,一般是传统的多人大课模式,以讲为主无法兼顾到每个孩子,使得孩子的课堂参与度相比其他兴趣培训班要低。

(4)教学效果可视化不足:展示性差,每个孩子无法直观体现学习进步效果,无法记录和反映每个孩子的具体学习结果。

(5)师资分布不均匀:围棋教培市场往往和该地区的经济情况成正相关关系,一些三四线城市长期存在着有需求无老师的局面,引入智能教室加上远程双师课堂可以有效地解决这类问题。

3.1.2 产品聚焦的关键问题

(1)如何通过智能教室形成围棋教培的标准化教学流程,让围棋教培可复制且更易推广。

(2)如何结合智能教室中的子产品来增加围棋教学过程中的趣味性,让孩子在学习过程中逐步培养兴趣,以新的教学模式弥补传统教学方式的不足。

(3)如何保证智能教室课堂中每个孩子的参与度,让孩子充分在课堂上得到练习,而不是作为一个简单的听众。

(4)如何充分展示智能教室课堂的教学效果使其形成正向反馈,以及如何形成更加可追踪、可分析的学习记录结果。

3.1.3 产品的需求分析

(1)国家围棋政策的利好决定了智能教室不仅可以在普通围棋教培行业中投入使用,也可以在更普遍的校园中进行推广,智能教室进校园也可以成为典型案例。

（2）围棋本身虽然是一个传统项目,但近年来因为人工智能频繁出圈,其影响力显著提升,而智能教室正是通过人工智能应用、大数据分析提升教学效果的最佳范例,让围棋教学充满科技感,突破传统教学枯燥的刻板印象。

3.2　产品/解决方案介绍与实施情况

3.2.1　产品主要功能与应用场景

智能教室是由一系列子产品组成的系统。

（1）弈客少儿平台:作为智能教室的一大核心,是老师教学和孩子练习的核心承载工具,本身是集自主知识题库（题库量百万）、人工智能自适配对弈、自定义教学教案、人工智能教学辅助等多项功能于一体的一站式平台。

（2）智能教室专属配套教材:分为普通教材和进校园专用教材,二者在课堂中同步使用,完全匹配平台的电子教案及知识题库,是实现围棋教学标准化、流程化的核心。

（3）智能硬件:分为智能平板和智能棋盘,在课堂中智能硬件可连接弈客少儿平台进行数据同步反馈并记录,每个孩子都可以通过智能硬件在课堂中得到充分练习和参与。

3.2.2　产品主要技术特点

弈客少儿平台是国内首个一站式教学平台,集教学、对弈练习、教务服务于一体,以弈客的人工智能应用技术及大数据分析优势为核心。

（1）平台首创了人工智能自适应对弈,让人工智能不再一味追求最高水平,而是成为更加适合投入教培行业的陪练系统。

（2）平台的恶手分析、小天分析、鹰眼分析等功能也作为最佳的人工智能辅助教学的实践范例被行业同类产品模仿。

（3）智能教室模式本身使用软件＋硬件的教学方式,通过硬件记录学生数据、软件分析学生数据形成正反馈,这一模式也突破了围棋传统教学的模式,成为业界标杆。

3.2.3　产品实施及应用推广情况

目前智能教室在全国 23 个城市共计 67 个教室中投入使用,其中有代表性的为与"世界围棋圣地"衢州、上海闵行区多所小学以及各地围棋协会层面的战略合作,单个教室的定价在 10 万～15 万,未来主要的发展方向是结合围棋进校园打造智能教室进校园项目。

3.2.4　产品目前所处细分领域

本产品目前所处细分领域为体育（围棋）＋人工智能＋大数据＋物联网（智能硬件）。

案例三 | 南怀智能科技:小象阿飞体智能交互运动空间

1 公司名称

南怀智能科技(上海)有限公司。

2 公司简介

南怀智能科技(上海)有限公司(简称"南怀智能科技")是一家专注于智能体育内容创新运营和商业化应用的创新型科技公司,通过全息投影、人工智能、5G、物联网、VR、AR 等前沿技术,以"智造天下,健康身心"为使命,持续满足各行各业智慧新场景新内容的需求。公司旗下包含智能健身房产品系列、儿童体智能产品系列、学校数字体育产品系列和公共体育空间产品系列。

3 主推案例介绍

3.1 产品背景

3.1.1 产品拟解决的行业痛点

(1)健身行业:全国健身房规模达到 55 000 余家,传统健身房竞争激烈,盈利效率低,盈利结构不健康,行业亟待升级。

(2)学校:体教融合的大力开展,切实保障中小学体育课课时,确保学生校内每天体育活动时间不少于 1 小时,部分地区受天气等影响,室外体育活动受限,可以通过室内体育课补足。加上不受学校运动场地条件限制和天气影响。并能通过健身数据采集及行为分析帮助建立健身习惯养成模型,追踪学生体测和健身运动习惯行为。

(3)其他行业:如酒店、零售等行业都需要交互场景和用户黏性的需求。

公司自行研发的小象阿飞智能交互空间项目旨在通过解决传统健身房行业亟待升级、学校体育限制多等痛点问题,实现室内体育智能化、一体化。

3.1.2 产品聚焦的关键问题

小象阿飞智能交互运动空间应用激光雷达定位技术和全息投影技术,公司技术团队自主研发交互算法实现交互感知、无痕感知;与上海体育大学合作开发 5 个维度(力量、心肺、协调、反应、耐力)运动训练内容,形成 14 个基础交互训练应用模块,覆盖体能、增高、减重、减压训练、体测训练、专项训练系统。此产品帮助传统健身房进行智能化数据化升级改造,丰富及优化服务内容、项目及各行业领域的交互运动板块商业化落地应用。

3.1.3　产品的需求分析

小象阿飞智能交互空间能满足任何行业对于交互体验的需求,并能提供定制服务。随着万物互联时代的到来,5G、大数据等新技术都需要通过搭载小象投影/LED 交互终端落地到各个应用场景。国家政策支持力度越来越大,用户对智能场景和互动的需求,对数据管理的需求也都明显增加。

3.2　产品/解决方案介绍与实施情况

3.2.1　产品主要功能与应用场景

我们主要推广产品的实用性,让广大用户了解我们的产品,使其在市场中有一定的知名度;建立自己的品牌,扩大生产规模,逐步研制升级产品,以便更好地满足市场的需求。

例如,产品进学校,解决了因阴雨、雾霾等天气因素及学校运动场地有限的情况不能有效开展体育课的问题;而且一改传统体育课大面积运动场地及课程项目单一化的缺点,提供更丰富的体育课体验场景及更轻松的运动入门指导,每种场景配备不同年龄段及不同难度的交互新玩法,提升趣味性及丰富度,进而提高体育教室空间坪效。课程内容分为训练类、竞技类、休闲类等多种,同时满足小、初、高不同年龄段学生对体育课的需求。

运用平台化运营思维,将每个设备作为输出端口,持续输出课程内容场景,竞技新玩法,不断优化体验。提供跨设备、跨场景、跨空间的联机互动及竞赛,可以跨越千里进行多校联赛,每次运动过程记录和结果记录上传至数据平台,多人、多地运动数据可排名,个人运动数据可追踪。便于学校进行个人数据的记录和追踪,每学期进行对比,以输出报告。

3.2.2　产品主要技术特点

3.2.2.1　项目特点

小象阿飞智能交互运动空间以帮助用户保持良好身心健康状态为目标,通过融合运动趣味性、社交分享、竞技赛事、训练数据记录及大数据分析,引导用户建立运动健身习惯,同时减压课程可帮助放松身心。通过直接的运动数据获取及训练记录形成大数据分析,为用户进行画像及训练行为分析。

3.2.2.2　项目关键技术

终端应用国产高性能中央处理器,支持 H. 265/VP9 的 4K @ 60fps10bit 视频播放和输出能力,具有 20 毫秒延迟的屏幕,90 Hz 刷新率,4K UHD 解码和 2K 低持久性,高精度定位和追踪系统,出色的三维处理能力以及高清 H.265/H.264 视频解析能力,为终端提供了更快的计算速度和更好的视觉效果。游戏引擎和三维图像处理能力。云端采用 spring cloud 分布式服务,具有高可扩展性,支持终端实时联动,跨地区进行实时训练竞赛,支持竞赛数据同步。同时建立用户训练大数据库,追踪个人训练数据。

主要技术创新

(1)专利产品智能交互盒一体机不需要改造房间硬装,搭配超短焦投影设备,即能够在线下快速搭建出智能训练空间。智能交互盒采用一体化设计,硬件设备上搭载了交互系统及智能桌面系统,快速实现大屏的交互操作。

(2)多种运动场景打造,使用交互模式智能化升级基础训练项目,增加运动训练的趣味性,提升训练者的积极性,同时加入双人竞技模式,增强竞赛感。有针对性的专项训练内容:足球项目传球射门训练、篮球传球训练、羽毛球接球训练、网球发球训练,提升效率的同时解决了足球、篮球、羽毛球、网球等专项项目在下雨天无法进行室外训练的客观问题。多种学习娱乐场景融合,少儿武术课程是传统中国文化与武术套路的结合,中华文化内容输出,少儿体适能内容帮助传统健身行业快速切入少儿体适能领域。

(3)打造开放的智能体能训练平台。可以按上肢、核心、下肢、协调、耐力 5 个维度动态测评个人体能素质状态,根据测评展示的数据结果,有针对性地选择力量、心肺、敏捷、协调、耐力训练项目,提升个人体能项。每个训练项目的课程记录和训练记录结果保存在数据平台,个人训练数据可追踪。可帮助体能教练同时提升更多学员的体能训练效果,提高教学效率,学员可获取到个人训练数据并有效进行针对性训练,从而提升训练效果。

(4)跨越物理空间,进行实时体育竞赛。智能交互体育深入健身场馆、社区、学校、商场,服务于全民健身大赛、全民体能大赛、智能交互体育大赛。

3.2.3 产品实施及应用推广情况

小象阿飞智能交互运动空间分为投影交互版产品(性价比高)和 LED 交互版产品(体验感强、场景酷炫),能满足任何行业对于交互体验的需求,并能提供定制服务。

3.2.4 产品目前所处细分领域

本产品目前所处细分领域为体育＋人工智能＋智能交互设备。

案例四 | **华锴数智:智慧校园体育综合解决方案**

1　公司名称

厦门华锴数智科技有限公司。

2　公司简介

厦门华锴数智科技有限公司(简称"华锴数智")是简极科技有限公司的全资子公司,专注智慧校园体育全场景数智化服务,结合自主研发的软硬件系统,运用物联网、大数据、人工智能算法、云平台、5G 等新一代信息技术,为体教融合提供数智化解决方案。

目前公司依托母公司在精准定位、原创硬件、自主算法、系统测试等方面130 多项海内外专利建立的强大技术壁垒,在学校体育与足球科技的数智化应用上已打造多个体教融合样本,为校园体育教学探索推进信息化教学应用提供长效机制,为校园足球等"一校一品"的普及、科学竞训、人才选拔以及智慧校园体育的数智化转型提供精准服务,并已覆盖学龄前、基础教育高校、职校等全学生人群,智慧校园体育全场景服务应用学校已达 4 000 余所,遍布全国 87 座城市,在全国20 个省级地区建立 37 个城市数智化服务中心,构建了 300 余家合作渠道。

3　主推案例介绍

3.1　产品背景

3.1.1　产品拟解决的行业痛点

近年,针对我国青少年学生体质健康状况,国家出台了一系列体育教育改革和促进青少年健康发展的政策意见,学校体育教育在理论框架上没有形成体育教学、竞赛和体质健康的有效融合和闭环,实践层面缺乏大数据支撑,体育教学面临学生体质健康数据难记录、学生运动表现难量化、体育教学质量难评价、体育教学水平难分析、竞技水平难提高等痛点,无法掌握每个学生的运动情况,存在运动安全隐患,因此也无法科学评估学生运动水平,满足因材施教、差异化教学的教学策略,形成客观标准的学生体质健康档案,且学生体质健康档案建设数据准确性无可追溯痕迹,缺失内容多,数据的真实性无从验证等。

3.1.2　产品聚焦的关键问题

智慧校园体育综合解决方案（图 16-12）基于物联网、大数据、云计算、人工智能等技术，围绕智慧体测、智慧体育课、智慧运动会、智慧体育特色学校 4 种场景，解决传统体育教学"运动安全有风险、体育教育管理难、效果评价反馈缺失、体质健康管理难"等问题，辅助人才选拔，助推校园体育教育高质量体系构建，逐步实现校园体育全场景数智化。

图 16-12　智慧校园体能综合解决方案示例图

3.1.3　产品的需求分析

政策层面，针对体育教育改革和青少年健康促进发展的相关实施意见，学校急需一套指导性和可操作性强的综合数智化解决方案，实现监测学生运动安全、体育教学管理信息化、体育教学质量评价可量化、学生体质健康管理科学化、专项运动发展高质量化的转变。

3.2　产品/解决方案介绍与实施情况

3.2.1　产品主要功能与应用场景

基于物联网、大数据、云计算等前沿技术，围绕"教、学、练、测、评"的教学方法和组织形式，有效针对学生身体素质、健康水平、运动安全和学校量化、评估、考核等内容，提供模块化、个性化、信息化、定制化的智慧校园体育综合解决方案。

3.2.1.1　智慧体测

智慧体测即智慧体质健康测试，实现建档管理、学生体测全项目覆盖、随堂测试、周期成长分析、学困生帮扶管理等，全数据互通，开启校园体测人工智能时代。

智慧体测帮助学校自动关联学籍,搭建历史数据档案,分析周期成长趋势,跟踪情况,因材施教。

3.2.1.2　智慧体育课

智慧体育课解决方案(图 16-13)运用可穿戴设备、精准定位、影像分析和大数据分析等科技手段,进行运动安全监测,运用数智化手段辅助体育课堂教学实施,提供课堂教学质量数字化评估,促进校园体育工作不断优化,为学校和相关主管部门提供评价依据,让校园体育向数智化转型。

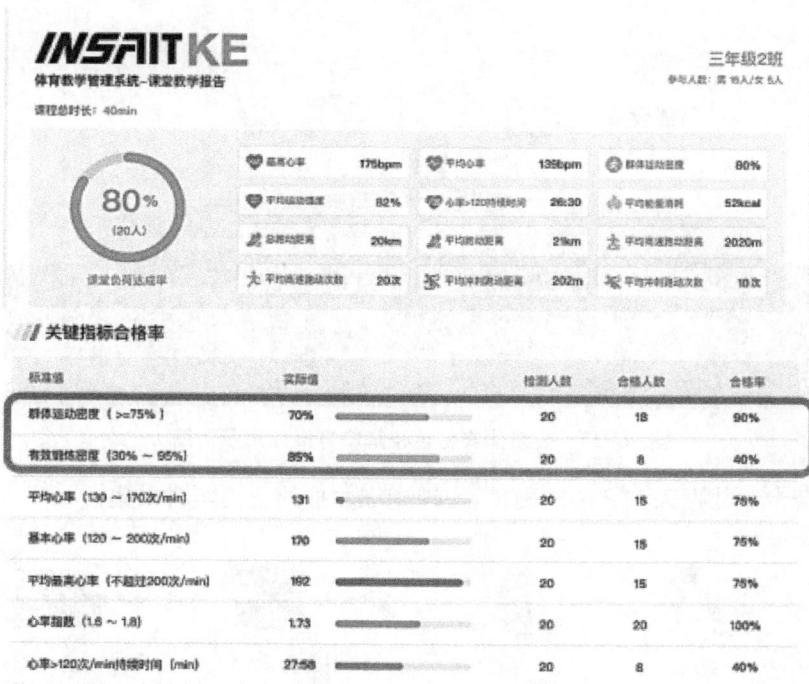

图 16-13　智慧体育课解决方案应用场景示例图

课前:可进行在线校本课程管理、编辑在线教育。

课中:实现安全预警、运动干预、实时调整教学计划。

课后:自动生成教学评估报告、跟踪学生个人运动档案。

3.2.1.3　智慧运动会

智慧运动会解决方案一站式解决传统校园运动会赛事管理烦琐、数据统计难、成绩上报效率低、信息不同步、赛后成绩发布慢等问题,促进校园运动会向智慧化转变,提升办赛水平,实现工作组成员线上高效协同,通过系统智能编排,自动分组分道,同时赛程同步赛果公开,家长可同步线上观赛。

3.2.1.4 智慧体育特色校

智慧体育特色校解决方案(图 16-14、图 16-15)通过数字化+信息化模式,从校队专项运动普及与竞训服务、特色教师技能提高培训服务及课题辅助及科研创新服务方面,助力实现特色校专项运动信息化转变。

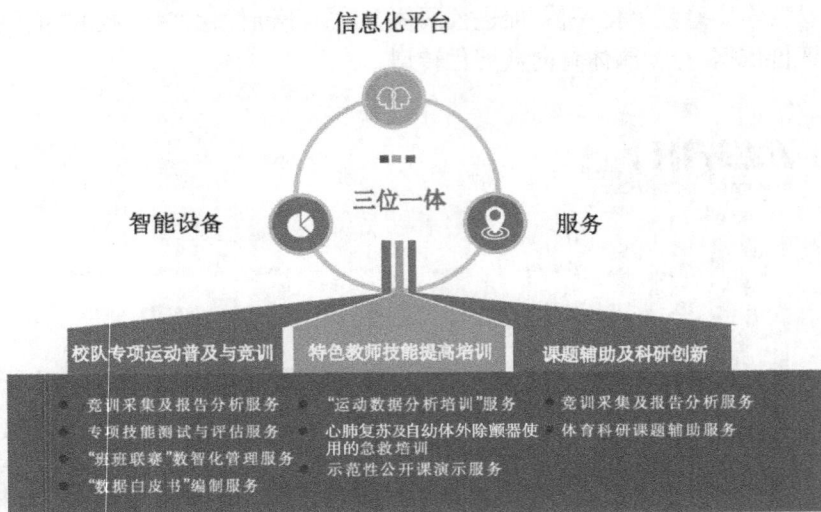

图 16-14 智慧体育特色校解决方案应用示例图 1

配套专业数据采集智能软硬件,实现竞训数据的全面实时采集。

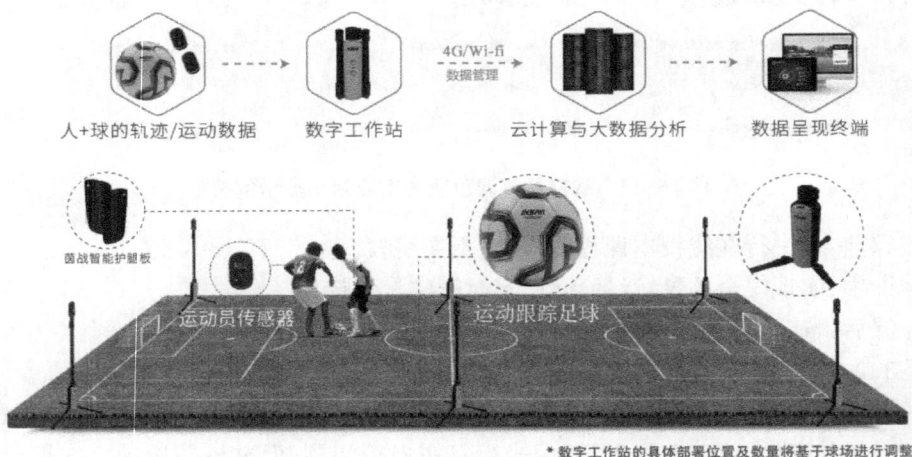

图 16-15 智慧体育特色校解决方案应用示例图 2

可视化数据呈现,为训练、比赛、课题研究、人才选拔提供科学依据。

3.2.2　产品主要技术特点

智慧校园体育综合解决方案基于智能穿戴技术、大数据、云计算、超宽带定位技术等,通过相关软件配合采集分析学生实时心率、最高心率等人体机能负荷数据以及跑动距离、速度等外部运动负荷数据,或基于人球关系的战术数据,并通过移动端实时了解班级整体、学生个人或球队的运动情况。通过对课上数据信息化、可视化展示,体育老师能够实时调整课堂教学/训练内容和运动强度、运动密度,进行个性化的体育教学/训练。对身体素质比较弱或比较强的学生,体育老师可以进行关键指标项的实时关注和开展有针对性的训练,让每一堂课、每一个学生都能达到最好的训练效果,从而提升整体教学水平,增强学生身体素质。

本方案的智慧体育特色校解决方案主要涉及的核心技术有以下几种。

(1)超宽带:采用超宽带进行精准定位,实现厘米级定位及数据的高速传输,准确记录人球运动轨迹。

(2)云计算:进行实时数据采集,并高速运算、处理相关数据。

(3)大数据:综合分析呈现包括心率、耗氧等身体机能负荷数据,跑动距离、速度等外部运动负荷数据,以及基于人球关系的战术数据。

(4)可视化数据报告:深度分析球队竞赛训练的运动数据,输出针对性的比赛报告。

(5)软件即服务系统研发:智慧校园运动会、智慧体育课程等系统开发。

3.2.3　产品实施及应用推广情况

本方案自 2016 年投入市场,截至 2024 年 6 月,已服务了全国院校与青训梯队 4 025 支,分别坐落在北京、上海、深圳、江西、厦门等 87 座城市,服务 25 万名学生,帮助相关院校在校园赛事、青少年赛事、科研课题等方面取得了多项优异成绩和荣誉。2022 年 11 月,简极科技与厦门市第二中学共建"中国数智化校园足球联盟",首批联盟成员来自全国 13 个省区的 30 所足球特色学校,将数智化解决方案更细化地推向市场,协助学校完成数智化转型的落地工作。

3.2.4　产品目前所处细分领域

本产品所处技术细分领域为体育 + 大数据。

3.3　产品效果反馈

厦门市第二中学校园足球数字化训练数据服务项目:简极科技自 2016 年与厦门市第二中学签署共同建设校园足球数字化基地以来,通过数字化 + 信息化模式,从学生专项运动普及与竞训服务、骨干师资技能提高培训服务、科研创新及课题辅助服务方面,助力实现特色校专项运动数智化转型,打造出全国校园足球数智化应用创新新标杆,并陆续助力其在各项比赛和科研课题中取得优异成绩,包括"运动表现分析系统,在足球教学中有效提高教学效率的应用策略与研究"省级专项课题,"体教结合多元融合的校园足球教学模式"教学成果获得厦门市教学成果二等奖,"百年传承·三维多元:校园足球课程育人的探索与实践"获得2022年全国基础教育教学成果二等奖;在各级各类足球赛中大放异彩,常年霸占市赛、省赛冠军宝座,在全国赛中收获2次冠军、7次亚军、4次季军,2017~2020年有8位队员入选全国青少年校园足球夏令营最佳阵容,被评选为全国青少年校园足球优秀工作案例等。

成都市盐道街小学体育课堂数智化服务:成都市盐道街小学实现智慧体育教学,运用简极的INSAIT KE体育教学管理系统,保障学校体育工作安全,自定义教学教案,课程目标制定和中长跑自动统计,实时监测学生运动密度、强度,开展针对性指导与教学调整,有序开展提高教学水平的活动,强化课外锻炼,解决难量化、难评估、难跟踪等传统体育教学问题。新华社曾对该案例的智慧体育教学进行专题报道。